基督教文化研究丛书

主编 何光沪 高师宁

初编 第 **14** 册

《传道书》的时间观研究

余 亮 著

花木兰文化出版社

国家图书馆出版品预行编目资料

《传道书》的时间观研究／余亮 著 -- 初版 -- 新北市：花木兰
文化出版社，2015〔民104〕
目 2+188 面；19×26 公分
（基督教文化研究丛书 初编 第14册）
ISBN 978-986-404-207-4（精装）
1. 传道书 2. 圣经研究
240.8 104002092

基督教文化研究丛书
初编 第十四册 ISBN：978-986-404-207-4

《传道书》的时间观研究

作 者 余 亮
主 编 何光沪 高师宁
执行主编 张 欣
企 划 北京师范大学基督宗教文艺研究中心
总 编 辑 杜洁祥
副总编辑 杨嘉乐
编 辑 许郁翎
出 版 花木兰文化出版社
社 长 高小娟
联络地址 台湾 235 新北市中和区中安街七二号十三楼
电话：02-2923-1455 ／ 传真：02-2923-1452
网 址 http://www.huamulan.tw 信箱 hml810518@gmail.com
印 刷 普罗文化出版广告事业
初 版 2015 年 3 月
定 价 初编 15 册（精装）台币 28,000 元 版权所有 请勿翻印

《传道书》的时间观研究

余　亮　著

作者简介

余亮，男，1974 年生，江西抚州人。文学学士（武汉大学，1996 年）、哲学硕士（武汉大学，1999 年）、哲学博士（北京大学，2013 年）。曾就职于湖北大学哲学学院，教授基督教导论、圣经选读等课程。攻读博士学位期间，曾赴加拿大卑诗大学维真学院（Regent College, University of British Columbia）、澳大利亚墨尔本神学院（Melbourne School of Theology）做访问交流。现为加拿大卑诗大学维真学院中研部博士后。

已发表译著《世界观的革命》（北京：中国社会科学出版社 2011 年）《基督教神学导论》（网络发布，2013 年 12 月）；以及论文《从一神论到一世论：对终末之身体复活盼望的一种神学诠释》（2014 年）、《〈精神现象学〉中的耶稣形象——黑格尔哲学中的神学观念之浅析》（2012 年）。

现与妻子小筝，女儿豌豆居住于河南开封。

提　　要

本文是对《传道书》的时间观的研究。这一研究既是对《传道书》文本的诠释，也是对其中的时间观的概念把握，且这两个方面是不可分的。本文的研究表明，《传道书》的时间观的基本特点，就是文本与逻辑的统一，这统一表现为：在文本的开始即第 1-2 章，该书的时间观是循环论的、自然化的、王治的，在文本的结尾处即第 11-12 章，该书的时间观是线性的、神治的，而在这之间的第 3-10 章，就是逐步由前一种时间观向后一种时间观发展的过程。

第一章做了两方面预备，一是考察了《传道书》之时间观的直接文本背景即《圣经·旧约》里的时间观，并将《旧约》时间观的基本特点概括为线性的和垂直的时间观，其中的线性时间观是区别于环形的或者循环论的时间观而言，而垂直的时间观即指上帝自上而下地进入和掌管时间。二是考察了《传道书》的诠释史，将其分为圣经历史批判主义兴起之前的传统解读的肯定阶段、圣经历史批判主义解读的否定阶段，以及自 20 世纪 70 年代以来以正典解读、文学解读、圣经神学解读为代表的综合阶段。本文的研究处在第三个阶段。

第二章是对《传道书》第 1-2 章的时间观的研究。本文把这一段文本分为 1：1-11 以及 1：12-2：26 两个单元。在前一个单元里，传道者提出了具有宇宙论特点的循环论时间观，这一时间观是自然化的、无神的。在后一个单元里，传道者自叙了他的个体性内心探索，本文的分析表明，这里的时间性是以智者 - 王者对时间的支配统治为特征，上帝并不进入人的时间，而死亡带来的"没有永远的记念"，成为对智者 - 王者的统治权力的否定，给传道者带来了焦虑，也使他发现存在高于人的权柄即上帝。

第三章讨论《传道书》第3-6章的时间观。在这里传道者将上帝观念引入时间性，确立了神治的循环论时间观，而这种时间观的确立，使传道者得以在神人之间确立关于时间性疆域的统治划分：神统治生与死的时间，人统治在生死之间的"活着的日子"的时间。因着将生死的时间性疆域交给上帝，传道者得以克服自己的死亡焦虑。他面对神和人都明确地界定、捍卫属于自己的时间性疆域即"份"，使这里的时间性分治具有明显的神人之间、人人之间各自为政、漠不相干的特点。

在第四章，本文讨论了《传道书》第7-10章的时间观。在本文看来，这是《传道书》中无论相对于古近东 埃及的时间观，亦或相对于《传道书》的前半部分即第1-6章的循环论时间观而言，获得决定性突破的部分。在这里，传道者首先是在第7章里，通过对自己在第1-6章的智慧探索的反省，发现了包括自己在内的人的普遍意义上的愚昧和罪，这就从内在的角度动摇了传道者对人可以统治时间的信心。接着，在第8-10章里，传道者通过对反复无常的任意王治的考察，发现人实际上受制于外在的偶然性，而不能统治时间。对不可由人来掌握、控制、预测的偶然性时间的发现，使传道者确立了在世的活着的日子之内的、作为当下性而言的具体的时间性，这就使相对于在世的当下的时间性而言的未来的时间性成为可能，而在第1-6章里，未来总是意味着相对于人的整体性一生而言的未来，也就是死亡或死后生命。

在第五章，本文发现《传道书》如何在第11章达到了时间观之探索的高潮和结论，这是一种面向日常生活之未来的、具有信仰与冒险维度的线性的时间观，同时也是神治的时间观，而第12章又开启了自然性之毁灭的、具有终末论意义的时间性的可能。

至此，通过对《传道书》文本的分析与诠释，本文具体展示了该书就时间观而言的文本与逻辑之统一。

目
次

序　言

　　本文将对《圣经·旧约》的智慧文学书卷《传道书》的时间观做一探讨。这就涉及两个基本问题，一是对《传道书》的文本诠释，二是对其中的时间观的概念分析。

　　《传道书》的诠释史已有两千年，本文的工作处于自 20 世纪 70 年代以来的《传道书》之诠释史的第三个阶段，这就意味着，对本文而言，对《传道书》之时间观的界定，与对《传道书》的文本诠释尤其是整体文本结构之理解，这两者是内在相关、互相影响的——对《传道书》之时间观的解读，会导致对该书文本的内容及结构的一种整体理解，而反过来，对该书之内容与结构的整体把握，要求我们对该书的时间观做特定解读；这两者孰先孰后，不是可以轻易理清的，我们在这里遭遇的其实是部分与整体的诠释学循环。

　　如果说《传道书》的时间观问题是一个"斯芬克斯之谜"的话，则本文对这谜的解答是通过对文本结构的解读；正如 A. G. Wright 宣称关乎《传道书》里的思想冲突这一斯芬克斯之谜，可以通过文本结构来解答一样。

　　《传道书》的时间观问题的确是一个斯芬克斯之谜，以致早在教父时代它就已经引起论争。奥古斯丁在《上帝之城》第 12 卷第 14 章里这样说：

> 有人引用所罗门的书卷《传道书》的话（"已有的事，后必再有；已行的事，后必再行。日光之下，并无新事。岂有一件事人能指着说这是新的？哪知，在我们以前的世代，早已有了"（《传道书》1 章 9-10 节）），说这些话指的就是那些循环运动，这些运动会回转到以前的状态，把所有事物带回同样的境地。但事实上，作者在这

里说的是他此前谈到的事物：世代的交替，去了又来；太阳的路径；逝去的河流。或者，他就是在一般性地谈论所有将来又将去的事物：因为在我们以前有人存在，和我们同时有人存在，在我们之后也有人存在，而这点对于所有活的生物、树木、植物都一样。那些产生的怪兽，即便彼此互不相同，并且即便有人说有些怪兽是独一无二的，但作为奇事怪物这一类别而言，它们仍然是曾经存在、还将存在，并且就日光之下会有一个怪物出现这件事而言，本身并没有什么新鲜之处。

一些诠释者把这段经文的意思理解为指所有事物都已经在上帝的预定里发生，所以说"太阳之下没有新事"。他们认为这就是所罗门想表达的意思。但无论如何，正确的信仰万万不可相信，所罗门的这些话是指物理学家的周期循环，按照这种理论，同样的时代、同样的事态周始地重复。举例来说，按照这种理论，正如柏拉图在〔公元前〕四世纪的时候在雅典学园教导学生，在以往的无数世纪里，间隔每一虽然无比巨大但也还是有限的时间段，都一次又一次地有同样的柏拉图在同样的城市、同样的学校里教授同样的学生，并且在将来的无数世纪里，还要一次又一次地如此。

我要再说，我们万万不可相信这些。因为"基督也曾一次不再地为我们的罪死了"（彼前 3：18）；"基督既从死里复活，就不再死，死也不再作他的主了"（罗 6：9）；而复活之后"我们要与主永远同在"（帖前 4：17）；就是现在，我们也对主这样说（就像想起神圣《诗篇》上的话）："主啊，你要护庇保守我们永远脱离这世代"（诗 12：7）。下面的这些经文，我觉得用在那些理论家身上倒是合适："无神的人绕着圈圈行走"（诗 12：8）；这样说倒不是因为他们的生命会像他们所相信的那样周而复始地循环往来，而是因为他们的谬误之路、歪理之路，是绕圈圈的。[1]

我们已经看到，奥古斯丁的时代已经有诠释者将《传道书》第 1 章[2]9-10节理解为环形时间观，而奥古斯丁又反驳之。这样的辩论，我们也可以在耶

---

1 St. Augustine, *City of God*, translated by Henry Bettenson (London: Penguin Books, 2003), pp. 488-9.

2 为便于区分，本文的章数均以中文写出，如"第一章"、"第二章"，而《传道书》原文的章数均以阿拉伯数字写出，如"第 1 章"、"第 2 章"。

柔米对《传道书》第 1 章 10 节的解释里看到：

> 我们不可认为，世界上出于神的旨意而来的异能、奇事，以及许多新事，在更早的那些时代就已发生；要不然，我们就得说伊壁鸠鲁是有理由的了，而他是主张，在无穷的时代里，在同样的地方、同样的人那里，发生着同样的事。这样的话，犹大就将一再地背叛基督，基督就将因我们的缘故一再地受难，其它已经发生、将要发生的事，都会在同样的循环里发生。但是，我们还得说，从神的预知、预定来看，那些将要发生的事是已经发生的。对那些"创立世界以前"就在基督里被拣选的人，他们在以前的时代就已经被拣选了。[3]

奥古斯丁和耶柔米以神学的敏锐看出这个问题值得争论。对比本文第一章第一节所考察的《旧约》时间观的基本特点，如果《传道书》主张环形时间观的话，这就说明它在时间观上和《旧约》整体的时间观是相左的，而这就意味该书的正典性值得怀疑。

我们已经看到，奥古斯丁和耶柔米的辩驳都是诉诸基督论的信仰准则以及圣经的其它书卷，换言之，他们的辩驳都不是建立在《传道书》本身的文本依据上。而至少按照本文的分析，《传道书》第 1 章 2-11 节讲的就是循环论时间观。

关乎《传道书》时间观之性质的界定，直到今天也未有定论。James Barr 在他极有影响的论著 *Biblical Words for Time* 中认为，《传道书》是旧约里唯一对时间问题做反思的书卷，而该书的时间观在某种程度上是环形的。[4] Katharine J. Dell 主张，《传道书》整体而言论述了循环性的生命观、时间观，论述了人作为自然的一部分而有的自然性生命律动，这一律动的时间性本身又在上帝的奥秘掌管中。[5] 在本文看来，J. Barr 和 K. Dell 把《传道书》的时间观判定为循环论的，这同样有违《传道书》的文本：《传道书》第 11-12 章的时间观显然不是可以用循环论解释的。

我们如何协调这种看似的矛盾：在同样一本《传道书》里，其中的 1 章

---

3 *St. Jerome: Commentary on Ecclesiastes*, translated and edited with a commentary by Richard J. Goodrich and David J. D. Miller (Mahwah, New Jersey: The Newman Press, 2012), pp. 40-1.

4 James Barr, *Biblical Words for Time* (London: SCM Press, 1962), pp. 139-40.

5 Katharine J. Dell, "The Cycle of Life in Ecclesiastes", in *Vetus Testamentum*, 59 (2009): 181-9.

1-11 节的时间观是循环论的，而 11-12 章却又不是？这将说明该书的确是破碎割裂的文本吗？

时间观问题恰恰引发了对《传道书》之理解的尖锐矛盾，而这种挑战性也意味着，对该书时间观问题的研究可以应许丰富回报。时间观问题事实上是《传道书》从始至终都在讨论的问题：例如，该书里的三处被学者认定是诗体的文本——1：2-9；3：1-8 以及 12：1-8，都显然是关乎时间的论述；这就使得对该书之时间观的概念把握，尤其不可能和对该书整体的文本结构之把握分开。

正是通过对《传道书》时间观的研究，本文得到一种对该书之文本结构的新理解；而反过来，本文对《传道书》之时间观的把握和表达，只能通过这一文本结构才能进行。换言之，文本的诠释与概念的分析，在这里无法分开。

概言之，本文认为，至少从时间观的角度来看，《传道书》的文本具有一种内在的逻辑进展：在《传道书》文本的不同地方有着不同的时间观，而这些不同的时间观具有线性上升或者说逻辑展开的特点——在文本的开始即第 1-2 章是循环论时间观，在文本的结束即第 11-12 章是线性时间观，而这之间的文本即第 3-10 章则是从循环论时间观具体地上升发展为线性时间观的过程。换言之，就时间观而言，《传道书》文本的顺序，正是其中的时间观的逻辑发展的顺序；这种文本顺序与（由时间观体现出来的）观念顺序的一致性，本文称之为《传道书》的文本与逻辑的统一。这种文本与逻辑的统一，可以概括《传道书》时间观的基本特点。

还没有学者专注于将《传道书》看成由文本之展开而逻辑地推进思想的文本。历史批判法并不预设文本的统一性，并将文本不同地方出现的不同思想，解释为文本本身的破碎，所以并不试图寻求这一文本的所谓内在线索。已有的正典批判和文学批判，虽然通过尤其是 M. V. Fox 的"框架-叙述"理论，来辩护《传道书》的文本统一性，却把该书的文本视为具有思想固定性的东西，而不探讨该书可能有的观念变化与流动。

Fox 说到，"《传道书》不只是一部箴言搜集录，而是有组织的。它始于一个原则（1：3），……结尾于 12：1-7 的高潮。……在我的解经里，我会更加注意思想的进展线索"[6]。Fox 在这里指出该书存在从"开始"到"高潮"

6 M. V. Fox, *A Time to Tear Down and a Time to Build Up: A Rereading of Ecclesiastes*

的发展过程，但他实际上并未向我们描述思想的进展之路是怎样的。Whybray 把全书出现的七处 Carpe diem 视作母题，作为全书的路标在逐层推进[7]，这就暗示了全书可以作为一个有组织地推进思想的系统。但本文对《传道书》的时间观的分析，可以具体地展示该书如何具有文本与逻辑统一的特点。

　　我们只有对那贯穿首尾的东西，才可能谈论逻辑进展。恰恰地，时间观正是《传道书》里出现的这种观念。时间问题事实上是传道者始终思考、居于运思之核心的概念。"日光之下"（1：3）、"永远"（2：16）、"死"（2：16）、"各按其时"（3：9）、"份"（3：22）、"统治"（5：19）、"结局"（7：8）、"比死还苦"（7：26）、"时机"（9：11）、"忽然"（9：12）、"日久"（11：1）、"审判"（11：9）、"记念"（12：1），这些或显或隐的时间性概念，可以让我们看到，传道者作为一个智者在如何行进他的思想挣扎之旅。

　　我们接下来就进入传道者之关乎时间观而言的奥德修之旅。第一章是为预备，第二至第五章是对文本中的时间观的解读，这一解读旨在揭示《传道书》就时间观而言具有的思想之逻辑进展。《传道书》本身并不是哲学论述，所以，我们对其中的逻辑进展的揭示，将是一种重构性的解读。

(Grand Rapids, Michigan: Wm. B. Eerdmans, 1999), p. 152.

7 R. N. Whybray, "Qoheleth, Preacher of Joy", in *Journal for the Study of the Old Testament*, 23 (1982): 87-98. 按照 Whybray 的分析，七处享乐劝诫其表述从最开始的平淡无奇（2：24），逐步地在用词和语气上变得严肃庄重，以致到第七处（11：7-12：1）时已经成为依据个人经历而对年轻人提出的命令。

第一章 《旧约》的时间观与
《传道书》的诠释史

本文将对《传道书》的时间观做一探讨。本章是为该探讨的一个预备。在对《传道书》时间观的探讨里，概念的分析和文本的诠释实际上是不可分的，所以，本章的预备也将包括概念与文本两个方面：我们首先考察作为《传道书》时间观之直接文本背景的《圣经·旧约》的时间观，其次考察《传道书》的诠释史。这两方面分别构成本章的第一节和第二节。

第一节 《旧约》的时间观

基本而言，本文将接受 N. H. Snaith 在 1963 年提出的对时间观类型的三重区分，即把时间观分为环形的（循坏论的）、直线的与垂直的三种。[1]Snaith 认为，圣经中这三类时间观都存在。但本文将只是从直线性与垂直性两个方面界定圣经的时间观，而不认为圣经中有环形的时间观；不过，我们将表明，我们和 Snaith 其实并没有观点上的不同，只是对"环形时间观"的概念使用不一样。

将希腊的环形时间观和基督教的直线时间观相对照，以此来把握圣经神学的整体特点，这是 Oscar Cullmann 于 1946 年出版的名著《基督与时间》（英译本出版于 1962 年）的主要内容。[2]在那本书里，Cullmann 指出，在希腊的

---

1 Norman H. Snaith, "Time in the Old Testament", in *Promise and Fulfillment*, edited by F. F. Bruce (Edinburg: T. & T. Clark, 1963), pp. 175-86.

2 Oscar Cullmann, *Christ and Time: The Primitive Christian Conception of Time and*

思想中时间被当作永恒的循环，凡事发生于其中，希腊的救赎努力在于从这一永恒循环里摆脱出来，从时间里摆脱出来，对比之下，希伯来思想的救赎就是神圣参与时间；由于希腊人的得救在于从时间性里摆脱出来，所以他们的至福观念是空间性的，它在此时与无时间性的彼岸之间进行对比，而希伯来的观念是在现在与将来、过去之间作对比而表现为记念与希望。[3]

Cullmann 对希腊与希伯来之时间观的对比，在圣经学界引起诸多反响，赞同者有之，辩驳者亦有之。James Barr，Thorleif Boman 和 Snaith 都提出了不同的反对意见，其中之一就是：圣经中的时间观既有环形的也有直线的。

例如 Snaith 就主张：环形的时间观和直线的时间观都是度量时间的方式，前者表现为周期性的、在年历里体现出来的每年循环的宗教节日，而这是藉着天体如日、月的运动来规定的，后者表现为历史性的编年之累加计算；这样，环形的时间观和直线的时间观并行不悖地存在于希伯来人那里。[4]Thorleif Boman 也以环形时间观和直线时间观均为度量时间之方式为由，认为两种时间观可以并行不悖。[5]然而，Cullmann 显然不是在时间之度量方式的意义上来理解环形时间观，而是在奥古斯丁在《上帝之城》卷 12 之第 12-21 章里明确描述、定义并辩驳的意义上来理解环形时间观：环形时间观（循环论）指希腊罗马文化时期就已经流行的一种古老宇宙论，它认为事物在时间里周期性的、无止境的重复生灭；而这一意义上的环形时间观，按照奥古斯丁的极力辩驳，并不存在于圣经。[6]

Snaith 把圣经的特有时间观称为垂直时间观。[7]所谓"垂直"系指神自上而下地进入和干预人的时间。Snaith 以希伯来词 dqp（"造访"）来指这一进入与干预，这一用词所代表的形象尤其可以藉着《诗篇》65 篇 9 节表现出来："你造访（中文和合本译为"眷顾"）地，降下透雨，使地大得肥美"。在 Snaith 看来，圣经时间观的独特性就在于，上帝在他的恩典眷顾中，不断地自上而下降临、造访于人类和世界。

本文将使用 Snaith 的这一概念，来分析《旧约》的直线时间观。无疑地，

History, translated by Floyd V. Filson (London: SCM Press Ltd., 1962).

3 Ibid, p. 52.

4 Snaith, "Time in the Old Testament", p. 177.

5 Thorleif Boman, *Hebrew Thought Compared with Greek*, translated by Jules L. Moreau (New York: W. W. Norton & Company, 1970), pp. 125-6.

6 St. Augustine, *City of God*, pp. 485-502.

7 Snaith, "Time in the Old Testament", pp. 181-2.

"直线"的说法是指着世界性的时间之全体而言的，而"垂直"的说法是指着这一全体里的每一具体的、个别的时间而言，所以这两种说法不是互相冲突的，倒是藉着"垂直"的说法，可以更清楚地表明作为全体的"直线时间"的组成部分的各个具体时间都有的普遍特点。

基本而言，圣经是一部叙事性书卷，其主题即是上帝如何卷入人的历史实现救赎。《旧约》与《新约》都是叙事（如摩西五经、《列王记》、《历代志》、四福音书、《使徒行传》）以及对叙事的诠释（如《诗篇》、智慧书、使徒书信）。希伯来正典以时间性的存在尤其是人的历史，作为神圣之同在的显明处所；耶和华品性的显明，乃是藉着干预人之历史。正因为此，可以说从《创世记》到《启示录》的整部新旧约全书，都是关于时间性的神学。

在这么一个关乎《旧约》之时间观的仅只是准备性的引介里，我们只能做一最粗线条的勾勒而已。我们将主要以《旧约》叙事本身的时间顺序为线索，把《旧约》叙事里的"直线"时间之全体分为三个部分：起始（即创造）、进展（即救赎历史）、结束（即终末），来考察这些具体时间中的"垂直"所在。[8]

a). 时间之起始：创造

本文主要依据《创世记》1：1-2：3 来分析《旧约》中的时间之起始。至少按照拉比 Heschel 教授的解释，天体是在第四天创造的，而日夜和时间在第一天就已经造出来。[9] 按照《创世记》1 章 3-5 节（"神说：'要有光'，就有了光。神看光是好的，就把光暗分开了。神称光为昼，称暗为夜。有晚上，有早晨，这是头一日"），在创世的第一日，时间已经存在而有了对时日的计算，但这时尚未有天体存在，到了第四日才论到天体的被造。换言之，创世叙事已经预设了时间的起始与天体的被造之分，而在柏拉图的《蒂迈欧篇》里，时间的存在和天体的存在是不分的，"时间和天体一同产生"。[10] 这就意

---

8 我们在圣经中找不到像希腊哲学里的那种对时间所做的理论性阐述，圣经本身乃是叙事与对叙事的诠释。但至少按照 Paul Ricoeur 的分析，时间性是必须要藉着叙事才得以展现出来的，而不能指望哪怕是一种现象学的直观来得出时间的本质。参考：Paul Ricoeur, *Time and Narratives*, 3 volumes, translated by Kathleen McLaughlin and David Pellauer (Chicago and London: The University of Chicago Press, 1984).

9 James Muilenburg, "The Biblical View of Time", in *The Harvard Theological Review*, Vol. 54, No. 4 (Oct., 1961): 225-52, p. 231.

10 柏拉图：《蒂迈欧篇》，谢文郁译，上海人民出版社，2005 年版，第 25 页；参考

味着，在创世叙事里，时间相对于天体乃至其它所有被造物而言都有本体居先地位，时间的存在不依赖天体。

创世叙事关乎时间的另一个观念，就是创世本身是在时间中进行的。《创世记》第一章按照第一日到第七日的时间性顺序来叙述创世行动。对于神之六日创世这一字面叙述，神学家们有不同诠释，例如奥古斯丁认为神的创世是在瞬间的，而加尔文认为神的创世就是用了字面上的六天，并且神的这一作为本身就有教化性质。[11]

颇有启发意义的，是拉比 Heschel 对《创世记》2 章 3 节（"神赐福给第七日，定为圣日，因为在这日神歇了他一切创造的工，就安息了"）的诠释：圣经里第一次出现"神圣"（vdq）一词，是用在时间上；这样，和近东、埃及、希腊文化背景都不同的是，在以色列那里，神圣的同在不是体现为空间性的圣殿之所，而是体现在时间性的记念之日。[12]

总结起来，这里一贯的意思是清楚的：时间虽然是受造的，但上帝的创世行为也是在时间里展开，因此，时间是真实的，甚至被神称为圣。

b). 时间之进展：救赎历史

我们将选取《旧约》关于救赎史的三个具有代表意义的叙事，来分析其中的时间性。这三个事件分别是：伊甸园堕落、以色列民被拣选（出埃及）、以色列民受惩治（圣殿被毁）。

i. 伊甸园事件：死亡

正如创世开启了被造世界之整体时间一般，伊甸园事件因着堕落而来的神之宣判，使得被造世界的个体时间有了终结，也就是死亡。换言之，在《创世记》第 3 章的伊甸园叙事里，死亡不是自然本性，而是出于上帝的介入性宣判。

ii. 出埃及事件：节期

按照圣经叙事的逻辑，从亚伯拉罕开始的以色列民族的被拣选历史是对

Robert E. Cushman, "Greek and Christian View of Time", in *The Journal of Religion*, Vol. 33, No. 4 (Oct., 1953): 254-65, p. 260.

11 Bruce L. McCormack, 'On "Modernity" as a Theological Concept', in *Mapping Modern Theology*, edited by Kerry M. Kapic & Bruce L. MacCormack (Grand Rapids, MI.: Baker Academic, 2012), pp. 1-20.

12 Muilenburg, "The Biblical View of Time", p. 237.

伊甸园堕落事件的救赎性回应。而在以色列的救赎史里，出埃及无疑是核心枢纽事件，我们恰恰看到在摩西五经的出埃及叙事里有关于时间性的丰富叙述，这可以主要通过时间性之典型表达的宗教节期来分析。

1），六个年度性的节日。按照《出埃及记》的叙述，以色列之民族性的第一个集体事件，就是记念时间：在耶和华击杀埃及人长子，带领他们出埃及地的那个晚上在家里守逾越节。《出埃及记》12 章说，"这是耶和华的逾越节。因为那夜我要巡行埃及地"（11-12 节）；"你们要记念这日，守为耶和华的节，作为你们世世代代永远的定例"（14 节）。以色列所记念的日子，恰恰是上帝行动的那个日子，并且这种记念应当是"世世代代"的。

摩西五经（《利未记》23 章、《民数记》28：16-29：40）记载到以色列民族当守的六个节日，这六个节日可以分为两组，第一组以一月十四日的逾越节开始而有三个节日，分别为逾越节、无酵节（逾越节后第 2 日）、七七节（无酵节后第 49 日），第二组以七月一日开始也有三个，分别为吹角节（七月一日）、赎罪日（七月十日）、住棚节（七月十五日）。和前一组的三个节日一样，后一组的三个节日可以说也是为着记念出埃及事件的。

2），安息日。安息日之为以色列的节日是十诫明确规定的。十诫整体而言出自出埃及事件："神吩咐这一切的话，说：'我是耶和华你的神，曾将你从埃及地为奴之家领出来'"（出 20：1-2），这句话为接下来的十诫确立历史背景。十诫可以说是西奈律法的核心，其中的前四条规范神人关系，后六条规范人人关系。

前四条涉及神人关系的诫命，都是以"你不可……"的否定形式表达的，只有第四条是以"你当……"的肯定形式表达的，并且也只有这一条诫命给出了理由即耶和华对世界、以色列的干预性作为。《出埃及记》20 章 8-11 节论到第四条诫命说：

> "当记念安息日，守为圣日。六日要劳碌作你一切的工，但第七日是向耶和华你神当守的安息日。这一日你和你的儿女、仆婢、牲畜，并你城里寄居的客旅，无论何工都不可作，因为六日之内，耶和华造天、地、海和其中的万物，第七日便安息，所以耶和华赐福与安息日，定为圣日。"

这里为守安息日给出的理由是：记念神的创造之工。而《申命记》5 章 15 节为安息日给出的理由是记念神的出埃及救赎行为："你也要记念你在埃及地作过奴仆，耶和华你 神用大能的手和伸出来的膀臂，将你从那里领出来。因此，耶和华你的 神吩咐你守安息日。"无论如何，第四条诫命是为着记念神的行动、神人关系，而这条诫命的内容就是：归时间为圣。

安息日和上述六个节日有本质的不同。上述六个节期是一年一次的，和农业活动、四季交替、天体运行有对应关系。甚至有学者提出它们和迦南地的农业节期之间有渊源关系，只是在以色列这里接受了垂直性时间观的改造。[13]然而，安息日作为七日一个循环的规定，不依赖任何天体的运动，是完全依据人格性的意志规定而给出来的，摆脱了自然性，而它正是十诫里被规定要以之为圣的时间性。

十诫的后六条规范人人关系，这六条诫命也都以"你不可……"为表达形式，唯有第五条诫命的表达形式是肯定性的"你当……"，而唯独这一条诫命给出了理由，这理由恰恰是时间性。

《出埃及记》20章12节论到第五条诫命说："当孝敬父母，使你的日子在耶和华你 神所赐你的地上得以长久。"这里的中译"孝敬"一词，其希伯来原词是dbk，字面意为"敬重"、"荣耀"，这一词也用在表达神的"荣耀"上面，例如《出埃及》14章18节说"我在法老和他的车辆、马兵上得荣耀（dbk）的时候，埃及人就知道我是耶和华了"。这样，这里的诫命就可以说在承接前一条诫命：从对神的荣耀、敬重转到对人的荣耀、敬重。这一节被译为中文"使"的一字，原文是![ml，它分别由表示方向性和目的性的介词"1"以及本身词义即为"目的"的"![m"组成：这里的用词无疑在表达一种明确的目的性，就是"日子长久"。但这条诫命和前一条诫命即第四条诫命的呼应所在，并不是个人性的生命长寿。这里的呼应在于"父母"与"神所赐你的地上"。父母和子女的关系即构成"世世代代"，而正如前述，对耶和华之出埃及救赎行动的记念应当是"世世代代"的，这种记念的传承藉着父母与子女的关系完成："这例你们要守着，作为你们和你们子孙永远的定例。日后，你们到了耶和华按着所应许赐给你们的那地，就要守这礼。你们的儿女问你们说：'行这礼是什么意思？'你们就说：'这是献给耶和华逾越节的祭。当以色列人在埃及的时候，他击杀埃及人，越过以色列人的房屋，救了我们各家。'"（出 12：24-27）。这样，第五条诫命是在如此回应第四条诫命：要完成对耶和华之出埃及救赎行动的"世世代代"的记念，就

---

13 Snaith, "Time in the Old Testament", pp. 177-8.

必须藉着敬重父母。反过来，耶和华在这条诫命里应许，因着这种记念的传承，以色列人将从个体开始而言，但也因此必然地惠及"世世代代"而言，有"日子长久"。

这种"日子长久"的时间性之获得，是否对伊甸园里时间性之失去、死亡之突入的回应？放在圣经宏大叙事的背景里，这种理解可以被肯定。这一叙事将伊甸园死亡之进入，视为矛盾的出现，又将从以色列出埃及到基督上十字架的叙事，视为矛盾之解决的过程，将终末性的死亡之除去，视为矛盾的最终解决，从而形成一个从开端到发展再到结局的完整的叙事情节建构，而出埃及无疑是死亡之解决过程里的关键一步。

iii. 圣殿被毁事件：日新

耶和华的被记念，并非只是在节期里。《申命记》6 章 4-9 节说到：

> "以色列啊，你要听！耶和华我们神是独一的主。你要尽心、尽性、尽力爱耶和华你的神。我今日所吩咐你的话都要记在心上，也要殷勤教训你的儿女，无论你坐在家里，行在路上，躺下，起来，都要谈论；也要系在手上为记号，戴在额上为经文；又要写在你房屋的门框上，并你的城门上。"

在这里，神的独一性要求人的完全回应（尽心、尽性、尽力），而这种完全性的表达，就是时间性。学者已经指出，在以色列那里，不存在一种抽象意义上的、均质连续地被度量的时间性，时间总是作为具体事件的过程存在。[14] 这样的话，这里的"坐在家里，行在路上，躺下，起来"，以及"手上"、"额上"、"房屋"、"城门"，不过是以希伯来的方式表达了一种全在的时间性。人之所以应当全时间地回应耶和华，是因为这种态度才回应了耶和华的时间性：耶和华全在于时间。

但《旧约》对神与时间的关系显然有更推进的规定，这就是：神掌管时间，而非只是全在于时间。和希腊人时间之为天体的规则运动的观念不同，在希伯来人的一神论宗教那里，如果说时间也是通过作为天体的规则运动来表达的话，那么，这种运动也是受制于耶和华的。耶和华对时间的掌管，既表现在时间的规则性来自耶和华，也表现在耶和华有权柄破除这一规则性。关于前者，我们可以参考《创世记》8 章 21-22 节："耶和华闻那馨香之气，

---

14 Sacha Stern, *Time and Process in Ancient Judaism* (The Littman Library of Jewish Civilization, 2003), p. 9, 41; Muilenburg, "The Biblical View of Time", p. 236.

就心里说：'我不再因人的缘故咒诅地（人从小时心里怀着恶念），也不再按着我才行的，灭各种的活物了。地还存留的时候，稼穑、寒暑、冬夏、昼夜就永不停息了'"；关于后者，我们可以见到《约书亚记》10 章 12-13 节所说的："当耶和华将亚摩利人交付以色列人的日子，约书亚就祷告耶和华，在以色列人眼前说：'日头啊，你要停在基遍；月亮啊，你要止在亚雅仑谷。'于是日头停留，月亮止住，直等国民向敌人报仇。"神对时间的超然掌管，使时间摆脱了它的自然性和命定。

在本文看来，《旧约》关于时间的极重要而常未被注意的表述，出现于《耶利米哀歌》的 3 章 22-23 节：

"我们不至消灭，是出于耶和华诸般的慈爱，是因他的怜悯不至断绝。每早晨这都是新的。你的诚实极其广大！"

这两节经文的重要之处，在于它结合了圣经时间性的两个向度：直线性与垂直性。这里的核心概念无疑是"新"。"新"就意味着只能是一种直线式的时间观，而不能是环形的、循环论的时间观。这里将"新"的理由归之于"耶和华诸般的慈爱"、"他的怜悯"，换言之，归之于耶和华垂直的、自上而下的干预到时间里。

《哀歌》的历史背景是以色列民族史上最黑暗的时刻：国家破亡，圣殿被毁。陈廷忠的《耶利米哀歌》解经已经令人信服地证明了：照着希伯来文学的平行对照体，该书卷的核心信息在于书卷最中心位置的经文，也就是上述所引的 3 章 22-23 节。[15] 换言之，先知在似乎是救赎史上最黑暗的时刻，发出了盼望的信息，这一盼望在于：因着耶和华，时间是新的。

恰恰在以色列民族最黑暗的历史时刻，产生了关于"新"的时间观念：先知耶利米宣告耶和华的慈爱每日都是新的，宣告未来的"新约"（《耶利米书》31 章 31 节）；以西结宣告未来的"新心"、"新灵"（《以西结书》18 章 31 节）；以赛亚宣告未来的"新事"（《以赛亚书》43 章 19 节）、"新天新地"（《以赛亚书》65 章 17 节）。

在所有这些关于"新"的宣告里面，上述《哀歌》3：22-23 仍然可以说是希伯来正典时间观念的高峰。和所有其它关于"新"的宣告比起来，它不只是宣称某一将来时刻是"新"的，而是宣称当下时刻就是"新"的："新"的不是某个被宗教史家们称之为轴心事件的历史时刻，而是每个当下性的作

---

15 陈廷忠：《耶利米哀歌》，香港：基督教文艺出版社，2006 年。

为现在的时刻。这里实际上表现出现在、过去、将来的融合：因着过去神的救赎行为而显明了神的本性，从而得以对现在和将来的时间性作出宣称，把现在称之为"新"，由此肯定了当下性的未来取向，肯定了当下总是在朝向将来、成为将来，这就肯定了时间的线性目的。另一方面，就希伯来垂直性的时间观而言，唯有神之同在的时刻才会有新的东西：神在这个当下性的时刻就与人同在，就垂直性的干预人的事务。唯有对当下时间的肯定，才是对神之全在于时间的肯定，相比之下，无论是肯定作为"轴心事件"的某一过去时间（如出埃及），或者是肯定将来的某一时间（如弥赛亚来临），则所肯定的都还只是特定的某个具体时间，而不是作为由每个具体时间点构成的全体时间。但对"当下性"的肯定，却成为对每个时间的肯定，因为每个时间都曾经或正在或将要是当下的。

c). 时间之完成：再造

我们今天使用中译"终末"一词的时候，它已经有着特定的神学含义。然而，无论在希腊文（εσκατος）或希伯来文（tyrha）里，它原本都是一个具有日常意义的词汇。[16]在希伯来文里，tyrha 至少有三种用法。其一是和"起初"（tyvr）相对而言，指着终结的时间性，常常被中译为"末后"，例如："从岁**首**（tyvr）到年**终**（tyrha）"（申 11：12）；"我从**起初**（tyvr）指明**末后**（tyrha）的事"（赛 46：10）；而上述两个例子里的"起初"（tyvr），在《创世记》1 章 1 节里，和介词"在"（b）连用成为旧约圣经的第一个词，指着时间性的开端："起初（tyvrb）神创造天地"。其二是指着和今日、当下相对而言的以后，例如："你们都来聚集，我好把你们**日后**必遇的事告诉你们"（创 49：1）。此外，它也常和过程性的事件连用，被译为"结局"；例如，"惟愿他们有智慧，能明白这事，肯思念他们的**结局**"（申 32：29）。tyrha 的这三种用法可以告诉我们，对希伯来人而言，那种和神之创造的起初相对而言的"末后"，是可以看作当下性事件之进程的结局，看作今日之将来，换言之，它是和当下相关的。

---

16 新约希腊文的 εσκατος 可以指着物质（太 5：26"最后一文钱"），空间（徒 1：8"地的极处"），或时间（太 12：45，"那人末后的境况"）。参考：Kittel, "Eschatology," in *Theological Dictionary of the New Testament (TDNT)*, edited by Gerhard Kittel, translator and editor: Geoffrey W. Bromiley (Grand Rapids, Mich.: Eerdmans, 1964-1976), Vol. 2, pp. 697-8.

在《旧约》里，以圣殿被毁前后的历史为背景的先知书的主要信息还是对"将来"的耶和华日子的宣称。《旧约》里关于未来时日的警告性预言也主要是在先知书。第一个著述先知阿摩司，其信息就以"耶和华的日子"为主题。[17]在先知那里，"末后的日子"不能不是"耶和华的日子"，因为唯有耶和华才掌管从起始到终末的全部时间。

我们下面主要以《以赛亚书》的章节为例，来分析先知对将来性时间所作的预言。《以赛亚书》第 1 章 13-14 节说：

> "你们不要再献虚浮的供物。香品是我所憎恶的；月朔和安息日，并宣召的大会，也是我所憎恶的；作罪孽，又守严肃会，我也不能容忍。你们的月朔和节期，我心里恨恶，我都以为麻烦；我担当，便不耐烦。"

这几节经文无疑在谈论我们前面论到的神圣时间性：宗教节期（月朔、安息日、大会、节期），但令我们震惊的是，在这里耶和华借先知之口说，这些节期都令他"不喜悦"、"憎恶"、"不耐烦"。这是否说耶和华不再以这些节期为圣？并非如此。《以赛亚书》的结尾有这样的预言："我所要造的新天新地，怎样在我面前长存，你们的后裔和你们的名字也必照样长存。每逢月朔、安息日，凡有血气的必来在我面前下拜。这是耶和华说的"（赛 66：22-23）。换言之，在耶和华那里，"月朔、安息日"是神圣的，这不仅在当初出埃及和西奈立约的时候如此，在将来的新天新地里也如此。

为什么以赛亚要说耶和华憎恶以色列人的宗教节期？接下来的 1 章 15-17节给出了答案：

> "你们举手祷告，我必遮眼不看；就是你们多多地祈祷，我也不听。你们的手都满了杀人的血。你们要洗濯、自洁，从我眼前除掉你们的恶行，要止住作恶，学习行善，寻求公平，解救受欺压的，给孤儿伸冤，为寡妇辨屈。"

很清楚地，以色列的罪在于玷污了宗教节期的神圣性：他们"作罪孽，

---

17 Paul Ricoeur 极有启发性地指出了，Amos 关于未来时日乃是黑暗时日的预言，颠覆了传统以色列的乐观期待，使得这一如今看来要因着黑暗时日失去的传统，更加彰显其意义。但他似乎忽略了，在以色列先知那里，审判的信息总是和救赎的信息一起宣告的，哪怕是在《阿摩司书》里也不例外（参考《阿摩司书》结尾部分即 9 章 11-15 节）。参考：Paul Ricoeur, "Biblical Time", in *Figuring the Sacred: Religion, Narrative and Imagination* (Mineapolis, MN.: Augsburg Fortress, 1995), pp. 167-80, p. 174.

又守严肃会"；换言之，宗教节期作为神人关系的维度，必须内在地相关于人人关系的维度、社会性的维度。如何挽回神圣时间性的被玷污？以赛亚给出的回答是耶和华干预实现的未来救赎。在接下来的第 2 章，就进入对未来性时间的展望：第 2 章一开始就谈到"末后的日子"（2 节），接着又屡屡谈到"到那日"（11、17、20 节），谈到"万军之耶和华的一个日子"（12 节）。这种对未来性时间的展望，当然不止于第 2 章，而是整卷《以赛亚书》的信息。以赛亚谈到：将来的时日是耶和华审判和救赎的时日。

《以赛亚书》对将来时日的展望，充满了和当下性时间的张力：对未来的盼望乃是因着对现今的失望，并且是为着对现今说话。张力也同样存在于过去和将来之间：一方面，将来的时日之所以可能，是因为在过去的时日里，耶和华已经表明了他是时间的主宰；另一方面，将来之为将来，恰在于那时将有新东西，某种过去未曾有的东西。《以赛亚书》43 章 16-19 节将这一张力说的很清楚：

> "耶和华在沧海中开道，在大水中开路，使车辆、马匹、军兵、勇士都出来，一同躺下，不再起来，他们灭没，好像熄灭的灯火。耶和华如此说：'你们不要记念从前的事，也不要思想古时的事。看哪，我要作一件新事，如今要发现，你们岂不知道吗？我必在旷野开道路，在沙漠开江河……'"

以赛亚不仅对过去、现在、将来这三种时间性之间的张力有着清楚表述，而且也在 46 章 9-10 节清楚表述了，这三种时间性因着神出于智慧（"筹算"）和意志（"喜悦"）而来的计划安排，有了内在统一："你们要追念上古的事，因为我是 神，并无别神；我是 神，再没有能比我的。我从起初指明末后的事，从古时言明未成的事，说：'我的筹算必立定，凡我所喜悦的，我必成就。'"就《旧约》整体的线性时间而言，这两节经文无疑是最清楚成熟的表述。

以上我们简要分析了《旧约》从创世到救赎再到终末的时间性观念。这一分析可以表明，希伯来正典的时间观同时具有线性的与垂直的特征。就线性而言，它区别于循环论的或者说环形的时间观，表现为一个不可逆的、目的论的过程；就垂直而言，这一线性时间里的每个具体时间点都被认为出自耶和华的直接干预与掌管，并且按照《以赛亚书》46 章 9-10 节，这一掌管出自耶和华的计划与旨意。《旧约》时间观的上述基本特征，为我们分析《传道书》的时间观提供了参照系。

我们接下来简要回顾《传道书》的诠释史，以便为《传道书》的文本分析提供一个历史性背景。

第二节　《传道书》的诠释史

根据对《传道书》形式上的文本统一性以及内容上的神学正典性所持的肯定或否定态度，本文把《传道书》的诠释史分为三个阶段。[18]第一个阶段是肯定阶段，从早期教父犹太解经直到 19 世纪初圣经历史批判主义兴起之前，它又可再分为路德宗教改革之前与之后两个时期。第二个阶段是圣经历史批判主义解读的否定阶段，从 19 世纪初一直持续到 20 世纪中叶，为期约一百五十多年。第三个阶段是由着对第二阶段的否定而来的肯定阶段，自 20 世纪70 年代以来持续至今，其代表为正典径路解读、文学径路解读、圣经神学诠释解读。

a). 十九世纪以前的《传道书》诠释

这一阶段对《传道书》思想内容的正统性持肯定态度，它又可分为宗教改革之前和之后两个时期。十六世纪宗教改革兴起之前，无论是基督教或犹太教，都认为该书作者是所罗门王，他在书中的教导主要是：日光之下的属世生活不值得追求，人要追求"日光之上"的生活，在犹太教那里，这就是学习律法，而在基督教那里，这就是追求与基督合一。对于该书明显的矛盾之处，他们将其解释为智慧者（晚年的所罗门王）与愚昧人之间的一正一反对话。路德对《传道书》的理解是全新的；他认为，该书的教导是要人们安心享受尘世生活，无须为来世的得救焦虑。路德、梅兰西顿、本茨都在《传

---

18 Spangenberg 以及 Bartholomew 和本文一样，都将《传道书》的诠释史划分为前历史批判阶段、历史批判阶段，以及文学批评阶段。Spangenberg 特别对 20 世纪百年间的《传道书》诠释史有细致介绍，把 1900-1960 年的阶段概括为历史批判主义诠释阶段（其中又以每 20 年为界分成三个更小时期），又把 1960-1996 年的阶段概括为文学批评阶段（其中同样以 20 年为界分成两个更小时期）。参考：I. J. J. Spangenberg, " A Century of Wrestling with Qoheleth: The Research History of the Book Illustrated with a Discussion of Qoh 4,17-5,6", in *Qoheleth in the Context of Wisdom*, edited by A. Schoors (Leuven: Leuven University Press, 1998), pp. 61-91; Craig G. Bartholomew, "Qoheleth in the Canon? Current Trends in the Interpretation of Ecclesiastes", in *Themelios*, 24.3 (May, 1999): 4-20.

道书》里找到明确支持上帝全能地、至高地掌管一切的证据。

1），宗教改革之前的《传道书》诠释

按照 Robert Wright 的说法，二世纪晚期的 Melito of Sardis 是基督教里最早对《传道书》做评注的，但我们对他的评注知之甚少。奥利金（Origen, 184/185-253/254）的评注很有影响，他认为《传道书》的作者是所罗门，并且他立下评注的高标准，进行逐句解经，但他的评注已经失传。[19]他的学生 Dionysius of Alexandria（c.200-c.265）显然对《传道书》已经做了灵意化的解释，将该书中的吃喝理解为指着神秘化的事物，也就是后来新约里的圣餐。[20]同样是奥利金的学生 Gregory Thaumaturgus（c. 210-260）对《传道书》所做的意译自由且大胆，将原文中看似与正统相反的东西都通过改写除去，旨在使该书有更明确的基督教色彩，尤其是不让上帝为人的困境负责。论到 9：1-3 时，他说，"这些是愚昧人的想法和虚妄"。这就意味着他已经区分了传道者和传道者所驳斥的其他人的思想。这种区分在以后的 Gregory of Nyssa, Gregory the Great 都有运用，一直到现代解经。[21]Didymus the Blind（c. 313-98）也深受奥利金的影响，对《传道书》全篇（除了最后一章的最后一节经文）作了解经。

尼撒的格里高利（Gregory of Nyssa, c. 335-c. 395）通过八篇讲道文，对《传道书》1 章 1 节至 3 章 13 节作了诠释。[22]在他看来，《传道书》"真正可说是崇高且神启的书卷"，人因着已经学习了《箴言》，就得到了训练和预备，可以上升来到这一书卷接受教训。[23]他认为这本书的目的，在于使人过美德的生活，使心灵超出感官，放弃所有貌似伟大繁华的事物，以灵魂的眼睛瞥见感官不可见的事物，从而渴望感官不可得的事物。[24]在他看来，书中所说的万物虚空，并非谴责上帝的创造，而是说，虽然感官世界、身体都是神的创造，但有死的身体和不死的灵魂比起来，感官世界和非感官世界比起来，

---

19 *Ancient Christian Commentary on Scripture: Proverbs, Ecclesiastes, Song of Solomon*, Edited by J. Robert Wright (Downers Grove, Illinos: InterVarsity Press, 2005), p. xxiv.

20 Eric S. Christianson, *Ecclesiastes through Centuries* (Malden, MA: Blackwell Publishing, 2007), pp. 24-5.

21 Roland E. Murphy, "Qohelet Interpreted: The Bearing of the Past on the Present", in *Vetus Testamentum*, vol. 32, Fasc. 3 (July, 1982): 331-7, p. 332.

22 *Gregory of Nyssa: Homilies on Ecclesiastes*, edited by Stuart George Hall, translated by Stuart George Hall & Rachel Moriarty (Berlin, New York: de Gruyter, 1993).

23 Idid, pp. 32-3.

24 Ibid, p. 34.

就显得不实在。[25]按照他的解释，传道者（字面义"召聚者"）指的就是基督，因为他召聚了教会，成为以色列的王，如所罗门一样历经世上一切，但他没有犯罪。[26]在对《传道书》3 章 1 节的诠释里，他指出善的标准有两个：量度与时间性，而时间性也是量度的一种；美德就在于把握度，也就是合适的中道。[27]3 章 2 节里的"生有时、死有时"，指的是我们应当知道何时向着神的国度生，何时向着自己的罪死。[28]3 章 4 节说到人的二元性：一者身体一者灵魂，身体里的死，就是灵魂里的生；身体里的哀哭，就是灵魂里的喜乐。[29]3 章 5 节的"怀抱"是指和基督的结合，"不怀抱"是指和恶者、和黑暗分开。[30]3 章 8 节的"爱有时，恨有时"是指爱真正的灵魂的善，恨属肉体、属感官的恶。[31]从他对上述几节经文的诠释里，我们可以看到他的诠释具有明显的灵意解经和基督中心论。

埃及沙漠隐修士、基督教苦修主义者 Evagrius Ponticus（c. 345-399），亦著有对《传道书》的评注。[32]Evagrius 对圣经的诠释主要在于寻找其中的灵意，而这就意味着基督中心论地解读经文。[33]他的评注只是针对《传道书》的片段经文写的笔记。我们可以看看他如何基督化地解读《传道书》。他认为传道者乃是基督；[34] 2 章 25 节里人的吃喝乃是指着基督的血肉，基督的肉是美德的象征，基督的血是知识的象征；[35]4 章 11 节的"一人怎能暖身呢"，是指人若没有基督，就不会在灵里火热，因为"主乃是灵"。[36]

耶柔米（Jerome, c. 345-420）对《传道书》全书做了注释。他的注解实际上影响了马丁·路德之前长达一千多年的中世纪对《传道书》的理解。值得注意的是，Jerome 在被逐出罗马而来到东方开始其巅峰性的学术生涯时，其注经工作乃是始于《传道书》注释。[37]传道者的虚无主义观念和基督的福音信

25 Ibid, pp. 36-7.
26 Ibid, pp. 49-53.
27 Ibid, p. 100.
28 Ibid, p. 104.
29 Ibid, p. 110.
30 Ibid, p. 116.
31 Ibid, p. 134.
32 *Evagrius Ponticus*, translated by A. M. Casiday (Abingdon, Oxon: Routledge, 2006), "Notes on Ecclesiastes", pp.130-149.
33 Ibid, p. 122.
34 Ibid, p. 131.
35 Ibid, p. 134.
36 Ibid, p. 138.
37 *St. Jerome: Commentary on Ecclesiastes*, p. 5.

息这两者之间的张力，给该书的释经带来挑战。Jerome 在寓意与字面义之间，各种犹太的与基督教的见解之间妥协综合，试图把该书塞到基督教的框架里。他在自己的解经中屡屡使用了林前 13：12（"我们如今仿佛对着镜子观看，模糊不清，到那时，就要面对面了。我如今所知道的有限，到那时就全知道，如同主知道我一样"）来解释该书。[38]在他看来，凡是想超出神给人划定的知识界限而寻求更隐秘之事的人，神都把徒劳的寻求作为惩罚报应他们，而一切异端都起于想僭越神划定的知识界限去窥探神的奥秘；为防止步入异端，人应当专注神已经启示的东西。[39]

Jerome 的解经参考了 Origen 编辑的希伯来文-希腊文六行对照版本旧约圣经，在解经中试图尽量以希伯来原文为依据，这在当时被认为是在挑战希腊文七十士译本，也就是在挑战圣经权威。[40]

Richard J. Goodrich 和 David J. D. Miller 对比了 Jerome 与 Gregory of Nyssa 两人对《传道书》1：13 的解经，将两人解经风格的不同概括为，Jerome 是平淡的、字面义解经的，而 Gregory 是富思辨与想象的、神学性的、寓意解经的。[41]Jerome 将这句字面性地理解为，传道者寻求知识而遭遇失败，这就提醒我们不要逾越神划定的认识界限，提醒我们若是执迷于诸如上帝的预定、义人的受苦等问题，就会被愁苦抓住，因为这些不是人可以知道的事情。Gregory 的诠释完全不同。他将传道者理解为基督，这样，基督既然知晓天上的万物，为何这里还要说他在考察万事呢？解释只能是：基督在这里是考察地上的万事，而这乃是神为何道成肉身的原因。神来到地上探究尘世里的病因何在，以便医治尘世。

Jerome 在解经中常常诉诸不同版本的希腊文翻译以及希伯来原文字句，来确定某节经文的意思。他在解经中明确区分了字面义和属灵义，在作了字面义的语词辨析之后，常常转而寻求更高的属灵义理解，这就往往意味着基督论的理解。例如，在诠释 2 章 4 节的时候，他说传道者修建的是父神与圣子可以居住的房屋，他栽种树木是为着基督可以拴驴驹。[42]论到 4 章 9-12 节所说的同伴的益处，他认为这里的同伴在灵意里是指基督。[43]而 7 章 19 节所

38　Ibid, p. 6.
39　Ibid, pp. 8-9.
40　Ibid, p. 11.
41　Ibid, p. 22.
42　Ibid, p. 47.
43　Ibid, p. 69.

说的帮助人的智慧，在他看来即是指智慧之化身的基督。[44]

论到《传道书》所说的"虚空"，Jerome 的解释是，神所造的一切都好，只是万物的美善和神比起来就算不得什么以致可以说是虚空，这是因为万物有朽而神永恒。[45]论到《传道书》1 章 10 节所说的"没有新事"，他认为这是指着神的预先知识和预定而言，不是指着事物的循环往复而言，否则Epicurus 所说的就是真理了，Epicurus 曾经认为，在无止境的时代里循环地发生着同样的事情。Jerome 归谬地指出，倘若这样，犹大就会重复地背叛基督，而基督会一再地受难，上帝干预人类历史的那些救赎性事件都会周期循环地一再重复发生。[46]

在 Jerome 之后，对《传道书》的解经做出重要贡献的是教皇 Gregory the Great（c.540-604）。在谈到《传道书》里看似矛盾的经文时，他指出一条不同以往的解决方法，即把这些矛盾的见解看作不同人的观点表达，而《传道书》乃是智者与愚者的对话。恰当说来，这种解决方法在前述的 Gregory Thaumaturgus 那里已经出现，但 Gregory the Great 给予了经典且成熟的表达。[47]

Gregory the Great 并未对《传道书》做专著性解经，但他的方法被七百年后的伯纳文图拉（Bonaventure, 1221-1274）所用。[48]伯纳文图拉认为，《传道书》和圣经其它书卷的不同之处在于其使用的独有方法，这就是以不同的人物来呈现不同的观点。这样，一个人说出属肉体的见解，另一个人就说出智慧的见解。再者，《传道书》有不同的说话方式，有的是直言，有的是反讽。例如，11：1 及其以下就是直言，而像 11：9 及其以下，论到"年轻人当欢乐"，就是反讽，因为他说完之后紧接着说"要知道神为这一切将审判你"。此外，所罗门说一些话是为着赞同，例如"不可言辞轻率冒失"，说另一些话是为着报道自己所做的事，例如"我不禁止自己的心享乐"，但这里只是报道并非赞同，正如保罗在书信中说自己是罪人中的罪人一样。伯纳文图拉总结说，可以用这么一个一般性的法则，来看待所罗门在这本书里说的话，这就是：

---

44 Ibid, p. 89.

45 Ibid, pp. 35-6.

46 Ibid, pp. 40-1.

47 Christianson, p. 28; Roland E. Murphy, "Qohelet Interpreted: The Bearing of the Past on the Present", p. 332.

48 *Works of Bonaventure: Commentary on Ecclesiastes*, translation and notes by Campion Murray and Robert J. Karris (Saint Bonaventure, NY: Franciscan Institute Publication, 2005).

当他直白地、赞同地说话时，他在给出自己的个人认同，也在对每一个人说话，这些话应当被视为权威，但他反讽地、报道地说话时，是在谴责别人，或者谴责某些假设，这样的话只是报道而非断言。[49]伯纳文图拉认为《传道书》是所罗门的沉思录。人因着环境、观点的改变而从一个思想转到另一个思想，所罗门在这本书里也是如此。

像 Gregory the Great 一样，伯纳文图拉区别了《传道书》里的不同思想，其中一些是正统，另一些是非正统。他并不认为《传道书》是不同思想的杂糅。他主张该书的尾声使得此前的全书内容都可以被正统驾驭："只有当论证解决了的时候，我们才知道论证的某一面，因为，只是在解决的部分我们才知道论证的哪些方面被接受，哪些方面被拒绝。这样，我要说，《传道书》一直在进行着论证，直到该书的结尾即 12：13-14 才给出了解决，在那里，《传道书》谴责了愚人的、肉体的、属世的种种见解。所以，在这最后的声明里面，他是以自己的名义说话的，而他所拒绝的话，是以其他人的名义说的。这么看来，若不是着眼全体，我们是不能理解这本书"。[50]

Bonaventure 在《传道书》里区分出异质性的不同思想，又以结尾部分来统领全书，这种释经有着深远影响，乃至到 20 世纪末对《传道书》之诠释兴起的"框架-叙述"理论里也可看到这一诠释的影响。他的释经的新颖之处，还在于用一个逻辑性的框架，来对《传道书》作全篇性的结构处理，而这在以前的《传道书》释经里是没有的。在这一点上，他受 Hugh of St. Victor（c. 1096-1141）的影响，认为《传道书》有一个清楚的三分结构：题头、正文论述、尾声。正文论述又分为三部分，从前至后地分别地阐述了三种虚空：变异带来的虚空、罪带来的虚空、对罪的审判带来的虚空，[51]这三部分又有逻辑推演的关系：从变异的虚空引出罪的虚空，从罪的虚空引出审判带来的虚空[52]。和这三重的虚空之论证对应，有三重的方法除去这些虚空。

Bonaventure 对经文的诠释同样有明显的基督论取向。详细解释字面义之后，他会加上一个简短的属灵义；例如，论到 7 章 28-29 节说的"一千个男子中我找到一个正直的"，他认为这指的就是基督。[53]他在注解中插入八十多

---

49 Ibid, pp. 232-5.
50 Ibid, pp. 84-5.
51 Ibid, p. 49.
52 Ibid, p. 94.
53 Ibid, p. 286.

个经院式的、以提问-反驳-回答为结构的讨论，来探讨关乎教义或经文的困难。[54]

对《传道书》看似显然的弃世主义，Bonaventure 以《雅歌》8：7（"若有人拿家中所有的财宝要换爱情，就全被藐视"）作了诠释：就像新娘因着对新郎的爱而珍视新郎所送的戒指，且也因着对新郎的爱，就不会把戒指看得高于新郎，我们也是在这个意义上来谈论对尘世的鄙弃。[55]

2），新教的《传道书》诠释

马丁·路德著有对《传道书》全篇的注解。[56]他的《传道书》解经，一如他的宗教改革运动一样，具有革新意义。他对《传道书》的理解和此前一千五百多年的理解不一样的地方在于，他认为《传道书》宣传的是对此世生活的肯定而非否定。我们已经看到，教父以及中世纪对该书的弃世主义解读有着自觉的限定：在上帝创世的背景下，我们不能说世界本身是虚空或恶的，但相对于上帝自己的美善而言，我们可以说世界是虚空的，这样，《传道书》关于世界的虚空之哀叹，是在奉劝我们追求永恒的、彼世的生活。马丁·路德颠覆了这种解读。在他看来，《传道书》的主旨恰恰不是要我们挂念彼世的生活，而是要我们在日常的、此世的事务里保持平静和一无挂虑，满足当前，不思念将来。[57]路德的解读当然有他的因信称义神学为基础：由于我们的来世生活不是因着此世的努力可以获得的，而是因着神的恩赐，所以，毋宁是放弃为了彼世而挣扎，把此世生活当作上帝的恩赐而享受其中。路德认为，这本书的主旨就是劝勉我们满足于上帝已经赐予的东西。[58]至于书中的虚空哀叹，路德的解释是：所罗门所说的虚空指的不是事物本身，而是人性之不满当下。[59]按照路德的理解，《传道书》3 章 1 节里的"天下万事都有其时"说的是神的掌管与预定，它反对的是人的自由意志与掌控。[60]由此，敬虔就在于满足上帝的安排，满足当下，而虚空恰在于不满足上帝已经给予个人的位置与处境，例如他的职业。

---

54 Ibid, p. 429.

55 Ibid, p. 78.

56 Martin Luther, *Notes on Ecclesiastes (Luther's Works, Vol. 15)*, translated by Jaroslav Pelikan (Saint Louis, Missouri: Concordia Publishing House, 1972).

57 Ibid, p. 7.

58 Ibid, p. 10.

59 Ibid, p. 13.

60 Ibid, p. 49.

Christian G. Ginsburg 于 1861 年出版的 *Coheleth* 一书，以两百四十多页、将近全书一半的篇幅，按照年代顺序，介绍了从公元 3 世纪到 1861 年的《传道书》诠释史。其中，从 1532 年路德著作《传道书》释经到 1861 年间，按照 Ginsburg 的列举与介绍，出现了九十余种《传道书》释经，几乎是每三年出现一种新释经。Ginsburg 在回溯了《传道书》的诠释史后，也不禁感叹："我们看到，无论在犹太教或基督教那里，由那些虔敬博学的人们，自信满满地对该书所作的诠释，竟是如此的冲突甚至矛盾；单从这件事里，我们可以学到多大的谦卑与忍耐！"[61]

在此我们无意将 Ginsburg 所概括的各个释经一一引述，而只根据他的研究，介绍几个和本文对《传道书》之文本结构理解直接相关的释经。1701 年，F. Yeard 认为，《传道书》的作者引入一个溺于感官的俗人，来打断所罗门的论述，表达异端意见，又在他认为合适的地方，引入所罗门王表达正统观点。[62]1703 年，Du Hamel 提出，《传道书》的作者像写论文一样，介绍和表达了各种观点而又拒绝和驳斥了它们，并最终在结尾处表达了自己的观点即敬畏神、守律法。[63]1778 年，著名的诗人与学者 Herder 提出，《传道书》里有两个声音，一个是真理探寻者"我"，其结论多为"一切都是虚空"；一个是"你"，常常打断前者的探寻，指责其胆大，并质问人生命的最终结果到底是什么。这样，该书就可以分为两条线索，一条是探寻者，一条是导师。[64]

Ginsburg 的概述止于 1861 年。十四年后的 1875 年，德国学者 Franz Delitzsch（1813-1890）出版了他的《传道书》诠释。[65]Delitzsch 的重要性在于他出身犹太家庭而又皈依路德宗，这一背景使他不仅精通希伯来语言文化，深信旧约的启示性，而且还能从基督教的观念来辨析旧约与新约的不同所在。

在他看来，《传道书》缺乏新约的终末论维度，对世界仍具悲观态度，不知道那可以回应今生之苦难与奥秘的来世信念。[66]该书虽然有对于将来的、

---

61 Christian G. Ginsburg, *Coheleth* (London: Longman, Green, Longman and Roberts, 1861), p. 242.
62 Ibid, p. 164.
63 Ibid, p. 165.
64 Ibid, p. 184-5.
65 Franz Delitzsch, *Commentary on the Song of Songs and Ecclesiastes*, translated by Rev. M. G. Easton (Grand Rapids, Michigan: WM. B. Eerdmans, 1970).
66 Ibid, p. 180.

永恒里的审判之公设，但其中的死亡观念仍没有超过无生气、无安慰的阴间观念。[67]在 Delitzsch 看来，只是到了新约，更好的死后生命才成为教会的信念，才有了救赎历史的根据，而不只是像在旧约先知那里只是作为假设存在。[68]

以新约的终末论为准绳，Delitzsch 肯定了《传道书》相对于旧约其他经卷而言的、在终末论问题上的突破。首先，该书的 7 章 1-2 节将死置于优于生的地位，这是旧约框架里没有的，也更接近于新约。[69]其次，在 Delitzsch 看来，对于将来针对个人而有的审判的信念，是传道者能够走出怀疑论迷宫的阿里阿德涅之线。旧约中到处都有民族性审判的观念，但这一观念不能充分面对个人性的不公问题，新约里既普遍又个人的审判观念在旧约中是缺失的。然而，在《传道书》里，向着新约的这种具有个人性维度的审判观念已经在开始生发。[70]

Delitzsch 显然接受了启蒙思想的批判意识，以"科学的"态度，否认该书的作者是所罗门。这种否认的根据在于语言学："如果说《传道书》的作者还是所罗门的话，那希伯来语就无历史可言了。Bernstein 很正确地提到了，希伯来语的历史以巴比伦之因为界分成了两个阶段，而《传道书》的语言特征显然是流放后时期的。"[71]但他肯定了《传道书》的正典性。他指出，《以斯帖记》没有提到一次神的名字，而《传道书》里提到有 37 次之多，且提及神的时候都是以神为审判者、统治者与至高者的；书中的智慧是正统的以色列智慧，它以敬畏神为开端，将人的快乐、命运系之于神，认可神的创造是美好的。[72]他还认为《传道书》是具有统一性的文本，作者是一人而非多人。对此他给出了一个分析——该书的文体虽然破碎多样，却恰恰反映了作者的内心：试图尝试一切，又不满意地离开一切。作者对文体之尝试的态度犹如对世界的态度：世界的各个方面对他而言最终只是显为黑暗。他坚持敬畏神、坚持期待审判，又无法释去自己的怀疑，无法使自己的强迫的幸福论具有神圣性。而这种怀疑的释去，只能是因着终末信仰，这样，该书的重要性，放

---

67 Ibid, p. 360.
68 Ibid, p. 181.
69 Ibid, p. 313.
70 Ibid, p. 441.
71 Ibid, p. 190.
72 Ibid, p. 180.

在救赎史的角度来看，在于它显明了终末启示何其不可缺。[73]Delitzsch 并不认为《传道书》有一个逐步的思想进展，也不认为它具有整体规划。[74]

b). 圣经历史批判法里的《传道书》诠释

《传道书》的第二个解读阶段是否定阶段。十九世纪初到二十世纪中叶，圣经历史批判法兴起，它使用来源批判、形式批判、传统批判、编修批判等方法，对《传道书》在形式与内容这两个方面做了反传统的批判性解构。

许多学者将 1787 年 J. P. Gabler（1753-1826）就职神学教授所作的拉丁文演讲《论教义神学与圣经神学的正确区分，并论它们目的的恰当界定》视为现代圣经历史批判兴起的标志。这篇演讲之所以被视为现代圣经历史批判主义的先驱，在于它为这一批判法奠定了方法论基础，并暗示了这一批判法在思想内容上的走向。[75]但在 Gabler 之前，就已经有了立足启蒙理性来批判性地解构《传道书》文本上的统一性与内容上的神学性的实际成果。Grotius（1583-1645）在 1644 年就已经以语言学的证据，挑战此前延续一千多年的传统看法，指出《传道书》的作者不可能是所罗门。[76]斯宾诺莎在著作里引用《传道书》，来证明世界上发生的事情并不存在目的因，一切都是出于偶然与机遇，并不存在赏善罚恶，而"没有新事"也最好不过地说明并不存在神迹、创造。[77]

尤其因着 Delitzsch、A. Schoors 等人对《传道书》的语言特征的分析，学者现在大多认为，《传道书》的希伯来语属于流放时期和后流放时期的希伯来语，因而该书作者不可能是所罗门本人。至于该书的写作时间，因着昆兰古卷中《传道书》之残篇的发现，现在已经可以确定该书不可能晚于公元前 250 年，而按照 C. L. Seow 对该书语言的分析，该书成书也不可能早于公元前五世纪下半叶。[78]

---

73 Ibid, p. 200.

74 Ibid, p. 188.

75 Johann P. Gabler, "An Oration on the Proper Distinction between Biblical and Dogmatic Theology and the Specific Objectives of Each", translated by John Sundys-Wunsch and Laurence Eldredge, in *Scottish Journal of Theology*, 33 (1980): 133-44.

76 Ginsburg, *Coheleth*, p. 145.

77 Warren Montag, "Lucretius Hebraizant: Spinoza's Reading of Ecclesiastes", in *European Journal of Philosophy*, 20:1 (2012): 109-29.

78 C. L. Seow, "Linguistic Evidence and the Dating of Qoheleth", in *Journal of Biblical Literature*, 115/4 (1996): 643-66, p. 650.

自 Gabler 以来的圣经历史批判主义在形式上，以 Siegfried（1898），Lauer（1900），McNeile（1904），Podechard（1912），Barton（1912）为代表，认为《传道书》有多个来源、由不同作者写作编辑而成（如 Sigefried 认为该书至少有 9 个作者）；在内容上，认为该书是对以色列传统思想的背离，书中的主角"传道者"是一个怀疑主义者、悲观主义者、享乐主义者、人文主义者。

我们选取两个历史批判法的解读，来作为上述两方面的代表。前者为 Carl Siegfried，后者则为 Robert Gordis。

1），Siegfried

Siegfried 主张，koheleth 这词最初指的是"文士的社团、集体"，以后才被用来指某一个的杰出学者。[79]他藉着对 koheleth 一词的这种理解，来解决该书的释经问题。[80]该书的统一性来自 koheleth 这一集体性人格，而它的多样性来自藉 koheleth 之口所说的多个哲学家的观点。他主张，该书里的冲突如此多，所以不可能把全书归结为一个统一体。这本书是好几个作者写的，其中四个人比较突出，其他的数位作者可以统称为 Q5。这些作者的东西放在一起导致不可忍受的混乱，于是，后来的一位编者尽可能地减少混乱而协调之，在编辑完这本笔记合集后，加上了一个前言（1：1）和一个后记（12：8）。再后来，又有三个人加上了结语（12：9-14），其中，写作 13-14 节的人显然是个相信未来审判的法利赛派。

Siegfried 对四个主要作者的分析如下。首先，一个使信仰触礁的犹太人奠定了该书基础。他以理性和现实来考量一切，显明世间不存在什么神圣的道德性治理，人的努力是虚空，快乐是幻景；这就是 Q1，一个坚定的悲观主义者。他的观点引起一个享乐主义的、撒都该式的犹太人的兴趣，在他看来，吃喝是真实的快乐，生活是美的；这个人就是 Q2。接下来的 Q3 是智者群体中的一员，他不能接受智慧与对智慧之追求的分离，认为这种分离只能出自愚昧人。第四个人 Q4 是一个虔敬派，他加入了虔敬的、道德的、宗教的评论。作为基础的 Q1 部分写于公元前 200 年之后不久。

按照 Siegfried 的分析，仅在 7 章 13-15 节里就可以评判出 3 个作者，分别是虔敬者 Q4（你要看神的作为，他弯曲的谁能伸直呢）、享乐者 Q2（在亨

---

79 Thomas Tyler, "Siegfried on Ecclesiastes and Canticles", in *The Jewish Quarterly Review*, Vol. 11, No. 1 (Oct., 1898): 176-82, p. 178.

80 Ibid, p. 179.

通的日子你要享受，在逆境的日子你要查看。神将两样并列，叫人查看不出什么来），其余的部分属于悲观者 Q1。用 T. Tyler 的话说，在 Siegfried 眼里，《传道书》的文本结构还抵不上一个离奇的梦。

2），Robert Gordis

严格说来，R. Gordis 是一个在历史批判法与文学批评法之间的过渡性人物。至少按照 Spangenberg 的评价，犹太学者 Gordis "超前了他的时代"。[81]Gordis 的超前性，在于把历史批判法认为是出自其他人的编修添加成分的那些看似矛盾的经文，理解为是该书作者在直接引语地引述他人观点，这就实际上已经是在试图从文学性的角度来理解《传道书》的文本统一性。

本文之所以仍然把 Gordis 作为历史批判法的代表，在于他对《传道书》思想内容的理解仍然具有历史批判法的显著特征，即不是如 Franz Delitzsch 那样立足圣经自身的神学要求（在 Delitzsch 那里即是新旧约之统一性以及旧约神学之朝向新约神学的过渡）来理解该书，而是以某种普遍性的哲学概念来理解该书。

Gordis 用于理解《传道书》的哲学概念是存在主义。首先要指出，Gordis 并未明确声称《传道书》乃是存在主义书卷。相反，在他的著作 *Koheleth -- The Man and His World* 的 1968 年第三版所加的第 14 章 "传道者与现代存在主义" 里，他明确论述了旧约智慧文学与现代存在主义之间的差别。[82]在他看来，存在主义的基本特点是：对理性至上不满、依据个体性经验而判断并决断、直面人类的负经验。[83]虽然传道者和存在主义一样以世界为荒谬和不可理喻，但他们之间有着基本的区别，这就是：传道者从不怀疑生命有目的和意义存在，虽然这一目的与意义不是人可以知道而只有神知道的，相比之下，存在主义没有这一确定性。

然而，同样是在这一章，Gordis 也谈到了自己对存在主义的两个重要理解。第一，存在主义因着绝望而来的勇气，不同于圣经智慧因着对世界的欢快肯定而来的勇气。[84]而恰恰，Gordis 是把传道者当作某种程度上的绝望者的。在第 15 章 "传道者的世界观" 里，他论述到了，如何传道者恰恰因为追

---

81 Spangenberg, "A Century of Wrestling with Qoheleth", p. 72.
82 Robert Gordis: *Koheleth -- The Man and His World* (New York: Schocken Books, 1968), pp. 112-21.
83 Ibid, p. 113.
84 Ibid, p. 119.

求公义、真理而未得，于是愈加热爱日光下的生活。[85]他并谈到了，在传道者那里，基本性的悲剧乃是人不能改变什么已经预定的事情，也不能认识奥秘。[86]但传道者的意义和价值恰在于诚实地面对和揭示了人类中的残酷与无知。[87]在另一个地方，他把传道者对世间欢乐所作的肯定，和塔木德所作的肯定做了比较：塔木德犹太教的乐观生活态度乃是因为相信生命为神的创造和赐福，而相比之下，传道者乃是因为认识到人生之悲剧性的短暂而主张享受生命。[88]这样，结合前述 Gordis 对存在主义的基本特点的阐述，我们可以说，他对传道者的思想定位是存在主义的，因为在这里传道者无疑是在面对人类的负经验，他的希望是因着对人类经验中的绝望的认识，而不是因着积极肯定世界的欢乐。第二，在 Gordis 看来，智慧文学与存在主义都立足个体经历来理解人。[89]而传道者无疑是从他的个人经历来进行探索的。综合以上两点，我们有理由说，Gordis 对传道者的理解是存在主义的。

Gordis 在该书第 10 章"传道者其人"里，有一段对传道者之思想、个性与生平的描述。这一描述令人难忘地生动，值得引述如下：

> 传道者年老时著作此书，以回顾自己一生的精神历程。回顾过去的日子，他没有什么可抱怨的：生活总的来说善待了他。他免于贫穷和动荡带来的落魄与不安，也未尝过个人悲剧的苦味。他的魅力、洞察与能力，无疑为他在智慧学人的圈子里赢得名师声誉，并有形无形的各样回报。他所习得的才华，为他赢得生活的种种便利：在耶京有精美的房产，可以独立，可以享受无虑的闲暇。在熙攘忙乱的京城里，他就这般在生命的夕阳时分闲坐，犹如处在一片闲适沉思的小岛。
>
> 他的老年固然舒适，但也不免寂静的孤独。他没有妻室，可以分享日常的琐屑，或偶然来的深刻体验。他的房子里也从未有孩童的声音——他们的嬉笑不曾让他欢喜，哭闹不曾让他心烦。但或许，回忆起年青时的血气快乐，中年时的勃勃雄心，会让他静默，而那些东西如今看来，都显其为虚空、捕风。

---

85 Ibid, p. 123.
86 Ibid, p. 126.
87 Ibid, p. 132.
88 Ibid, p. 93.
89 Ibid, p. 120.

他以前的学生不时地前来探望，因为犹太教里造访、敬重旧师乃是义务。他看着他们的脸，这些原先的学童，如今已经在实务的世界里成为显要了。他们有的在政府里，有的在圣殿里，还有的在商界或田庄里，获得成功。但他智者的眼察看他们的脸时，就知道他们为成功付出的代价是昂贵的。年轻时光彩流溢的脸色、机敏淘气的眼神，再也没有了。如今有的只是因岁月疲惫的脸，因重负苦楚的眼。曾经他是老者他们是青年，如今却不是这样了。传道者是比他们更接近坟墓；但在深刻的意义上，他仍然年轻，他们却过熟地老了。他们所忘记的，正是他所知道的：人的计划与谋算、小肚鸡肠的妒忌、繁忙奋斗与痛心疾首，都是虚空，唯有生命中的快乐，才是从神来的命令。

于是，趁着还不算太晚，他提笔传达真理，讲论那不可知但极宝贵的祝福，也就是我们的生命。……[90]

Gordis 的这一段描述足以表明他对传道者思想的理解是存在主义的。Gordis 谈到，这一段"对 Koheleth 之精神性的奥德修历程各阶段的细节描述，应该说是一种构想，虽说它建立在事实上"。[91]Gordis 这种存在主义的、人性化的、心理学的理解，乃是要以普遍化的哲学概念确立《传道书》的意义，这种解读径路正是圣经历史批判主义的普遍特点所在。

c). 20 世纪 70 年代以来的《传道书》诠释

圣经历史批判法历经一百五十多年的发展，日益使圣经文本破碎分裂，并失去神学性，引起许多圣经学者的不满与反对，而发展出新的解经法。20世纪 70 年代，在圣经学术里兴起了正典径路与"文学性转向"，其基本出发点在于挽救已被历史批判法日益割裂破碎的圣经文本，重建圣经文本的内在统一性。正典径路的兴起主要来自 Brevard S. Childs 和 James A. Sanders 的推动。而从 20 世纪 90 年代中期以来兴起的"圣经神学诠释"（Theological Interpretation of Scripture，简称 TIS）运动，则强调重构圣经文本在内容上的神学性；这一运动的主要代表人物有 Kevin Vanhoozer，Stephen Fowl，Francis Watson 等人。

---

90 Ibid, pp. 84-5.
91 Ibid, p. 122.

上述径路一反此前将《传道书》在文本、思想上分割破裂的趋势，使用各种文学性方法，来理解、诠释该书在文本上的统一性，并以这种文本统一性为基础，来理解该书在思想上和希伯来传统的一致性，并在这一前提下把握和解读《传道书》相对于以色列律法-启示传统而言具有的思想异质性。这一路径的开创者有 E. M. Good，A. G. Wright，以及 M. V. Fox 等人，随之以 Murphy、Seow、Longman、Bartholomew 等人的工作。[92]

Good 在 1965 年已经把《传道书》中看似的思想矛盾理解为是有意识的文学手法即反讽。[93]天主教学者 A. G. Wright 自觉地使用作为文学路径之一的新批判（New Criticism），来对《传道书》做解读。他声称，解读该书的关键不是思想而是形式。他通过对文学性细节，尤其是重复性用词的细读，得出该书的结构。在他看来，《传道书》之貌似的矛盾冲突这一斯芬克斯之谜的解答所在，就是文本结构：种种内容上的貌似冲突与矛盾，将随着文本结构的揭示而消失。基本上，他将全书分为前后两个部分：以 6 章 9 节为界限，之前的文本主要论述人生之为"虚空"、"捕风"，之后的文本主要论述人不能有什么确定性的知识；这两部分论述是被框在 1：1-2 和 12：8 所组成的概括里面的，表达的是传道者的思想，而尾声部分的 12：9-14 则是一个编辑者所加上去的。在他看来，由于他的分析建立在对文本本身的用词分析上，所以和依据思想内容对《传道书》的文本结构所作的分析比起来，他的分析更有客观性、确定性。[94]

Loader 做了结构主义的解读，在该书的结构中找出了一些对极，这些对极表明了智慧文学的张力所在，但 Loader 认为最终而言该书的信息是悲观的，和福音相左。T. A. Perry 对该书做了对话性的解读，把该书视为 Koheleth 与 Presenter 之间的对话，认为只有这种对话解读才能理解该书的矛盾，而读者的挑战就是要分辨出不同的声音分别为何；在他看来，K 的观点是经验主义的，而 P 的观念是宗教的和超越的。[95]

---

92 Spangenberg, "A Century of Wrestling with Qoheleth: The Research History of the Book Illustrated with a Discussion of Qoh 4,17-5,6"; Bartholomew, "Qoheleth in the Canon? Current Trends in the Interpretation of Ecclesiastes".

93 Spangenberg, "A Century of Wrestling with Qoheleth: The Research History of the Book Illustrated with a Discussion of Qoh 4,17-5,6", p. 72.

94 A. G. Wright, "The Riddle of Sphinx: The Structure of the Book of Qoheleth", in *The Catholic Biblical Quarterly*, Vol. 30 (1968): 313-34.

95 Craig Bartholomew, "Qoheleth in the Canon? Current Trends in the Interpretation of Ecclesiastes", pp. 8-10.

就辩护《传道书》的文本统一性来看，M. V. Fox 所做的叙事文学解读影响最深。20 世纪上半叶，历史批判法已经渐渐发现了《传道书》本身的文本统一性，而不再像早期的 Siegfried 那样主张该书的作者和来源有 9 个以上之多；学者如 Gordis 开始主张该书在 12：9-14 之前的部分都是一个整体，唯有 12：9-14 的尾声部分才是以后的编辑者附加的。但在 Fox 的解读里，尾声部分和此前的主体部分，都是同一个内在统一的文本。他将该书解读为叙事的智慧文本，认为该书的统一性和整体性，不是出于编辑而是出于写作。他说："在我看来，传道者的话（1：3-12：7），题头（1：1），概括（1：2 和 12：8），以及尾声部分（12：9-12），都由同一个人所作，这个人就是这本书的作者，他并不是书中作为角色人物的传道者。"[96]

按照 Fox 的框架-叙述（Frame-Narratie）理论，该书的开头（1：1-2）和结尾（12：9-14）部分构成全书的框架，在框架叙述里，作者用正统的以色列信仰来总结和评价一个第三人称的、名为 Qohelet（中文和合本译为"传道者"，简称 Q）的人物的思想，为其"盖棺定论"，而 Q 是一个由框架作者虚构出来的文学性角色，在框架叙述之内的正文叙述即 1：3-12：8 整个而言都是虚拟性的 Q 以第一人称对自己的思想作的叙述。这一分析认为 Q 的声音和作者的声音可以是不同的，而这种不同，一方面让异质的甚至反正统的思想在正统的框架里有机会充分表达自己，另一方面，又使得这种表达只是一种思想试验而已，它不但不至颠覆和取代正统思想而成为对大众的教导，反而衬出正统思想的真理性。Fox 事实上有意制造了框架与正文之间的张力，也就是《传道书》的作者与这一作者叙述出来的文学性形象 Q 之间的张力。我们可以在尾声部分看到作者如何向他的儿子讲故事地叙述 Q。这种张力可以使文本在框架部分申明正统的同时，又不影响正文部分充分表达对正统的质疑和拷问。

按照 Fox 的解读，作者对 Q 的观点是承认其真理性与严肃性，并给予肯定性的保护，但他并不认同 Q，而是在承认 Q 的真理性的同时，强调信仰的可能性。在 Fox 看来，这种有距离地赞同、保护，又将其有意识地向着信仰的方向指引和推进的态度，正是对《传道书》两千年来的传统解读。[97]

---

96 Fox, p. 365. 值得注意的是，Fox 并不把《传道书》最后两节经文即 12：13-14 看作属于尾声和框架，而是看成后来的抄写文士加的附录。

97 Fox, pp. 371-2.

Fox 的理论的影响在于，他之后的解读者都或多或少是沿着他的道路推进的，但方向各不相同。学者们都同意框架叙述者的思想是正统的；但对 Q 的思想则各有理解。Longman 认为，Q 的思想是完全非正统的，他的存在价值只是为了反衬以色列律法-先知-智慧传统（表现在 12：13-14）的真理性而已，由此证明游离了此传统后，人只能陷入"虚空的虚空"。Bartholomew 认为，Q 的探索体现了希腊思想的认识论精神（即依靠个人理性的自主探索来寻得真理），而他以自己的失败证明这一认识论靠不住。在这里要指出的是，虽然 Fox 之以框架-叙述的理论来解释《传道书》的完整统一性，乃是一个创造，但 Longman 和 Bartholomew 对框架内的 Q 的解读，就思路来说，都可以在早期教父解经以及犹太解经那里找到源头。例如，犹太神秘主义 Zohar 就已经认为，《传道书》里的貌似谬误，乃是所罗门王通过外邦无神论之口，来揭示他们的不信谬误。通过《传道书》的多个声音、角色的对话来解释该书的貌似冲突，最早可以追溯到 Gregory Thaumaturgus。而通过对《传道书》里的多个声音的辨析，来解读该书的基本结构与内容，直到今天也仍是该书研究里的一个基本话题。[98]

在历史批判法兴起之前的传统解读里，对《传道书》的文本统一性的解释，是建立在基本的信仰准则之上的，而不是诉诸对该书的文体、结构等所做的分析。Fox 的解读则具有方法论上的自觉。他从埃及以及近东、旧约的文献里寻找到类似的"框架-叙述"文体的文献，作为对《传道书》作"框架-叙述"解释的支持。Fox 的解读显然也是对他之前的历史批判法的回应。历史批判法已经分辨出在该书里有不同的声音，并把这种声音的不同归之于写作来源的不同、作者的不同。Fox 承认该书确实有不同声音，但他认为，这些不同声音乃是同一个作者有意识地使用的不同角色与面具，为的是造就具有高度文学技巧的作品。由此，在 Fox 那里，该书的统一性不是也无需出于编辑，而是出于原本有意识的文学创造。面对他之前的历史批判法对《传道书》文本的割裂，Fox 有针对地作出反驳，并建设性地提出了"框架-叙述"理论来解释该书的文本统一性。

本文对《传道书》的理解处在《传道书》诠释史的第三个阶段，建立在这一阶段的解经学者的研究之上。本文接受 Fox 提出的对《传道书》之整体

98 Michael Payne, "The Voices of Ecclesiastes", in *College Literature*, 13:3 (Fall, 1986): 285-291; Kyle R. Greenwood, "Debating Wisdom: The Role of Voice in Ecclesiastes", in *The Catholic Biblical Quarterly*, 74 (2012): 476-91.

结构的"框架-叙述"诠释，认为《传道书》存在一个由开头（1：1）和尾声（12：9-14）组成的框架，而框架之内的部分，属于对文学角色 Qohelet 的思想的正文叙述。但本文只把 1：1 的题头视为开头，而把 1：2 之后的内容都划入正文叙述。这样做的理由将在本文第二章对《传道书》之第 1-2 章的文本分析里详细阐释。至于尾声，本文随从多数学者意见，认为它由 12：9-14 组成。本文的不同之处在于对正文叙述部分里的 Qohelet 的思想的诠释。

　　本文将明确阐述《传道书》的正文叙述部分（1：2-12：8）在如何逐层地推进思想。本文无意再去证明"框架-叙述"理论的合理性，而只是承认和接受 Fox 的证明与研究而已。但正文叙述部分之具有文本与逻辑统一的特点，是需要本文通过具体的文本分析来展示的。

第二章　《传道书》第 1-2 章：
关于时间观的困惑

本文是对《传道书》的时间观所作的一个尝试性探讨。在第一章，我们为这一探讨做了两方面的必要准备。一方面，我们简要讨论了《旧约》时间观的最基本特征，另一方面，我们回顾了对《传道书》进行诠释的历史，将这一历史划分为三个阶段。

本文接下来将分析《传道书》文本中的时间观。我们将看到，本文对《传道书》的时间观的分析，主要依据《传道书》文本的顺序和结构进行。我们之所以要按照《传道书》文本的顺序与结构来分析其中的时间观，表面看来，似乎可以从尊重文本这一态度来得到解释，但实则，更具有本质性的理由乃是，《传道书》的时间观念具有随着文本的发展而在思想上作逻辑推进的特征，换言之，《传道书》里的时间观念具有文本与逻辑之统一这一基本特点。这一基本特点意味着，我们只有追随文本的顺序与结构，才能逐步揭示出《传道书》的时间观如何随着文本的展开而在逻辑上得到展开。

上述时间观上的文本与逻辑统一，最概括的说来，表现为《传道书》第1-2 章的时间观是作为问题与困惑提出来的，第 3-6 章是对第 1-2 章的困惑与问题的一种表面的、并不具有实质性推进的解决，第 7-10 章则是在第 3-6 章的基础上所作的具有转折性的实质推进，而第 11-12 章才真正回答了第 1-2 章的关于时间观的困惑。这样的话，本文接下的第二、三、四和五章，就将分别分析《传道书》的第 1-2 章，第 3-6 章，第 7-10 章，以及第 11-12 章里的时间观念。

本文将按照上述文本与逻辑的统一，来解释为何《传道书》在文本的不同地方有看似不同的时间观念。按照这种理解，《传道书》的开始之处即第1-2章的看来和希伯来正典其它书卷不一致的时间观，乃是作为逻辑起点也就是问题存在的，但它不是逻辑终点和答案，而《传道书》在其文本结构的逻辑终点也就是第11-12章里，事实上得出了和希伯来正典其它书卷相一致的时间观。

本文的研究首先要依靠对该书原始文本的细致解读，并在这方面，需要依赖解经学者已有的研究成果。本文对《传道书》文本的解读在操作上诉诸对原文（希伯来文）[1]的词源考究和文本互联性——这既包括《传道书》之内的经文的互联，也包括该书与旧约其它书卷的互联。在文本的基础上，我们还需要对其中具有时间性内涵的概念和经文作理解与反思，这一理解反思尤其需要以《传道书》文本的整体统一性为基础，对随着文本之发展而来的前后思想不同处进行比较，而这一比较又不可能离开对前后文本之间的相通脉络的把握。

当本文把《传道书》的第1-2章当作一个整体单元，来分析其中的时间观的时候，就已经预设了对《传道书》全篇的一种结构划分。而事实上，几乎还没有人像本文这样，把《传道书》的第1-2章当作一个整体来分析。我们之所以要把该书的第1-2章当作一个相对独立的整体单元来分析，主要还是由于第1、2章有着相对于全书其他部分而言的在时间观上的特点。要言之，第1-2章的时间性是以自然化的、无神的、由人来统治的循环论时间观为特点的。

同样地，我们之所以将该书1-2章的时间观概括为"困惑"，也已经预设了对该书时间观念的一种理解。在这种理解里面，1-2章的时间观的确是以"困惑"为显著特征的，这也反过来说明，《传道书》里关乎时间观的"困惑"也只是在1-2章，换言之，在其它各章里有对于这些困惑的解答。

关于第1-2章文本的更细划分，我们事实上很难找出所有学者都一致同意的意见，这一点事实上不只在第1-2章里如此，在《传道书》全篇里也是如此；可以说，有多少个《传道书》的解经学者，就有多少种对该书之文本结构的划分，而每一种划分都体现了该学者对该书的不同理解。一种作为客观

---

1 本文使用的《传道书》之希伯来文文本为 Biblia Hebraica Stuttgartensia(BHS)第三版的马索拉本，参考的中文译本为和合本。

性成果被所有学者都接受的结构划分，在实际中并不存在；而每一种新的对《传道书》的理解与诠释努力，都会体现为一种新的文本结构划分。就此而言，本文对《传道书》的文本结构的划分，也将是对《传道书》的一种新理解的尝试。

就第 1-2 章而言，几乎所有解经学者都会在 1：11 与 1：12 之间做一划界，也会在第 2 章结尾的 2：26 与第 3 章开始的 3：1 之间做一划界；但关乎文本的更细小单元的划分，学者们显然意见不一。我们这里把 1-2 章的整体文本划分为只由两个大单元构成，即 1：1-11 和 1：12-2：26；在这一点上，Seow 和我们最为接近，他和我们一样把 1：12-2：26 当作一个整体看待，虽然并不把 1：12-2：26 和 1：1-11 放在一起作为一个更大单元来理解。[2]

1：1-11 和 1：12-2：26 这两部分在内容上的最显著不同，在于前者是某种宇宙论性质的宏大叙述，而后者是个体性的自我反省。本文对《传道书》整体文本结构的分析，和迄今为止所有的分析比起来，独特的地方就在于，已有的分析都毫无例外地将 1：1-11 节作为《传道书》全书思想的导言，而本文不是这么看这一段文本的地位。在本文看来，整个的 1-2 两章，才构成了一个相对的整体，在《传道书》的全篇结构里，点出该书以后要面对和解决的问题。这问题就是：因着死亡而来的循环和没有记念。

就是这一贯穿于整个 1-2 章的问题，使我们可以理解到 1：1-11 和 1：12-2：26 在结构上的整体性。1：1-11 当然具有它自己思想上的独立性：将这一部分单独地抽离出来，我们能够理解其字面的意义。但是，一种宇宙论意义上的循环论时间观，如果不是成为对个体之获得永恒生命的否认的话，就不会引起人们足够严肃的思考；反过来，个人也只是因为首先反省自己不具有永恒的生命，才会类比地思考而获得一种对宇宙整体之循环论时间观的假设。这两者其实是一者提供本体论支持，一者提供认识论支持：就本体而言，似乎是宇宙论循环为个体之虚无给出了存在性的限定，就认识而言，乃是要从个体的死亡出发，才会有对于宇宙之循环论的类推假设。这两段文字彼此之间的互相规定、互相支持已经表明了，1：1-11 首先就不可能成为 1：12-2：26 的思想导言，更不可能成为《传道书》全篇的导言。在本文看来，1：1-11 无论如何只能是问题的一部分。

---

2 C. L. Seow, *Ecclesiastes: A New Translation with Introduction and Commentary* (New York: Doubleday, 1997), pp. 95-158.

这一章的讨论，将依据如上对《传道书》第 1-2 章的文本结构划分进行。这样的话，本章就将分为两个部分。在第一节，我们讨论《传道书》的第 1 章第 2-11 节，分析其宇宙论宏大叙事中的时间观；在第二节，我们讨论第 1 章 12 节到第 2 章 26 节，分析其个体化叙事中的时间观之困惑。

第一节　1：1-11 的时间观的分析

《传道书》开篇的十一节经文对于时间观有着丰富论述。Bartholomew 已经明确肯定这一单元所涉及的是时间观问题，他说："这里向我们提示出传道者在探寻生命的意义、劳作的益处时，所为之费心费力的两个关键问题，即历史的重复性质、人未被记念……这首诗以观察依据，得出了环形的历史观……圣经、基督教传统和这首诗，都认识到了：环形的历史观里面没有希望……"。[3]事实上，我们可以说这一段文本谈论的就是时间观而非其它。

关于这一段文本的更细划分，我们首先可以把 1：1 和 1：2-11 分开，因为 1：1 和 12：9-14 一起构成了全书的所谓"框架"部分。"框架-叙述"理论的主要创立者 Fox，以及这一理论的主要追随者如 Longman，Bartholomew，都把 1 章 2-11 节看作是对传道者之思想的总结，[4]而其他学者虽然不是在"框架-叙述"理论里来解读《传道书》，却一样把 1：2-11 当作对《传道书》全书思想的概括与总结，例如 Seow 就把 1：2-11 看作全书的"序言"。相比之下，本文对于 1：2-11 在《传道书》全篇之中所具有的结构地位以及其功能性，有着非常不同的理解。概括而言，本文不把这一段文本看作是对传道者思想的总结，而是把它和 1：12-2：26 一起，看作传道者思想困惑的起始，并且这一起始在以后随着文本的展开（在本文看来，文本的展开过程也就是思想的展开过程），它会历经改变，以致在结局部分获得看来是完全相反的结论。而本文对《传道书》之文本的阐释，为的就是将《传道书》思想逻辑之展开的过程揭示出来。

3　Bartholomew, p. 117.

4　Tremper Longman III, *The Book of Ecclesiastes* (Grand Rapids, Michigan & Cambridge, UK: Wm. B. Eerdmans Publishing Co., 1998), pp. 59-60; Craig G. Bartholomew, *Ecclesiastes* (Grand Rapids, Michigan: Baker Academic, 2009), pp.101-17; Seow, pp. 111-2.

至于 1 章 2-11 节的结构，首先我们就注意到，学者们对第 3 节经文是应当和第 2 节一起组成一个小单元，还是应当归入后面的经节，是有争议的。[5]这里的争议之关键，在于人们其实已经把第 2 节（这里论到了 lkh 即"凡事"）视为全书思想的概括了，而对于第 3 节这样特定地以人（~da）为对象的经文，则不能确定它是否可以概括全书思想。本文将把第 2 节和第 3 节放在一起视为一个小单元，理由在于，本文通过对《传道书》的分析相信，该书并不是对于存在的事物之全体做一种本体性的抽象论述，而是关注人，以至对自然界的论述（如 1：4-7）也是为着说明人；这样的话，第 3 节经文实际上是清楚地表明了第 2 节的意义所在。基于同样的理由，我们可以把接下来的 4-7 节和 8-11 节这两个更小单元视为一起构成了一个更大单元，在其中，4-7 节是对自然界基本现象的描述，8-11 节是从人的角度对 4-7 节的诠释。总体说来，2-11 节具有自然（2 节）-人（3 节）-自然（4-7 节）-人（8-11 节）的结构，其中 2-3 节是概括性的，4-11 节是更详细说明。这样的话，我们对 1：1-11 的时间观的分析就将包括如下三个部分：1：1，1：2-3 以及 1：4-11。

a). 第 1 章第 1 节：题头

第 1 章 1 节是全书的题头，也是全书的所谓"框架"部分。这一节一方面交代说，接下来的 1：2-12：8 的整个正文部分都是传道者的话，另一方面又对传道者的身份做了一个交代。

按照 Fox 的观点，传道者是本书作者虚拟的文学性角色，以便在接下来的文本里通过这一个虚拟角色说话。[6]"传道者"（tlhq）一词出自动词 lhq，该词的字面意思是"召集"、"聚集"，且在《旧约》里的用法，都是指着人群（出于政治、军事或宗教原因）的聚集：或者是由某人将人群聚集起来，如《列王纪上》8 章 1 节（"所罗门将以色列的长老和各支派的首领，并以色列的族长，招聚到耶路撒冷"）；或者是人群自己聚集，如《出埃及记》32 章 1 节（"大家聚集到亚伦那里"）。这样的话，tlhq 就应当译为"聚集者"；不过，本文出于顺从和合本中译之传统的原因，仍将使用"传道者"这一传统译法。

5　Roland E. Murphy, *Ecclesiastes* (Thomas Nelson, 1992), pp. 6-7.
6　Fox, p. 160.

本文将尝试着摸索 tlhq 这一概念可能具有的时间性意义。Bartholomew 已经指出来，我们可以从思想之聚集的意义上理解聚集，因为传道者之搜集智慧言语，就是一种聚集思想的行为。[7]而 Seow 对于 tlhq 之为"聚集者"的理解，包括了聚集智慧、财富与人群。[8]这就意味着，我们可以在一种抽象的意义上尝试着将该词理解为作为动作的聚集：聚集人群、聚集思想；而这样的话，这一动作也可以被理解为：聚集时间。正如奥古斯丁指出的，主观的时间性就在于过去、现在和未来的汇集：过去之在现在的呈现就是回忆，而将来之在现在的呈现乃是盼望。和这一时间性之聚集相反，乃是时间性之分裂破碎：过去之在当下的消失乃是遗忘和无历史，而将来之在当下的消失乃是无望，是无目的之迷失。如果说，1-2 章的时间性的基本特点就是无记念、无盼望之时间性的破碎的话，那么，整个《传道书》的思想逻辑进展，就在于最终在 11-12 章里建立记念与盼望，实现时间之聚集。

1 章 1 节交代传道者的身份是"大卫的儿子、在耶路撒冷作王的"。这一交代实际上将接下来被归为传道者的话语置入以色列传统中。然而，我们的分析将表明，传道者乃是历经了他自己的思想冒险旅程，才得以融入他自己的传统；这种历经自己个人性的主体内在思想反省旅程，才融入自己的传统，本身就是对他所处的传统具有创造和更新的接续。

对我们理解传道者的时间观而言，这里交代的"王"（$lm）的身份实际上更为重要。我们在接下来的 1：11 会看到传道者有一个自述性的身份交代；在那里，传道者对自己的身份定位就是"王"。对 3-10 章的《传道书》文本的分析将发现，王治是传道者对时间性之思考的一条基本线索，以致我们可以这样概括：该书时间观念的逻辑进展的动力所在，就是时间是属于神治亦或王治。王治和时间性的关系，已经在 1-2 章的 2：18-26 里出现，而我们将特别是在对 3-6 章的分析里对之做更详细论述。

b). 1：2-3

第 2-3 节是对 1：2-11 节思想的基本概括。我们的分析将表明，这里的基本思想是关乎时间性的。

lbh（"嘘气"，和合本译为"虚空"）出现于第 2 节经文。这是一个关

---

7 Bartholomew, p. 103.
8 Seow, p. 97.

于时间观的极重要概念。这个词的字面意思很简单，就是指呼吸的嘘气，但放在《传道书》的文本背景里，它的翻译之艰难是著名的，译者们有不同的翻译建议。以英文为例，在钦定译本里译为"vanity"（空虚），NIV 译本里译为"meaningless"（无意义），M. V. Fox 译为"absurd"（荒谬），Bartholomew 译为"enigmatic"（深奥不可捉摸的），JPS（Jewish Publication Society）译为"futility"（徒劳）。此外，还有 useless（无用）、bubble（气泡）、breath（呼吸）、transience（消逝）、zero（零）、incomprehensible（不可理解）、empty（空无）等译法[9]。中文和合本将 lbh 译为"虚空"。单纯从这些翻译里面，我们看不出 lbh 这个词可能具有的时间性内容。

至少在 Martin Shuster 的分析那里，已经很明确地是以时间性为理解 lbh 的关键所在。[10]他主要借鉴海德格尔哲学来理解《传道书》的几个核心概念，包括 lbh。在他看来，这个词的确切含义就是偶然性，与之最接近的海德格尔哲学概念是"历史性"；换言之，lbh 指着人的时间性存在。在他看来，传道者把人的存在理解为短暂易逝的时间性存在，而这种存在又来自偶然性；由于圣经中没有偶然性的概念，所以，传道者创造性地使用了 lbh 这一概念，以表达人由着偶然性而来的时间上短暂易逝的存在。

Shuster 的分析无疑可以帮助我们更深刻地厘清 lbh 概念中的时间性内容，不过，我们对 lbh 一词的时间性意义的理解，最终而言，还是必须通过圣经文本的互文解读，才最具有对《传道书》而言的诠释力量，毕竟地，传道者是在他的希伯来传统里说话的。

D. B. Miller 试图通过希伯来正典、旧约神学来讨论 lbh。他首先指出，我们很难给《传道书》里的 lbh 一种单一译法，来概括它在该书中的 38 次使用。Miller 的建议是将该词看作一种象征，也就是，在一个单一的意象（呼吸的气息）里有多个含义，他将这些含义概括为三个：非实在性、易逝性、污浊。在他看来，其中的第三个含义，是由《传道书》独创地引进的，但 Miller 为了支持这种引进而给出的文本依据不是旧约经卷，而是拉比文献。[11]

9　参考：Douglas B. Miller, "Qoheleth's Symbolic Use of lbh", in *Journal of Biblical Literature*, Vol. 117, No. 3 (Autumn, 1998): 437-54, p. 438; Bartholomew, p. 105.

10　Martin Shuster, "Being as Breath, Vapor as Joy: Using Martin Heidegger to Re-read the Book of Ecclesiastes", in *Journal for the Study of the Old Testament*, Vol. 33.2 (2008): 219-44.

11　Miller, "Qoheleth's Symbolic Use of lbh", pp. 450-1.

Miller 的建议极有建设性的方面在于明确指出了 lbh 具有的时间性意义：易逝。lbh 的字面意思是呼吸时的嘘气、气息，而这种气息显然的特征，就是短暂易逝。由此又引出了非实在性这一含义：气息之所以是非实在的，正是因为它短暂易逝，不能持存。

本文同意 Miller 对 lbh 所具有的三种含义的分析。尤其是，他注意到了这一词具有的神义论维度，而《传道书》所探讨的一个基本问题就是恶的问题。然而，本文要指出，lbh 的第三种含义即恶与不公义（Miller 称之为"污浊"），并非《传道书》独特地提出的。

lbh 的同源词在圣经里第一次出现是在《创世记》4 章 2-12 节的该隐杀亚伯叙事。[12]在希伯来文里，亚伯就是 lbh。亚伯恰恰具有《传道书》所断言的 lbh 的两个最重要特点：生命短暂、遭受不公。就他的生命短暂而言，他是圣经叙事里第一个死亡的人，就其遭受不公而言，他是因着其兄妒忌他的祭物被神悦纳而谋杀他。

亚伯（lbh）叙事对我们理解《传道书》的核心概念 lbh 有双重启发。其一，他的经历告诉了我们时间与正义的关系。《传道书》大量讨论时间，也大量讨论公义（神义），而时间与正义之间的关系，不是直接的。但藉着亚伯叙事，我们可以通过死亡概念沟通这两者：该隐的不义终结了亚伯的时间，给亚伯带来了死亡。亚伯的未到期而死，他的时间之过早终结，缘于其兄的不义。

该隐杀亚伯的叙事，放在《创世记》第 3 章亚当堕落而给全人类带来死亡的叙事，以及《诗篇》90 篇的文本互联里面，就可以具有对普遍人性而言的意义。《诗篇》90 篇（"神人摩西的祈祷"）首先谈到在神那里的时间的永恒性：神是"从永远到永远，你都是神"（诗 90：2），并且"在你看来，千年如已过的昨日"（诗 90：4）；在这样一位神看来，人的生命都是如亚伯一

---

12 学者们已经注意到了亚伯叙事与《传道书》核心概念 lbh 之间的关联。尤其参考：Ethan Dor-Shav, "Ecclesiastes, Fleeting and Timeless (Part I)", in *Jewish Bible Quarterly*, Vol. 36, No. 4 (2008): 211-21. 在这篇文章里面，Dor-Shav 细致分析了亚伯的三个特征：他是人类中第一个死亡的；他是人类里第一个向神献祭的，并且他的献祭之被悦纳具有救赎的意义；他是牧人而非农人，不具有恒定的住所与财产，而表现出漂流的精神之旅的寓意。另参考：idem, "Ecclesiastes, Fleeting and Timeless (Part II)", in *Jewish Bible Quarterly*, Vol. 37, No. 1 (2009): 17-23，在这篇文章里，Dor-Shav 指出来，应当从时间性的易逝角度，而非从实体性的非存在的角度，来理解 lbh。另可参考：Bartholomew, p. 115。

般短暂："我们一生的年日是七十岁，若是强壮可到八十岁"（诗 90：10）。人的生命短暂来自他的有死，人的有死使得他的时间性成为有限的，这使得它和上帝的永恒比起来有如转瞬即逝。这首诗又将人的这种死亡性的"消灭"看作罪的结果（诗 90：8）。无论是罪的主题，亦或死亡的主题，在圣经里都要回到《创世记》第 3 章：始祖原初的罪与不义，置人类于死地。从永恒生命的观点来看，堕落后的人类生命都如亚伯一般短暂，而这种境地乃是因着原初的不义和罪。这样的话，lbh 的两个含义——时间上的短暂易逝、非正义，就通过圣经叙事得到了内在关联。

　　当我们将 1 章 2 节放到 1：2-11 的文本背景里的时候，就会发现《传道书》实际上已经推进了如上 lbh 的意义。1：2-11 在《旧约》里的独特性，在于它表达了一种自然化的、无神的循环论时间观。1 章 2 节本身而言具有抽象性，它的意义还是在第 3 节里得到阐明，而第 3 节说的是：人在日光之下的一切劳作是无益处的。Seow 已经分析了"益处"（!wrty）一词在波斯经济体系里的基本意义。他指出，这个希伯来词出自亚兰文的经济术语，这一术语在会计资料里用来指着账面上的、表现为数目的"盈余"。[13]这样的话，1：3 的意思就是，人的劳作是徒劳，得不出盈余意义上的成果。这种徒劳之劳，是自我消解的，以致它的结果成了"无盈余"的虚无之无。这样的话，lbh 岂止是短暂即逝而已，因为短暂的存在也仍其是存在的，而自我消解的徒劳之劳是至于虚无的。结合 1：3-11 的文本，则我们需要这样来理解 1：2 所说的 lbh：日光之下人的生命因着循环论的时间性而来的徒劳无益，人的时间性本身之短暂易逝，以及造成这种易逝性质的生命之内在罪性，这三者之间，有着本质关联。我们将在对第 7 章的文本分析里看到传道者如何揭示罪性与时间性的关系，而在 1-6 章里，他对时间性的把握主要是以徒劳无益和短暂易逝为中心。

　　除非清楚 1：3 的"太阳之下"（vmvh tht，和合本译为"日光之下"）这一概念的时间性意义，否则我们不能清楚这种徒劳无益对于时间性的尖锐否定所在。很少有学者注意到这一词语可能具有的时间性意义，[14]但 Seow 已

13 Seow, p. 22.
14 Longman 已经考究了《传道书》为何不使用"天底下"（~ymvh tht），而是独特性地使用"太阳之下"（这个词语在旧约中唯独出现在《传道书》里面），并提出这样的解释：它引发太阳下流汗艰难劳作的意象。Longman 的诠释已经指出了这一用词和劳作之间的关系，虽然并未如 Seow 那样明确指出它和时间性之间的

经清楚指出，"太阳之下"这个词在近东及《旧约》背景里指的恰恰不是空间性而是时间性。他说："虽然'天底下'是空间性的说法（指着世界上所发生的事情），但'太阳之下'却是时间性的，指着活人处所里的经历，这一处所乃是光的世界、生命的世界，而非冥界的暗黑世界"[15]。

按照《创世记》1章4-5节，"神看光是好的，就把光暗分开了。神称光为昼，称暗为夜。有晚上，有早晨，是头一日"。这里的和黑夜相区分的白昼即是~wy，而这个词也用来指着第一日、第二日之计算的"日"，所以，在希伯来原文里，这两节经文里的"昼"和"日"都是同一个词（中文也有类似用法，同样的"日"字在"日夜交替"和"第一日"里的所指是不同的）。在旧约和近东背景里，白昼对于人而言就是劳作的时间；在上述所引的《创世记》经文里，白昼（"日"）的特征在于有光，而光作为上帝的最先创造，乃是为着观看、劳作等有意识的行为存在的。希伯来人又用这种劳作的时间，来指包括黑夜在内的一整天。Gershon Brin 的研究已经表明，圣经中首要用来表达时间的词是~wy（及其复数~ymy），它出现了至少 2300 次，是圣经中第五个使用频率最多的词。[16]这样看来，在希伯来人的意识里，时间特别地是通过人的主观性意识而存在的。

可以说，处在黑夜中的人没有时间。而事实上，希伯来人把表示白昼的~wy 用来指既包括白昼也包括黑夜在内的一整日，也已经说明了：黑夜可以不算在单单由~wy 已经表达出来的一整天之内。换言之，从人的主观性意识来看，黑夜简直可以不算做是时间。什么样的人处于黑夜中？睡眠者和死亡者，都是处在就意识而言的黑夜里面：他们没有意识，从而没有了时间。这一点在《传道书》里无疑是基本前设：传道者的苦恼恰恰在于他看不出像劳作、探寻等这些有意识的行为，这些人之时间性基本存在的行为，有何意义。在 1 章 3 节里，他问的恰恰是："人在太阳之下所忙碌的一切忙碌，有什么益处呢？"按照古代人的直观，太阳是每日都有升起和降落的，只是当太阳升起之后，处在人的头顶上方，以致人是"在太阳之下"，人才被太阳所照射，也就是，处在日光里面，所以，"太阳之下"的意思，正好就是中文和合本所译的"日光之下"。在第 3 节，"日光之下"和"忙碌"是互相说明

关系。参考：Longman, p. 66.

15 Seow, p. 113.

16 Gershon Brin, *The Concept of Time in the Bible and the Dead Sea Scroll* (Leiden, The Netherlands: Brill, 2001), p. 1.

的：在"日光之下"就意味着不在睡眠、死亡等对于意识而言是黑夜的时间里面，也就意味着是在忙碌之中，而在忙碌之中就意味着人是在意识里面，也就是在"日光"之下，这就意味着他处在时间之中。简言之，我们可以说，"日光之下"和"忙碌"表达的都是人的有意识存在，意味着人处在"日子"里面，也就是处在时间里面。

如果说，"太阳之下"根本而言指着人具有主体自觉意识的时间性存在的话，那么，我们就可以理解到，4-11 节的尖锐性，在于恰恰指明了这里的矛盾和自我消解所在：日光之下的劳作原本是时间性的存在，却最终显其为否定了时间性。

c). 自然化的循环论（1：4-11）

4-11 节的文本显然可以分为两个部分，即 4-7 节和 8-11 节。在 4-7 节，我们可以读到似乎是循环论时间观的论断。这里谈到了太阳（5 节）、风（6 节）、河流（7 节）的运动轨迹都具有循环往复、回归原位的特点。而在谈论这些自然元素之先，谈到了人："一代去了，一代又来，地却永远停留"（4 节）。放在 5-7 节都是谈论循环性运动而归回原位这一上下文背景里，则我们可以将第 4 节理解为：人从地里出来，又复归地。这里无疑对人的存在是持一种自然化的观念：人就是尘土，人的世代循环和其它自然元素的循环没有区别。这几节经文论到了自然元素空间性的循环复归原位，但在这些谈论之先，已经谈论了抽象意义上的人的"世代"，而世代的交替只能是时间性的；接下来的 8-11 节对于 4-7 的诠释是完全从时间性的意义上来理解自然元素在空间位置变化上的往复，例如第 9 节就说到："已有的事后必再有，已行的事后必再行"，这就显然是在过去、将来的意义上谈论时间的。这样，我们有理由说，4-7 节是谈论循环论意义上的时间观。

8-11 节对自然元素之循环往复做了否定性的评价。第 8 节已经说到，4-7 节里自然界元素的运行最后什么也没有成就，是徒劳的，是"令人厌烦"的。第 9-10 节里，传道者谈到了"日光之下无新事"。在第 11 节，谈到了无论对于最初已经发生的事情，还是末后将要发生的事，都不会有记念（rkz）；从神学的观点来看，这里其实涉及两种不同的记念：对已经发生的事情的记念，乃是记忆、回忆；对尚未发生的末后事情的记念，乃是盼望。我们不难看出这其中的逻辑关联：如果历史只是循环重复什么也没成就的话，那么，我们就不要指望有什么新东西出现，而如果说其中的事情都是已然在重复中就可以意料得到的话，那么回忆和盼望都是没有意义的。

关于 4-7 节和 8-11 节之间的关系，Fox 认为，4-7 节自然界的循环重复现象，被用来类比地论证人类的事务亦是如此地循环重复，以证明人的劳作是没有什么益处的，证明"一切都是荒谬"。[17]然而，在本文看来，第 4-7 节和 8-11 节之间并不具有证明关系，而只是例证和诠释的关系。首先，单纯从自然现象的重复性，并不能得出一种其实已经是具有价值性的判断，即这种现象是一种消极的循环。圣经中多处谈到自然界里往复循环，却是把这种循环看作规律性和神的能力之显现，从而做了价值上的肯定。例如，《诗篇》第 19 篇第 1 节就这样描述星体运行："诸天述说神的荣耀，穹苍传扬他的手段"。换言之，自然界里天体的重复运动，可以被理解为秩序的显明（就像牛顿天体力学表现的那样），从而被理解为显明了神的荣耀。

其次，我们很难直接把对于自然界的判断运用到人那里，除非已经假设人就是自然的一部分，或者说人的本性乃是自然性。而恰恰在《创世记》的造人叙述里面，人是按照神的形象被造，有高于自然性的东西。很显然，一种高于自然的存在如人，他之在审美的、劳作的或者反思的关系中，在与自然的距离中，来判定自然的规律性和壮美，这和人本身被视为自然的一部分，从而不具有对于自然的任何可以用来观察与反思的超越性距离，乃是非常之不同的。而当 1：4 正是在自然化的意义上理解人的时候，就不可避免地在 1：8 造成了"厌倦"。

以上两点可以表明，3-11 节很难说是一种论证。事实上，Whybray 已经反对可以从 4-7 节里必然地得出 8-11 节的 lbh 结论。[18]Whybray 认为，4-7 节说的是自然界循环往复的规律性之奇妙伟壮，以致第 8 节应当被解释为：人的眼观、耳听都不足以领略这种雄伟，只能在反思的静默中惊叹无言；在他看来，2-11 节出现的 lbh 结论只是针对人，而与自然无涉。然而，Whybray 的观点本文也无法接受，这种观点实际上割裂了文本，让我们看不到在这里自然的循环性与人之劳作的 lbh 之间有什么关系；而如果我们还承认 1：1-11 是有整体性和统一性的话，则我们应该尝试建立这两者的关系。

我们可以说，1：2-11 是在以修辞的方式表达某种并非传道者才有的思

---

17 Fox, pp. 159-69.
18 R. N. Whybray, "Ecclesiastes 1.5-7 and the Wonders of Nature", in *Journal for the Study of the Old Testament*, 41 (1988): 105-12.

想：循环论时间观。放在《传道书》整体的文本结构里来看，这里的宣称是把它当作问题提出来而有待解决的。如果说传道者在这里只是把循环论时间观当作一种待解决的问题提出的话，那么，他的这种循环论时间观从哪里来？

本义无意在此对循环论时间观做某种思想的考古研究，但我们知道，在《传道书》成书的时代[19]，循环论时间观无论在近东、埃及还是希腊，都早已是人所熟知的。在近东智慧文献之最早的发源时期即古代苏美尔的《苏鲁帕克训导》（The Instructions of Suruppak，作于公元前 2600 年左右）里面，就已经有这样的格言："没什么事情是有价值的，虽然生活是甜美的"[20]。在古代苏美尔的《早期统治者的歌曲》（The Ballade of Early Rulers）里已经有这样的句子："难道，曾经有那么一个时候，人们没有从自己的前辈那里听到这些话吗？（第 4 行）"；"统治了 36000 年的 Alulu 王在哪里呢？升天了的 Entena 王在哪里呢？和 Ziusudra 一样寻求（永恒）生命的 Gilgames 在哪里呢？被抓、屈服的 Huwawa 在哪里呢？国中力量不可匹敌的 Enkidu 在哪里呢？从前那些日子的护卫者，那些王们，在哪里呢？（第 9-14 行）"；"一切生命都是一个幻象（第 18 行）"；"没有光照着的生命，如何能比死亡更有价值呢？（第 19 行）"。[21]源出苏美尔智慧文献的古巴比伦智慧文学一样已经有了虚无主义的价值观和对义人受苦的神义论思考。[22]

如今学者大都同意，《传道书》的智慧传统背景更多地来自埃及或者近东，而不是希腊。[23]我们很难设想，类似虚无主义价值观、循环论时间观，这

19　Seow 主要依据语言学上的证据，将《传道书》的成书年代定于流放之后、波斯帝国晚期，也就是公元前 5 世纪下半叶到公元前 4 世纪上半叶之间。本文依从该说。参考：Seow, pp. 19-21; Seow, "Linguistic Evidence and the Dating of Qoheleth".

20　*The Instruction of Suruppak* 之第 252 行，见：Bendt Alster, *Wisdom of Ancient Sumer* (Bethesda, Maryland: CDL Press, 2005), p. 96. 关于 *The Instruction of Suruppak* 和 Qohelet 的思想源流关系，可参考：Bendt Alster, p. 26-7; "The Vanity Theme in Sumerian Literature", pp. 265-341.

21　Ibid, pp. 300-5.

22　关于古巴比伦智慧文献中的虚无主义论述，参考：W. G. Lambert, *Babylonian Wisdom Literature*, (Oxford: Oxford University Press, 1960), "Counsels of a Pessimist", pp. 107-9; 关于其中的义人受苦和神义论问题，参考：ibid, "Ch. 2, The Poem of the Righteous Sufferer – *Ludlul bel nemeqi*", pp. 21-62; "Ch. 3, The Babylonian *Theodicy*", pp. 63-91.

23　关于埃及智慧文献与《传道书》之间的亲缘类似性质，参考：Seow, pp. 60-2; Stephen Fischer, "Qoheleth and 'Heretic' Harpers' Songs", in *Journal for the Study of the Old*

些已经在以色列之先、之外就流行的论点，会被以色列的智者作为属于以色列的独特智慧纳入正典。我们至少在《约伯记》里已经看到，义人受苦的问题虽然在埃及、美索不达米亚的智慧传统里就已经被思考，却在以色列的耶和华一神论里得到独特处理。这样的话，我们是有理由类似的设想：《传道书》只是就问题而言和埃及、美索不达米亚有着思想亲缘关系，而在解决上，却有着自己因耶和华一神信仰而来的独特解决。事实上，本文的分析将表明，这种就循环论时间观而言的思想亲缘关系，在《传道书》的整个前半部分即 1-6 章都存在，传道者的独特解决只是到了该书的后半部分即 7-12 章才出现。

在什么意义上，循环论时间观成了要解决的问题？为何循环论的时间性使人的劳作成了无益的、虚空的？4-11 节对人与自然的循环论的叙述，始于第 4 节关于人的"世代"的论述，终于第 11 节感叹的"无人记念"。在第 4 节，人不但被当作一种自然化的存在，而且被当作一种不具个体意义的存在：人就是"世代"。表面而言，人的"世代"也如太阳、风一样不止息地来来去去，但这里的根本不同在于：来的"世代"已经不再是"去"的世代了；换言之，自然化的"世代"掩盖了人的死亡而给出一种虚假的永恒表象。但这种永恒的虚假性在于：它不但不是时间性意义上的永恒，而且还恰恰是对时间性的否定性消解。第 11 节已经将这一点揭示的很清楚：在自然化的循环论的时间性里面，最终是"起初的事无记念，将来的事也无记念"——这里说的还不是人的遗忘，而是根本无所可记念的"起初"与"将来"：在一种永恒的循环里，如何会有起初和将来之分别呢？这种就时间性而言的永恒循环，最终显其为时间性的无区分之混沌，从而取消了时间性。

如果说，1：2-11 表明的，乃是根本不存在可记念之事，不存在可记念之过去与将来，从而是"没有记念"的话，则我们将会在 1：12-2：26 看到对于这一"没有记念"的原因之发现：没有记念是因为人死亡；换言之，循环论

Testament, 98 (2002): 105-21，在这篇文章里面，Fischer 细致分析了，古埃及异端琴人之歌因着对古埃及来生信仰的怀疑，主张死亡的确定性与来生的不确定性，由此发出活人当及时行乐的劝诫，这与《传道书》中的活人当及时行乐思想有着诸多相同之处。关于美索不达米亚（苏美尔、阿卡德、巴比伦）智慧传统与《传道书》之间的亲缘性质，参考：B. Alster, p. 27。甚至有学者主张，圣经智慧的基本结构是由巴比伦奠定的，参考：Victor Avigdor Hurowitz, "The Wisdom of Supe-ameli -- A Deathbed Debate between a Father and Son", in *Wisdom Literature in Mesopotamia and Israel*, ed., Richard J. Clifford (Atlanta: SBL, 2007), pp. 37-51.

的问题根本而言是死亡问题。

第二节　1：12-2：26 的时间观的分析

少有学者分析这一单元的时间性；人们对《传道书》之时间观的谈论，几乎只限于 1 章 1-11 节和 3 章 1-15 节这两段文本，而很少涉及到《传道书》里的其他文本。然而，我们接下来的分析将表明，这一段文本根本而言是以时间性为中心的思考，并且只是通过这段文本，前述 1：1-11 里的循环性时间观的成问题所在，才被揭示。

关于这一段文本的结构，我们将主要参考 Wright，Fox 和 Murphy 的分法。这三位学者都把 1：12-18；2：1-11；2：12-17 以及 2：18-26 当作更小的相对独立的文学单元；[24]这里对 1：12-2：26 的分析，也将分为如上四个部分。

我们从这一单元开始，就将看到传道者的思想如何随着文本的展开而展开，看到《传道书》如何具有文本与逻辑的统一。1：12-18 已经是对于 1：1-11 的逻辑推进：传道者从自然界的领域转到了他的自我内在性里面，也就是"我心"里面；传道者自述自己如何致力于智慧探索：他"用智慧探寻查究天下所作的一切事"；我们将看到，这里的"我心"的"智慧"，实际上引入了新的内在性的"日光"。传道者在接下来的 2：1-11 自述了自己如何在这内在性的光里面劳作、建立秩序，尤其重要的是，点明了自己的智慧探究乃是为着探寻关乎时间的奥秘："查看世人在天下的可数的活着的日子里，当行何事才好"（2 章 3 节）。但在接下来的 2：12-17 里，传道者同样是通过时间性的概念即死亡，反思到自己的智慧成就是被瓦解的：死亡使他不被记念（2：12-17）。至此，我们可以说，传道者已经通过他的思想的逻辑进展，澄清了 1：1-11 节未能澄清的问题，即循环论时间观的问题所在：因着死亡而来的没有记念。接下来的 2：18-26 实际上可以说是对前一单元关于死亡的论述的反思与推进，这种推进让他看到，死亡以及没有记念对他而言的否定性，在于它剥夺了传道者作为智者、王者而有的统治权柄，这一反思让他在这一单元结尾的结束部分即 2：24-26 思考到上帝的权柄。2：18-26 对权柄、统治的思考，使我们实际上可以尝试着沟通"聚集"、

---

24 A. G. Wright, "The Riddle of Sphinx: The Structure of the Book of Qoheleth", p. 321; Fox, pp. 169-91; Murphy, pp. 11-27.

"记念"、"王"、"智慧"之间就时间性而言的内在相通，从而把握到1-2章里传道者的时间性观念的本质所在。第 2 章结尾处对上帝权柄的思考顺利导向了3-6 章的思想：通过就时间性而言的神人之统治权柄划分，来解决死亡焦虑。

接下来，我们就按照刚才所给的文本结构分析这一单元的时间观。

a). 传道者的自我身份界定（1：12-18）

1：12 显然是传道者的自我介绍，这一介绍突出了他的王者身份。而接下来的 13-18 节里，他其实在突出自己的另一个身份：智者。这两个身份在传道者那里最终都是为着确立人的时间性存在，以及人对时间的统治。

Murphy 认为，在 13-18 节里有一个显然的平行结构，就是：13、14、15节分别平行地对应着 16、17、18 节。[25]传道者在 13-18 节里，告诉我们他如何追求了智慧、得到了智慧、又发现智慧是徒劳无益的。这种不厌其烦近乎重复的结构，告诉我们传道者如何把自己的智者身份看得和他的王者身份一样重要。这就使我们有必要在这里特别考察"智慧"（hmkx）与时间性之间的关系。

智慧与时间性之关系在《创世记》第 2-3 章的伊甸园叙事里就已确立。T. N. D. Mettinger 研究了近东远古神话《吉尔迦美什》和《阿达帕》，发现在这两个神话里，智慧与不死是两个相连主题，按照这一神话传统的类比，他得出《创世记》2-3 章里的生命树和善恶知识树是原初地就在文本里一起存在的，而不是像历史批判主义所主张的，认为两者之所以存在于同一个文本里是出于编修。[26]按照 Mettinger 的解释，"伊甸叙事"的主题乃是：善恶知识树是作为神的试炼存在的，亚当夏娃如果经受了试炼而不吃善恶知识树的果子，就会得到生命树上的果子为回报而得永生；但他们未能经受试炼而失去了生命树果子，得到了死亡。在 Mettinger 看来，这种试炼神学在亚伯拉罕献以撒、《申命记》生死两条道路的选择，以及约伯的试炼里面，都是存在的。[27]

Mettinger 的分析虽然肯定了伊甸叙事里生命与善恶知识之间的源始关

25 Murphy, p. 13.
26 T. N. D. Mettinger, *The Eden Narrative – A Literary and Religio-historical Study of Genesis 2-3* (Eisenbrauns, 2007).
27 Ibid, p. 64.

系，但他对于这一关系的分析，却给我们造成了困惑。从他的分析看来，似乎善恶知识和生命不可兼得：在神的试炼里，人若获得善恶知识，就将失去不朽。这样看来，善恶知识似乎和生命有着相反对的关系：智慧是反时间性的。

伊甸叙事里没有出现"智慧"一词，和合本中译本里《创世记》3 章 6 节译为"智慧"的词原文是 lkv 而非 hmkx。但《创世记》2 章 9 节说的"善恶知识"（[rw bwj t[d）无疑就是智慧，虽然这里用的词是"知识"（t[d）。在《旧约》里，"知识"和"智慧"常常是通用的。而且，这里将善恶并列，意味着对善恶的分辨，正是智慧的基本特征，因为智慧一词原本就常常和字面意为"分别、辨别"的!wbn（和合本译为"聪明"）连用，而成为"有聪明有智慧"，例如在《创世记》41 章的 33、39 节里就是如此，而这一章正是《旧约》里最早出现 hmkx 一词的地方。所以，说善恶知识树就是智慧树，是完全正当的。而不朽与死亡概念，都是时间性概念：不朽无疑首先是时间上的不断持续，而死亡就是时间的断裂。

直观来看，Mettinger 的判断有伊甸叙事里上帝的断言做支持："只是善恶知识树（和合本中译为"分别善恶树"）上的果子，你不可吃，因为你吃的日子必定死"（《创世记》2 章 17 节）。后来的叙事也表明：亚当夏娃因为吃了智慧树之果，就被逐出伊甸园，不再可以吃到生命树果子而"永远活着"；这样，智慧看来是某种和生命相反对的东西，是被上帝禁止的东西。然而，无论是摩西律法还是智慧文学传统都肯定律法是智慧和聪明，得智慧就是得生命，智慧出自神。智慧传统明确肯定，敬畏神才有智慧；《箴言》3 章 16-18 节这样论到智慧："她右手有长寿，左手有富贵。她的道是安乐，她的路是平安。她与持守她的作生命树"。这里的生命树并不具有近东传统以及伊甸叙事里的生命树所具有的不死意义，旧约智慧文学传统也没有主张智慧可以给人带来不朽，但无论如何，智慧和时间之间具有正面的肯定关系，这是确切的。

我们如何协调伊甸叙事与《旧约》整体之间的看似矛盾？解决的途径当然有多种，例如加尔文就干脆提出，伊甸叙事里的善恶知识树对于人来说，只有关于恶的知识，换言之，它根本不是什么智慧。[28]不过，本文更倾向于早

---

28 Calvin, *Commentary on Genesis*, Vol. 1, Part 5. From: http://www.iclnet.org/pub/resources/text/m.sion/cvgn1-05.htm

期教父具有神学想象的解决方法。至少按照 St. Ephrem of Syria 的主张，分别善恶树的果子，倘若亚当夏娃顺从且等候的话，是可以在神所预备定下的时候，让他们享用，并且之后他们可以再享用生命树之果而得到神性；这样的话，分别善恶树是可以成为他们升高的手段，而不是成为咒诅。[29]这一解决方法的独特之处，在于本身就是运用时间性来回应智慧问题：分别善恶的果子，如果不是在神所预备的时间里享用的话，就会带来死亡。

William N. Wilder 在他的文章里，极好地分析了伊甸园叙事里的智慧与生命之关系的问题，以及穿衣与赤裸的羞耻问题。他试图向我们证明：在近东以及《旧约》传统里，穿衣而非赤裸才是荣耀。亚当夏娃最初的赤裸而不以为耻，同样是在时间性的范畴里得到解释：亚当夏娃在伊甸园里的赤裸而不觉羞耻表明，他们如同孩童一样，尚未达到完美状态，而有待在神所定的时间被神赐予智慧和穿衣，从而获得统治的、神性的荣耀。Wilder 的分析对我们的重要性，在于他还揭示了智慧与王权之间的关系。按照 Wilder 的分析，人最初就被神赋予了统治被造物的王权，而王权需要智慧以便可以分辨审判，并且作王需要被授予王的衣服。[30]人虽然僭越神所定的时间而偷吃了智慧之果，从而的确获得了知识、眼睛明亮，但却失去了永生，并且所获得的知识也是显然不完善的，他们由此而来的自行穿衣，所穿的是树叶，显然不合乎王的荣耀。神坚持他的主权，给已经有了虽然是不完善知识的人穿衣，并授予他们更高级的动物皮衣。穿衣与作王的关系，也可以在《启示录》里看到：在新天新地之时，人将"蒙恩得穿光明洁白的细麻衣"（启 19：8），"他们要作王，直到永永远远"（启 22：5）。

Wilder 的分析至少已经可以明确地告诉我们这一点：伊甸园叙事里的智慧树和生命树并不存在本质性的矛盾与反对关系，两者并不是因为构成一种非此即彼的逻辑选项的完全性而得以一起地置于伊甸园中。而在摩西律法、智慧文献里，人显然已经被放置到和智慧的不同关系中：现在人不是被禁止接近智慧树，而是被鼓励着寻求智慧（例如《箴言》第 9 章）。

前述的冗长讨论应该可以表明，就《旧约》整体而言，智慧与时间具有正面肯定的关系：得智慧就得生命，而生命本身是在时间里的持存。智慧和

---

29 William N. Wilder, "Illumination and Investiture: The Royal Significance of the Tree of Wisdom in Genesis 3", in *Westminster Theological Journal*, 68 (2006): 51-69, p. 52.
30 Ibid, p. 63.

时间性的上述联系，使我们得以理解，为何传道者在 2：12-17 尤其会因为他自己将要面对的死亡而焦虑；就此而言，可以说，1：12-18 甚至只是在为这一焦虑之呈现做预备：传道者在这里处处强调自己是求智慧、有智慧的，恰恰表明了他对永恒生命的渴望，而事实上，他仍然要面对死亡。

如果我们把 1：12-18 与它之前的 1：3，以及它之后的 2：14 互联地解读，就会发现传道者在这里从事 gt 的正是建立人的时间性。我们已经分析了，1：3 里的"日光之下"说的就是人的时间性存在；而 2：14 里，传道者恰恰把智慧与愚昧的对比说成是"光与暗"的对比。传道者的意思很清楚：智慧就是人的光、人的太阳。

已经有学者们注意到，传道者在 2：1-11 自叙的行为，像是在"扮演上帝"。[31]在《创世记》第 1 章，我们看到上帝如何以他的创造劳作来建立光明、秩序与丰富，而上帝第一天的创造就是引入光明：光之创造是上帝创造其它一切被造物的前提。正是因为在第一日创造了光，所以才有了"把光暗分开了。神称光为昼，称暗为夜。有晚上，有早晨，这是头一日"（创 1：4-5）；换言之，才有了时间的存在。到了第七日，上帝不仅通过创造在世界里已经建立了丰富，并且祝安息日为圣——创造的过程就是从时间性到时间性的过程。

放在这样的"扮演上帝"的背景里，我们才能理解，为什么传道者在自述他的劳作行为（2：1-11）之先，要强调自己的智者身份：他要在自己的创造行为之先引入光明，而正如 2：14 所说的，智慧就是光明。

这种内在的光明无疑和 1：1-11 的"口光"形成对照。和这一内在之光一起引入的，是传道者个体的内在向度，它有别于 1：1-11 的自然性向度。学者们已经注意到，在 1：12-2：26 里，大量出现了"我心"的说法。[32]传道者在12 节里简短地介绍自己"在耶路撒冷作过以色列的王"之后，接下来就说自己是"专心用智慧寻求查究天下所作的一切事"。心（bl）这个概念既是主观内在的，也是自我意识中心的。在旧约里，心被视为情感、智慧所在，以致，愚昧人就是"没有心的人"（bl-rsx，《箴言》9 章 4 节，中译"无知的人"），而智慧人就是"有心的人"（bbl yvna，《约伯记》34 章 10 节，中

31 Arian Verheij, "Paradise Retried: On Qohelet 2:4-6", in *Journal for the Study of the Old Testament*, 50 (1991): 113-5.
32 Fox, p. 78; Seow, p. 142.

译"明理的人")。可以说，智慧、心、内在的光，就是一回事。

b). 传道者的智慧寻求（2：1-11）

这一段文本点明传道者的内心性智慧探寻是以时间性为中心。2：1-11 告诉我们传道者如何追求各种属世快乐；而在其中的 2：3，他告诉我们，这种以追求快乐的方式来探索智慧的目的，是"查看世人在天下的可数的活着的日子里，当行何事才好"。

传道者要以追求快乐的方式来探寻智慧，这一点需要在《旧约》的背景里才能被理解。《旧约》对快乐有正面的理解，《创世记》里紧接着创世叙事之后就是伊甸园叙事，而"伊甸园"的字面意思就是"快乐园"。!d[（"伊甸"）在《旧约》里几乎都是用做专指伊甸园的地名，在此之外，其唯一一处同词根的词，是以动词的形式出现在《尼西米记》9 章 25 节（"他们得了坚固的城邑，肥美的地土，充满各样美物的房屋，凿成的水井、葡萄园、橄榄园，并许多果木树。他们就吃而得饱，身体肥胖，因你的大恩，心中快乐"），并被译为"快乐"，用来指着以色列人在神所赐的迦南地的生活。《传道书》2 章 1-8 节，《创世记》2 章 4-14 节，以及《尼西米记》9 章 15 节有着显然的相同之处：花园、果树、浇灌之水、快乐。《传道书》里还有其他的快乐主题事物：饮酒、嫔妃、歌乐、金银、宫殿。传道者强调的是，一方面，这一切都是他"手所经营的一切事"（11 节），是他的"劳碌"（11 节），并且都是"用智慧"（19 节）做的；另一方面，他的这些智慧行动获得了成功，以致"日见昌盛，胜过以前在耶路撒冷的众人"（9 节）。这样的话，传道者的意思是很明显的：他的成功足以证明他是个智慧人。因为按照智慧传统，智慧者必有丰富和尊荣（例如《箴言》31：10-31）。

传道者把自己的劳作行为看做以智慧行事，又把智慧看做光明。他回顾自己的劳作行为时，看到他的智慧光明带来了丰富：在第 9 节他说，"我增大，我又添多"（ytpswhw ytldgw）（和合本中译为"我日见昌盛"）；这里的用语无疑让我们想起《创世记》第一章里神的创世：神在自己所造的世界里带来光明与丰富。

仅仅从传统智慧所追求的丰富与尊荣来看，传道者可谓成功人。然而，他已经在 2：3 里交代了，他的智慧探寻是以考察时间性的奥秘为目的；立足于这一时间性目的，他在接下来的第 12-17 节否定了自己的成功。

c). 死亡与记念（2：12-17）

这一段文本的重要概念无疑是死亡和记念，事实上，这一段文本的魅力就在于这两个并非互相反对、互相矛盾的概念之间造就的张力。死亡当然是一个时间性概念：死亡意味着时间的终结。至少在《传道书》的背景里，死亡或者说时间的终结，意味着主观性意识的终结，而这不是传道者可以接受的。记念本身并不是一个时间性概念，但它指向那有意识的、具有位格性的主体的存在：只有那具有位格性、主体性的存在者，才可能是记念和被记念的。这样，记念就是一个恰和非位格性的自然相反对的概念。在 2：12-17 里，对死亡的谈论是和对记念的谈论放在一起的，以致，死亡的否定性在这里倒不在于它消亡了人的时间性存在，而在于它消亡了"永远的记念"。死亡和记念的这种关系，实际上已经意味着 Levinas 所说的那种时间性：时间只是通过与他者的关系才得以展开。

传道者对死亡的描述令人印象深刻，以致，前面 2：1-11 对他自己在日光下的成功的叙述，显得只是一种铺垫，为的是引向接下来的死亡话题。他在 12-14 节总结了自己的成功所在，用柏拉图的术语来说，他就是那理想的哲学家-王。传道者是在耶路撒冷作王的（12 节），但更重要的是，他以智慧来运用王权（13-14 节）。传道者自问：难道我的成功不是的确前无古人、后无来者吗？难道我不是的确穷尽了人的智慧所达到的可能性吗？放在近东文化背景里面，传道者可以说是接近神的人，而事实上，近东文化里的王者自传文体，就是为了向人们炫耀那国王是如何有资格被称为神。但就是在第 14 节，传道者有了令人惊愕的突然转身——他在接下来的 14-16 节说：即便是成功有智慧者如我，却也一样有死。由此的结论是：虚空、捕风（17 节）。[33]

我们将如何思考死亡对时间性的终结？传道者恰恰是在论及死亡主题之先，首先引入智慧与愚昧的对比，并把这一对比归之为光与暗的对比。但我们看到，智慧人和愚昧人一样遭遇死亡，使得智慧与愚昧、光与暗之间的对比崩溃，而这一秩序的崩溃，也是光明的崩溃、时间性的崩溃。我们前面已经论及了 vmvh tht（"太阳之下"）这一用语的时间性所在：处在太阳之下就是处在日光之下，而日光的意义在于它是人劳作的时间，也就是人的主

---

33 关于近东文化中的王室自传文体与《传道书》2 章 1-26 节之间的对比，可参考：
Seow, p. 144.

观性意识之存在的时间。与此相对的是黑暗，黑暗是睡眠者和死亡者的所在，是主观性意识的消没。按照"太阳之下"的时间性，对于人的主观性意识来说，唯有日光之下的时间才可以算为时间，而在黑暗之中的时间简直不可以算作时间。

传道者在 2 章 13-14 节里说："智慧比愚昧有益处，犹如光明比黑暗有益处。智慧人的头上有眼目，而愚昧人在黑暗里行"。就此而言，我们可以说，此前的 1-12 节里面，所叙述的传道者自己的劳作，就是他智慧的明证：传道者虽然贵为国王但劳作，他不是慵懒无为的人。《旧约》智慧文学从来都是崇尚劳作而斥责懒惰，《箴言》18 章 15 节甚至说，"懒惰使人沉睡"。如果说，日光的意义在于是人劳作的时间，那么，懒惰无疑就是不具有劳作，从而也不具有时间，这就意味着死亡：懒惰者没有劳作，也就没有主观性的意识，没有心；从主观意识的观点来看，懒惰者等同已死的人。这样，作为劳作而言的勤奋，本身就已然是智慧；而传道者在在地强调，他是一个劳作的人、勤奋的人："我的心为我一切所劳碌的快乐"（第 10 节）。

传道者以他的劳作从事建立：他建立宫殿、园林。但死亡意识的介入让他意识到：他虽然以智慧胜过愚昧，给自己带来光明、丰富，却要和愚昧人一样遭遇死亡。值得注意的是，传道者在这里不是抽象地思考死亡问题，而是思考"我的死亡"。在第 2 章，传道者的自叙整体地都是自我中心的：他在"我心"里回顾如何"我日见昌盛"。如果说，"愚昧人是在黑暗里行"（第 14 节）的话，那么，传道者似乎可以说，他的智慧-劳作为他的个体世界带来光明与丰富，犹如上帝以他的智慧-创造为整个被造世界带来光明与丰富。但传道者发现自己要遭遇较之愚昧更为黑暗和虚无的东西，就是死亡：死亡的来临瞬间夺走他个体世界的一切光明与丰富，使其重归黑暗与虚空。

2 章 16 节谈论死亡也谈论记念。死亡的可怕在于它使智慧人和愚昧人一样被遗忘、一样不被记念。第 16 节说："智慧人和愚昧人一样，没有永远的记念（此处和合本中译为"永远无人记念"）因为日后都被遗忘；可叹啊！智慧人死亡，和愚昧人一样！"。换言之，智慧人不但不得期望自己可以不死而和愚昧人不一样，也不得期望自己可以有和愚昧人不一样的死亡，就是虽然死亡但是被记念、不被遗忘。被遗忘和死亡无疑是相关的：死亡带来被遗忘，而记念原本是为着在某种程度上克服死亡而获得至少是在人之记忆里的永恒。

2 章 16 节的"没有永远的记念"（~lw[l … !wrkz !ya），仅仅从字面上看，还无法判断其指着主动或者被动，这就是说，它既可以指着作为主动的记念之行动，也可以指着作为被动的被记念之人。然而，记念之为记念，恰在于此：记念行为只能是位格之间发生的事。换言之，记念之事同时要求着一个记念者和一个被记念者，而他们都必须是有主体意识的位格存在者。如果说，传道者在这里指着对已死之智慧人的记念的话，那么，它之指着被记念乃是确切的了；他的被记念，指向了一个来记念他的他者，而那个他者是不可能不也是一个位格性的存在者。这说明了什么？就当传道者在此前以他统治的、主体性的王权，从事智慧之光引导下的主体意识建立的时候，却发现自己在被记念一事上遭遇着他性：他是作为被记念之人被他人记念。可以说，死亡不但中断了他的主体统治性建构，也迫使他面对他者，面对自己的他性和被动性。

记念的这种位格关系之事的特性，可以说随着此前 1：12-2：11 里传道者自己的主体意识建立而得以明晰：只有另一个也像他那样有内在智慧之光的人才可能理解他、解读他，从而记念他。1：11 已经提到"没有记念"。但在 1：2-11 的自然化时间性的背景里，我们看不到记念应当指向位格存在者这样一种特性，因为在 1：2-11 里面，即便人也是作为"世代"而处在自然性的循环运转中。但 1：12-2：11 里致力于建立由内在之光照耀的自我主观世界的传道者，也仍旧不可能建立这种记念，因为这里的传道者是拒绝自己的他性，拒绝进入随着位格关系而来的被动性。1：12-2：11 里的传道者的自我身份地位，恰在于他是一个具有主体之统治性的王者-智者，而不是一个对着他者开放的记念者。我们已经看到，传道者在 1：12-2：11 里的自述如何典型地以自我为中心，以致，在这里他者其实是不存在的。他人或者是他的奴役对象（2章 7 节：仆婢），或者是他的超越对象（2 章 7 节："胜过我以前的耶路撒冷众人"）。传道者对"人之在天下的可数的活着的日子"（2 章 3 节）的时间性的考察，也显著地以上帝之缺失的无神为特征：这里对人的时间性的描述没有直接意义上的上帝在场。

倘若说，这里的记念是就其被动意义而言的话，那么，传道者被谁记念？那个他者是人吗？中文和合本无疑是这么理解和翻译的（"无人记念"），但原文却根本没有交代那个他者，"人"这个词在原文并未出现，我们有的只是"没有永远的记念"。放在希伯来的背景里，这就为作为他者的上帝留下了进入的空间与位置。如果说，传道者在这里希望智慧人得到的记念乃是永远的记念的话，那么，我们几乎可以肯定，只有那自己具有永恒性的上帝，才可能承担这种永远之记念的重任。我们将看到，《传道书》对时间性作探寻的思想之旅，最终就是朝向在第11-12章的记念上帝和被上帝记念——只有这种记念才能确立属于人的"永远的记念"。

d). 传道者对时间性的统治（2：18-26）

这一段文字接续了前一单元对死亡的思考，就是这段文字让我们可以看清，如何传道者在前述 1：12-2：11 里的智慧追求行为，实际上是以统治为特征。传道者因着思考自己的死亡，而自然想到他的财产之遗留问题（第 18 节）。他对于那可能那继承他遗产的人，表示了愤懑：他的劳碌所得竟要被这个不知是智是愚的他人"统治"（第 19 节：jlv，和合本中译为"管理"）。这种统治权力的被夺去，已经让传道者感到"绝望"（第 20 节）。这种来自他人的对他的统治权柄的威胁，让传道者"日日忧虑"、"夜不心安"（第 21-23 节）。在 18-23 节，死亡的否定性对传道者而言，在于它否认了他的主体性统治权柄。

24-26 节谈论上帝作为。24-25 节强调人的吃喝、享福出于神。Seow 和 Fox 都将 25 节翻译为："离开神，谁能吃喝享受呢？"（和合本中译为："论到吃用、享福，谁能胜过我呢？"）[34]。26 节的意思似乎是：在神的安排里，有人是他喜悦的而有智慧快乐，有人是他看为罪人的而劳累不得享受；但这说的是什么呢——神的公正报应？还是神出于他的至高权柄而来的任意安排？[35]在本文看来，这一节经文不可能是指着神的公正报应，因为《传道书》整体而言最为困惑的问题之一，恰恰是传统智慧许诺的神将赏善罚恶未见实现。所以，本文还是将这一节经文理解为指着神出于自己的至高权柄而来的任意安排。传道者在这里是因着死亡给自己的统治权柄带来的限制，而思考到那不能被死限制的权柄，即上帝的权柄，而这一对上帝权柄的思考，很顺利地导向了 3-6 章的文本，在那里，传道者恰恰试图藉着人神之间关乎时间性的统治之划分，来克服自己的死亡焦虑。

---

34 Seow, p. 118; Fox, p. 185.

35 对 2：26 的这两种不同解释，可参考：Aron Pinker, "How Should We Understand Ecclesiastes 2:26?", in *Jewish Bible Quarterly*, Vol. 38, No. 4 (2010): 219-29.

这样看来，2：18-26 显然的统一主题恰恰是权柄：人的权柄（18-23 节）、神的权柄（24-26 节）。这种统治权柄意识，使我们现在得以更清楚地理解传道者在 1：12-2：17 里的智慧之光的主体意识建构。我们现在可以把聚集者（tlhq）的聚集行为理解为是王权行为，就像召集人群的行为事实上也常常是出自王的命令而来（例如在《列王纪上》8 章 1 节，所罗门行使他的王权召聚了以色列的首领）。他在 2：1-11 里的劳作是由着王权而来的聚集：他的宫殿苑囿之建造是聚集自然元素与力量，他也聚集金银财富。他之聚集是由着王权，更是由着智慧：王权还只是赤裸的力量而已，但智慧使这赤裸的力量进入内在之光，从而得以在主体性的自觉意识里被建构，而这种主体意识的建构正是时间性的建构。

然而，由 2：18-26 所揭露的这种赤裸的统治意识、王权意识，却给我们造成了文本理解之困难：我们现在是无法理解，传道者为何要在 2：16 里哀叹死亡的否定性恰在于消除了记念？无论如何，记念作为位格之事，作为遭遇他性之事，看来是和要求进行统治的王权相反的。我们已经看到，传道者在 2：1-11 自述的智慧行为，实际上显著地以恰恰是对自然性元素的支配为特征，而他的追求所达到的满足，即享乐，也显然以自然性为条件。从这一点来看，传道者之建立"我心"的主体性意识的努力，不能说成功，因为这里的统治性的"我心"，最终仍然是以自然为条件。对比之下，记念恰恰是位格之事，是超出了自然性的。

对我们而言的困难之处，在于传道者关乎"记念"一事极其语焉不详。2：16 节突然地强烈喟叹死的否定性在于让他得不到"永远的记念"；1：11 也以"没有记念"来概括自然化的循环论之否定性所在。此外，在 1-2 章里再也找不到其它任何可能是关乎"记念"的文本叙述：突然闪现的"记念"语言不过是荒寂的孤岛，被整体性的关于统治的语言海洋包围。

我们在这里只有穷尽文本自身的可能逻辑做一尝试性突破。和 1：11 论到的"记念"比起来，2：16 的"记念"有了一个本身就是时间性的维度，即"永远"。如果说，《传道书》从来都没有向我们交代"记念"概念的来由的话，则它至少在一个地方向我们交代了"永远"概念的来由——3：11 节说，"神赐永远在人的心里"。倘如此，我们可否说：1-2 章里"永远的记念"之要求，恰是神的赐予？而从 11-12 章的传道者思想历程的结局来看，恰恰就是这个"永远的记念"，是他最后得到的东西，只是在那里，这一"记念"

是在人神之间、有限位格与无限位格之间存在的：人记念神、神记念人。上述之可能的思想线索不能不说是极其隐藏的，但它倘若存在的话，就事实上将颠覆——但不如说补充——我们对《传道书》之文本的基本理解：现在，这一文本不但只是传道者自己个人的内心挣扎之旅而已，而事实上因着这一被神所放置的"永远之记念"，成了一个神之引导的、朝向神的思想性的出埃及之旅。无论如何，这一可能成立的理解倒是很合乎这一文本的希伯来特征。

第三章 《传道书》第3-6章的时间观

　　我们将在这一章讨论《传道书》第3-6章的时间观。初略地阅读3-6章的文本，会让我们发现这四章并非都在对时间观做阐述。大致而言，3-6章的前后两部分（即整个的第3章，以及5：8-6：12），都是对时间观的阐述，而中间的部分（即整个的第4章，以及5：1-7）则似乎在讨论社会性人际关系问题以及圣殿起誓问题，而和时间观没有什么关系。但我们的分析将表明，这些看似和时间观无关的讨论，是基于第3章已经奠定的时间观。换言之，时间观事实上仍然是3-6章的基本问题。

　　从内容上看，3-6章的文本结构可以比较明显地分为3-4章和5-6章两个部分。第3章一开始，就以一首论"万物有其时"的诗（3：1-8），显然中断了此前第2章的传道者自传叙述，进入一个新的文本单元。第3章阐述了一种神治的循环论时间观，而我们的分析将表明，接下来的第4章对公义、人际关系的讨论，都是基于这一时间观。第5章一开始，又以一段对圣殿起誓的讨论（5：1-7），进入一个新的文本单元，我们的分析同样将表明，这里的上帝观奠定了此后5：8-6：12所表达的时间观。这样，总体来说，3-6章在文本结构上由对称的两部分构成，分别为3-4章和5-6章，而每个部分又都由一段关于上帝的论述（第3章以及5：1-7），以及由此论述展开的讨论（第4章以及5：8-6：12）构成。这样，这一章的论述也就分为两节，分别讨论《传道书》的3-4章和5-6章。

　　第二章的讨论已经表明，1-2章的循环论时间观是作为困惑提出来的，而不是作为结论接受的。接下来，我们将看到传道者在3-10章如何面对他在1-2章遭遇的困惑。显然地，《传道书》并不是一篇哲学论著，我们所"发现"、"看到"的传道者之解决关乎时间性的困惑的"逻辑过程"，是通过我们的诠释性建构得出的，而不是由《传道书》本身明白地、以命题的方式告诉我们的。在重构传道者时间性探索之旅的时候，我们发现：只有藉着两个极其重要的概念，才可能揭示这一探索之旅的逻辑性的进展道路，这两个概念就是"上帝"和"王"。"上帝"概念的重要性，几乎是我们一开始就可以想到、应该想到的，毕竟《传道书》乃是希伯来正典的一部分，而这部正典的主题无疑是上帝。我们在这里真正有意义的发现，乃是看到"王"的概念的重要性。

Y. V. Koh 已经在他的专著里试图证明：传道者"王"的身份不是只体现在该书的 1：12-2：26，而是贯穿于全书，并且正是因着这一贯穿，可以证明该书的文本统一性。[1] 他详细论述了"王"的身份对《传道书》之为智慧文学书卷而言是内在地必须的，因为唯独藉着传道者"王"的身份，才使该书可以和智慧传统对话，并具备权威。然而，本文将表明，《传道书》里王的重要性，并不在于该书所处的智慧文学传统要求藉着王的身份来说话，而在于该书本身恰恰是对"王"的本质所作的反思。

我们已经在第二章的分析里发现，"王"的身份是传道者的自我定位。全书题头（1：1）就已经说传道者是"在耶路撒冷作王"；1 章 12 节一开始进入自述时，传道者就这样介绍自己："我传道者是在耶路撒冷作王的"。在强调了自己的王者身份之后，他接下来强调的就是自己的另一个身份即智者："我用智慧专心寻求考察……"（1 章 13 节）。当我们互联到 12 章 9 节对传道者智慧行为的概括时，就可以立即发现王者与智者之间的关系。12 章 9 节说到，传道者的工作就是查考箴言（~ylvm），而 lvm 的字根就是作为动词的"统治"，它和 9：17 节里的"统治者"、10 章 4 节里的"掌权者"，都属同一个词根。我们可以理解，为何"箴言"的词根乃是"统治"：箴言作为智慧言语，就应当让人拥有对真理的把握或者说统治。智者显然地就是拥有精神上的统治的人，就此而言，智者就是王。这样，传道者以自己既是王者又是智者的双重身份，在自传一开始（1：12-13），就表达了他的自我定位：统治者。

本文的第三、第四章对《传道书》之 3-10 章的分析将表明，倘若我们不

1　Y. V. Koh, *Royal Autobiography in the Book of Qoheleth* (Berlin: Walter de Gruyter, 2006).

明晰传道者对自己的王者统治身份定位，就根本无法理解《传道书》如何会是一个具有思想上的逻辑进展的文本，因为，《传道书》的逻辑发展所在，就恰恰是传道者在 1-2 章发现自己的王者身份被挑战，接着试图在 3-6 章通过神人分治的方式维护自己的王者身份，最后又不得不在 7-10 章放弃他的王者身份。

第二章对 2：18-26 的分析，已经初步揭示了王权与时间之间的关联，表明在 1-2 章里，传道者对时间的基本理解乃是：集智慧与权柄一身的王者对时间的统治。当我们在本章完成对 3-6 章的分析，尤其是对第 6 章的分析之后，就将更清楚地发现王权、统治权与时间性之间的关系，并且发现这里确立的不只是人的王权与时间的关系，而且是两种王权（神圣王权与人的王权）与时间的关系。这里已经有了《传道书》作为一个讨论时间性的文本而具有的思想上的逻辑进展。

第一节　第 3-4 章的时间观之分析

在这一节里，我们将分析《传道书》第 3-4 章的时间观。由于这两章各自相对的独立性，我们将把第 3 章和第 4 章分开来讨论。

a). 第 3 章：神治的循环论时间观之确立

第 3 章 1-8 节的独立性是很容易看出来的，而大多数学者都同意 9-15 节是对 1-8 节的阐释，这样，多数学者的分析都会把 1-15 节当作一个整体来分析。但我们的分析将表明，实际上 16-22 节是 1-15 节的观念的内在延伸，这样，我们就将把全部的第 3 章都当作内容上不可分的整体来分析。

我们先看 3 章 1-8 节。大多数学者都认同它是一首论及"万物皆有其时"的诗。这段文本或许是《传道书》中除了"虚空的虚空，凡事都是虚空"那简短有力的名言之外，最为人所知的经节了。毫不奇怪，对这段文本的诠释极为多样，这种多样性仅从 John Jarick 的诠释就可以看出来。按照他的独到看法，《传道书》3 章 1-8 节恰好对应了《易经》里的八个卦象。[2]他把 3：1 节的"万物"理解为正面性的阳爻，把"时间"理解为与变化相应的、负面

---

2 John Jarick, "The Hebrew Book of Changes: Reflections on HAKKOL HEBEL and LAKKOL ZEMAN in Ecclesiastes", in *Journal for the Study of the Old Testament*, 90 (2000): 79-99.

性的阴爻，再按照"万物"、"时间"在该节经文的希伯来原文里出现的顺序，来排列阳爻和阴爻，就得出了第一个卦象；之后的 2-8 节经文里，他把正面性的事物如"生"、"栽种"等理解为阳爻，把负面性的事物如"死"、"拔出"等理解为阴爻，然后按照这些词语在希伯来文本里出现的顺序进行排列，得出了其它七个卦象。[3]Jarick 根据他对 3：1-8 节的如上分析，再加上对 lbh 之为"变化"、"易逝"的理解，得出这样的结论：《传道书》是谈论变化的，可以说是圣经里的《易经》。

本文不像 Jarick 那样，把 3：1-8 所谈论的变化理解为《易经》所谈论的那种精微的变化。《易经》所谈的变化具有从微小到显著地一步步发生的、量变的过程，但 3：1-8 所谈到的变化，似乎还主要指着万物的生与死的质的转换。本文接受 J. A. Loader 的解读，把这一段文本的主要意思理解为指着生与死、始与终的转变。按照他的分析，2-8 节所具有的节律，要求第 5 节的"抛石头"必须意味着可欲求、值得肯定的事物，这样，我们就应该接受 *Koheleth Rabbah* 的解释，把这里的"抛石头"理解为性行为；同样，第 7 节的"沉默"也应该指着哀悼行为，并且 Gemser 也已经互读地以《约伯记》2：13 和诗篇 39 为例，说明沉默是指着哀悼而言的；这样，第 7 节的沉默就不是指着言谈寡少，而是指着与死亡、终结相关的哀悼。[4]Seow 则指出来，第 6 节的"寻找"、"看守"，以及与此相对的"任其丢失"、"抛弃"，是指着牧人的放羊而言，由此，这两组行为就分别指着被放牧看守之羊的生和死。[5]至于其它几节经文之指着生死或与生死有关的场合，乃是可以从字面上明显读出的。

这样的话，3：1-8 所说的"凡事"、"万务"，就是指事物的生-死、始-终的质的转换。接下来我们要分析，3：1-8 所讲的"时间"、"时期"指什么。首先要指出来，3：1 使用了两个不同的词来指时间，分别为 !mz 和 t [：

---

3 Ibid, p. 87. Jarick 的分析细致有趣，且得出许多有启发的结论。值得注意的是，他的八个卦象不是道教一般所说的"八卦"，因为八卦里的每个卦象都是由三根爻组成的，且八个卦象各不相同，一起组成一个 2×2×2＝8 的逻辑完整的系统；而 Jarick 分析出的八个卦象每个都有四根爻，且八个卦象里只有三个不同卦象：1、8 节经文的卦象相同，3、4、7 节经文的卦象相同，2、5、6 节经文的卦象也相同。

4 J. A. Loader, "Qohelet 3.2-8: A Sonnet in Old Testament", in *Zeitschrift für die alttestamentliche Wissenschaft*, 81: 2 (1969): 240-2.

5 Seow, p. 162.

"天底下，凡事都有!mz，万务都有 t["。!mz 是指约定的、指定的某一点时间；t[是指有一定长度限制的时间，它是和永恒之为无限制长度的时间相对而言的。这样，!mz 和 t[一起，指着那不但其发生、出现是被指定的，而且其持续之长度也是有限制的时间。

"凡事都有时，万物都有期"，是指实然的时间性，还是指应然的时间性？换言之，它到底是指事物的发生都实然地按照已然发生的时间发生，而不论这种发生了的时间是否在实际上合乎某种应然的时间，从而表达了某种决定论的时间性，还是说，它指的是事物的发生有其应然的时间、合乎秩序与规律的时间，从而是在要求人们注意观察事物的秩序与规律，以便可以按照那应然的时间去行动？对于这个问题，学者们是争论的。Fox 详细引用了《旧约》里的其它文本，来说明 3 章 1-8 节的时间性不是指着命运意义上的被命定的时间性，而是指着恰当机会意义上的时间性，虽然他也指出来，在传道者那里，机会的恰当是对上帝的判断而言的，它往往超出了人的认识。[6]Ronald Schultz 同样主张后一种看法，并且以对 3：1-8 的时间性的这一理解为基础，来理解整本《传道书》的时间性。[7]Bartholomew 提出来，3：2 节的后半部分"栽种"和"拔出栽种"是指着农业劳作而言，而农业劳作显然要求人查看合适的耕种时间。[8]

然而，通读 3：2-8 的话，我们会发现，作为一首诗而言，它的每一节经文显然具有平行对称的结构：每节经文都由对称地平行的两部分组成，每部分又由一对意义相反的对比的短语构成。例如，第 4 节："哭有时，笑有时；哀恸有时，跳舞有时"，这里的"哭"和"哀恸"，"笑"和"跳舞"显然在意义上是平行对称的，而"哭"和"笑"，"哀恸"和"跳舞"又是意义相反地对比的。这样的话，我们是可以类推出来，3 章 2 节（"生有时，死有时；栽种有时，拔出栽种有时"）的后半部分，是和它的前半部分在意义上相对应而指着生与死而言：农业上的栽种赋予作物生命，而拔出栽种使作物

6 Fox, 'Time in Qohelet's "Catalogue of Times"', in *A Time to Tear down and A Time to Build up: A Rereading of Ecclesiastes*, pp. 194-206.

7 Ronald Schultz, "A Sense of Timing: A Neglected Aspect of Qoheleth's Wisdom", in *Seeking Out the Wisdom of the Ancients: Essays Offered to Honor Michael V. Fox on the Occasion of His Sixty-Fifth Birthday*, edited by R.L. Troxel, K.G. Friebel, and D.R. Magary (Winona Lake: Eisenbrauns, 2005), pp. 257-67.

8 Craig G. Bartholomoew & Ryan P. O'Dowd, *Old Testament Wisdom Literature: A Theological Introduction* (Downers Grove: InterVarsity Press, 2011), pp. 214-5.

死亡。如果我们赞同前面 Loader 对 3：1-8 之整体意义的分析，认为这首诗的意义乃是指万物之生-死、始-终的变化的话，那么，再联系这首诗的上下文（在此前的第 2 章，传道者已经谈论了死亡对人而言的不可选择，在此后的第 3 章 9-15 节谈到了时间是由神掌管，而神的意志不是人可以知道的），我们就不能不认为，这里所指的"有其时"，不是那种因着人对于秩序和规律的选择而可以决定的时间性，而是那种超出人的自由选择的、加于人的时间性。Bartholomew 的观点当然可以在《旧约》智慧之试图把握事物的合适时间这一传统里得到支持，但 Seow 指出了：即便这几节经文论及的事物之发生的时间性可能有智慧传统的背景，传道者也是在他自己所赋予的意义上来使用这些例证，为的是告诉我们："控制时间的不是人"。[9]

综合以上的分析，我们现在可以说，3：1-8 所说的时间，是人不能控制的，就生-死、始-终之本质变化而言的时间。如果我们再联系 3：9-15 的文本的话，还可以再加上：这一时间由上帝掌管。

《传道书》的解经者大都把 3：1-15 节作为一个整体单元来分析，认为 3：9-15 是散文体的对 1-8 节的诗体文本的解释，而其核心思想无疑是将"万物皆有时"归于上帝的创造，这一思想的最直白表述就是第 11 节。我们下面就来分析该节经文。

这节经文可以分成三个部分。它一开始，就在第一个部分说到："神造万物各按其时成为美好……"。这里的"万物"（lkh）、"时"（t［），和 3：1 的"万物有其时"里的"万物"、"时"的用词是一样的，它之指着 3：1-8 里的"万物有其时"的诗而言乃是确切的。最值得我们注意的，乃是这里把上述生-死、始-终之变换的时间，称之为"美"（hpy）。

hpy 的同词根动词在词源上的意义是"焕发光芒"；而它本身可以指着形象的美（包括人的美，如《雅歌》1：8；动物的美，如《创世记》41：2；以及风景的美，如《诗篇》48：2），还可以指着声音的韵律美（《以西结书》33：32）。在 3：11 这里，我们似乎应该从韵律美的意义上来理解这里所说的"美"，因为，唯有听觉上的韵律美才是在时间中发生的，对比之下，视觉上的形象美乃是空间性的；所以，似乎只有将这里的美理解为韵律美，才可以和 3：1-8 之论时间性的诗关联起来。这就意味着，传道者在这里说的是：生死、始终的变化转换，乃是音乐之韵律一样的美。无疑地，韵律本质性地

---

9 Seow, pp. 171-2.

由对比而来的，而这就意味着，这里是把死亡和终结作为美之不能分割的、本质性的构成部分。

放在《旧约》整体的背景里，这是个极不寻常的思想。我们已经在前述对圣经之时间性的分析里，以《创世记》第 3 章为依据，指出来了：在希伯来思想里，死亡不是自然的一部分，而是由始祖之初始堕落带来的——这就意味着，死亡不可能在希伯来的正典思想里被理解为"美的韵律"之本质性的构成部分。

这一思想的不寻常，放在《传道书》本身的文本背景里，可以说是更加突出。在 1-2 章里，传道者同样已经看到了生死-始终的循环，但那里对这种循环的态度乃是"令人厌烦"；而在个人性的自传里，死亡显然成为传道者的焦虑所在：正如我们对 1：12-2：26 的时间性之分析揭示的那样，死亡的黑暗遮蔽了传道者的智者光芒，否定了他的王者统治。相比之下，3：11 里的生死-始终循环不是令人厌烦，不是"眼看不饱、耳听不足的"（1：8），而是"美的"——如果联系 1：8 的话，这里的"美"就既可以指着眼看的视觉愉悦，也可以指着听觉的愉悦了，这种美应该是可以带来饱足的；另一方面，这种审美的、诗意的和谐之不可分割的必要构成部分，就是死亡，舍此将不再有生死之韵律存在。这样，死亡似乎就不再是挑战王的主体意识之统摄了。

除了这种从厌烦-黑暗到"美"的转变，3：11 所表现出来的在时间观上的另一个显著转变，就是上帝观念的引入：在 3：11 里，上帝观念第一次介入时间性。"神将凡事各按其时造成美好"（… ~yhla … wt[b hpy hf[lkh-ta），在这里，上帝的观念不仅在思想上也首先在字面上和时间（t[）联系在一起。相比之下，1：1-11 里完全没有神之名的出现，是一幅无神的宇宙画面，其中描述的循环论时间观也是无神的、自然主义的。在 1：12-2：26 的传道者的王者自传里，上帝的观念只在三个地方出现，即 1：13，2：24 以及 2：26，但这些经文都是讨论上帝对人之命运的规定，而不是论到上帝和时间的关系；在王者自传里对时间性的主要讨论之一无疑是死亡问题，但恰恰在对死亡问题的整个讨论里面（2：13-16）都没有提到上帝；2：3 里，"我"所察看的"人之在天下的可数的活着的日子"的时间性里，同样没有出现神之名。总之，1-2 章关于时间性的论述显著地以上帝不在场为特征。在 1-2 章里，唯一对时间性进行主体意识里的支配与统摄的就是人，具体而言就是作为王者、智者的传道者。

　　传道者为何要在第 3 章一开始就再次讨论生死-始终的时间性循环，并且引入上帝观念？除非我们是以 1-2 章里的传道者对死亡问题的挣扎与焦虑为背景，否则不能理解第 3 章的这种转变。我们已然在对 1-2 章的分析里看到，死亡由于取消了传道者作为智者-王者具有的光明与统治，而成为他的焦虑。传道者之所以要在 3：1-15 讲论生死始终之韵律，无疑是为着面对和解决他此前所遭遇的死亡问题；现在我们可以从 1-2 章的文本背景里理解到，为什么 3：1-8 对于万物的论述恰恰针对其生死始终之变化这一特定方面。

　　　3：1-15 并没有改变 1：1-11 的循环论时间观范式。事实上，3：1-15 的时间观仍然是循环论的。将死亡与生命并列而审美地视其为自然的内在秩序之一部分，正是对生死循环的肯定。至少在 Joseph Blenkensopp 的诠释那里，3：14-15 的观念就是和 1：1-11 相对应的"封闭的圆环"。[10] 3：11 明确说 3：1-8 节的"万物之有时"是"神自始至终所从事的事情"（@ws-d[w varm ~yhlah hf[-rva hf[mh），之后的 3：14-15 又说："神所作的一切事都必永存，无可增添，也无可减少……现今的事早已有了，将来的事也早已有了，并且神寻回已过的事"，这里的说法几乎就是 1 章 9 节和 15 节之论循环论时间观的重复，但在这里却将其明确地归于"神所作的"。

　　　如前所述，3：1-15 和 1：1-11 这两者的循环论时间观的不同，就在于前者恰恰是以这一循环为美的、上帝所造的，简言之，它以时间之循环为"神造的美"。但在"美"与"神造"之间有着深刻联系：唯有引入上帝观念，传道者才能断言"美"；而唯有藉着"美"，他才能消解 1-2 章的死亡黑暗的威胁。换言之，上帝观念之引入，乃是为着解决 1-2 章的死亡黑暗对于王者之对时间的统治的威胁。

　　我们已经在对 1-2 章的分析里看到了，对王者的统治而言，光明是不可少的。智慧和愚昧的区别，在于智慧给人光明；而愚昧者即便活在太阳之下，也没有光明，因为他没有智慧、没有心；王者的统治，在 2：3 的概述里，就是对时间的统治："查看人在天下的可数算的活着的日子里当行何事才好"。恰恰地，当传道者在 3：11 说万物的生死始终之循环乃是"美"的时候，他也在建立对他的主体性意识而言的光明："美"（hpy）在其动词词根

---

10 Joseph Blenkensopp, "Ecclesiastes 3.1-15: Another Interpretation", in *Journal for the Study of the Old Testament*, Vol. 66 (1995): 55-64, pp. 62-3.

上的意义就是"焕发光芒"。现在，死亡不再处于对主体意识而言的黑暗里面，而是在生死韵律里被带入可以由主体意识把握的、被洞见和看到的光明里面，并由此是美的。

这当然不是说，传道者认为他自己可以洞见到死亡的奥秘。这一"焕发光芒"的韵律之美的产生，不是藉着传道者自己作为人的主体性意识来的，而是藉着上帝的主体性意识来的：上帝当然是有智慧、有心、有意识的主体，并且，至少按照对《创世记》1 章 27 节（"神就照他的形象造人"）以及 2 章 7 节（"神将生气吹在他鼻孔里，他就成了有灵的活人"）的一种诠释看来，人的主体性意识（智慧、心）乃是出于上帝的。我们也同样不能说，传道者就自认为他可以洞察上帝的主体意识而使这一意识成为他自己的，以致上帝对死亡的洞见就成为传道者自己的洞见；因为，恰恰就在 3 章 11 节的第二、第三部分，传道者谈到了：神将永恒放到人的心里，但人不能看见神自始至终的作为。

然而，3 章 11 节的第一部分之肯定焕发光芒之美，本质性地需要在第二、第三部分肯定上帝作为的深奥超出人之把握。本文将这样界定传道者在 3-6 章里对于死亡之黑暗的克服：将这一原本是对王的统治作否定的黑暗，转换为上帝之无限性的主体意识对人的有限性的主体意识而言的奥秘的黑暗。死亡现在不是否定性，而是奥秘；而因着肯定上帝作为中的智慧，就可以进一步肯定：这一奥秘是美的。换言之，虽然死亡仍然是真实的，但它对于人的主体意识可能带来的否定和黑暗，被转给了作为无限性的主体的上帝的意识。

但这种转渡同时就是神人之统治域的划界，这一划界是 3-6 章解决时间性问题的全部奥秘和关键所在。这一划界，我们还将在 5: 1-7 里更清楚地看到，但它已经在第 3 章里因着解决死亡问题而完成。这一划界在第 3 章就是：将死亡问题划给上帝的主体性意识，因为唯有上帝的主体性意识里的光明可以统治性地照射死亡之黑暗而使其成为美，而人的主体性意识是无法统治性地照射死亡之黑暗。在第 3 章里，这就意味着：死亡不属于人。"死亡不属于人"不是说人是不死的，而是说：死亡不是人可以统治的，不是人可以劳碌其中、操心其中的。

悖论性的恰恰是，当传道者将死亡的黑暗交给上帝的时候，当他将死亡的否定性从人那里划走而归之于上帝的主体性意识之统治疆域之后，他也同时放弃了永恒。在第 3 章 11 节的第二部分，传道者说："他将永恒放在人的心里……"。这里的"永恒"（~l[h），也有学者将其理解为"被隐藏的"、"奥秘"，或者"世界"。[11] 本文接受 Seow 的看法，将其理解为"永恒"，这不仅是因为，正如 Seow 所说，这是该词最常用也最明显的意义，也是因为，较之其它解释，它显然更符合上下文之讨论生死、始终的时间性的文本背景。这里既然提到了"永恒"的观念，是否就意味着，传道者在否定此前的生死始终之循环的时间性之为"美"的看法？然而，"放在心里"的说法，可以被理解为恰恰是对"永恒"观念的解构：对于人来说，"永恒"只是一种观念而已，在心里，但不能实现。

在接下来的 3：11 之第三部分，传道者说到："以致人不能发现神从始至终所从事的事情"。在这里，神之将"永恒"观念置入人的内心，被赋予了一种否定的意义：这一观念为的不是人由此可以寻找神，而是为着人由此认识到自己和神的距离——"永恒"之观念在这里毋宁是作为上帝之统治疆域的界限而被揭示给人，以此提醒人不得僭越。这一神人距离的意识，实际上贯穿了 3-6 章，而它的最显然表达，是在 5：1-7。通过将永恒观念内心化来解构永恒的现实性，这一点在 3：18-21 里变得显然——在那里传道者说：人和兽同样要遭遇死亡，同样出于尘土和归于尘土，谁知道人的灵会上升而兽的灵就下降呢？这就否认了人的永恒的现实性。

对 3：11 的如上分析，应该可以告诉我们，传道者在这里如何将时间的死亡与永恒域划给了上帝：唯有上帝的主体意识才可以洞穿死亡的黑暗，也洞穿永恒的奥秘，所以，无论死亡或永恒都属上帝的统治。与此逻辑性地相对应，传道者紧接着在 3：12-13 确立了人的（王的）主体性意识对时间的统治领域，这就是：当下的时间、活着的时间。

现在，对传道者显得清晰的乃是：唯有当下的时间、活着的时间，才是属于人的时间。我们只要分析比较一下 2：24 与 3：12-13 的所谓"享乐劝诫"（carpe diem："抓紧时日"）的不一样，就可以很清楚这一点。2：24 里的享乐劝诫，以及 2：10 里传道者对自己之享乐生活的概述，都只是强调了享乐与劳作之间的关系（人吃喝，且因自己的劳作而快乐享福），而没有时间性的维度；相比之下，3：12-13 在同样强调吃喝享乐以及因劳作而享福的同时，恰恰多了一个时间性的维度：这一切都是"在人活着时"（wyyxb，中文和

---

11 Seow, p. 163.

合本译为"终身")。

尤其地，传道者在这里将活着的、人可以支配统治的时间，称为人的"份"（qlh），而这个词的同词根动词的一个主要意义，就是划分地域，例如在《约书亚记》14 章 5 节："把地分了"。qlh 这个词在 2：10 和 2：21 里已经出现，但在那里都只有针对个体（2：10，"我"）或者某一特定人群（2：21，~da vy，"有人"，指智者）的意义；只是在 3：13，才因着人神区分，有了对普遍人类（~da lk，"所有人"）而言的意义。我们可以说，qlh 在这里具有为人确立统治性疆域的意义。

概括而言，在 1-2 章里，对时间的叙述完全不关联于上帝，似乎只有人（确切而言就是智者-王），才统治时间；而在 3：1-15 里，上帝进入时间，和人一起各自为王地划定对于时间的统治疆域而分治时间，这一疆域的划分便是：永恒属于神，活着属于人。

至此我们完成了对第 3 章的时间性的分析，接下来的分析将告诉我们，4-6 章的整个内容都基于第 3 章对时间性之统治疆域的划分。

b). 第 4 章：含混的他者

和 1-3 章都不同的是，第 4 章看似没有明显的对时间性的直接论述。表面而言，第 4 章的论述乃是关于社会正义和人群关系的，承接了 3 章 16-17 节所引入的新论题，就是人与人的关系。但实际上，传道者对时间的思考在第 4 章里有本质性的深入。

我们不妨首先看看第 4 章在字面上的内容，然后再分析它和时间性之间的可能关系。学者们几乎都同意，第 4 章可以分成五个小节，分别由 1-3 节，4-6 节，7-8 节，9-12 节以及 13-16 节组成。Seow 指出，这一章和第 7 章一样，主要由"好过（强如、胜于）句式"（Tob-Spruch, Tob-Sayings, 或 T-S 形式）构成。[12]Ogden 也已经分析了，这一章至少在 1-12 节都有"列数句"的形式：例如 1-3 节的"无人"、"两等人"，4-6 节的"一把"、"两把"，7-12 节的"无二"、"两人"、"三股合成的绳子"；[13]而如果我们把 13-16 节的"多得无数"（第 16 节）也看作是列数的，那么，整个的第 4 章就都有"列数"的形式。总之，无论是从"好过"形式，还是从"列数"形式来分析，第 4

---

12 Seow, p. 185.
13 Graham S. Ogden, "The Mathematics of Wisdom: Qoheleth 4:1-12", in *Vetus Testamentum*, Vol. 34, Fasc. 4 (Oct., 1984): 446-53.

章至少在形式上是具有文本的统一性，而这一章在内容主题上又都在论述人与人的关系。

第 1-3 节谈到日光之下有人对人的欺压，传道者甚至因为这种现象的存在，说已死的人强过还活着的人，而甚至根本未曾出生的人又强过出生的人。1-3 节对我们思考第 4 章的时间性极为重要，因为它一方面开启了第 4 章对于人际关系、公义问题的讨论，又因着其对死、生、根本未曾出生的论述，成为第 4 章里似乎是唯一论到时间性的文本，使我们可以以它为线索来思考第 4 章与 1-3 章就时间性论述而言的关系。

第 4 节论到人的劳碌和智慧来自嫉妒他人："一切的劳碌，一切的灵巧之工，都是出于人与人的彼此嫉妒"（此处和合本中译为："我又见人为一切的劳碌和各样灵巧的工作就被邻舍嫉妒"）。按照至少如 Fox 和 Seow 的看法，[14]第 5 节里的"抱着手"是指着懒惰者的无作为，而 5-6 节的意思就是：懒惰固然如传统智慧所主张的那样，是自取毁灭而不可取，但也不可因为嫉妒他人而无节制的劳作，所以最好的就是中庸之道——满了一把得享安息。但 Nili Wazana 提出了一种新诠释，可以使这三节经文，甚至第 4-8 节之间，都有更内在紧密的文本统一性，即把第 5 节的"抱着手"解读为吝啬者的不肯施舍，以致招来人的嫉妒、攻击，自取灭亡。[15]无疑地，这一新诠释也是在人与人的关系上来解读 4-6 节的。

第 7-8 节描述了一个孤单无二、敛财不息的形象，且对于这一形象是否定的，以之为"虚空"。它和接下来的 9-12 节的文本联系是十分显然的。9-12节以一种经验的、实用的、功利主义的智慧得出：人的结群胜过孤身。

第 13-16 节是第 4 章里最具有争议的文本。按照 Dominic Rudman 的解读，这一段接承 7-12 节关于人应当结群、合作的论述，而同样论到了结群与合作。[16]Fox 将这一段解读为：一个智慧的少年取代了一个愚昧的老王进行统治

---

14 Fox, p. 220; Seow, p. 179.

15 Nili Wazana, "A Case of the Evil Eye: Qoheleth 4:4-8", in *Journal of Biblical Literature*, 126, No. 4 (2007): 685-702.

16 Dominic Rudman, "A Contextual Reading of Ecclesiastes 4: 13-16", in *Journal of Biblical Literature*, 116/1 (1997): 57-73. 照着 Rudman 的解读，这一段的"少年人"和"老年王"有着合作关系：少年人出自贫寒大众而有智慧，老年王有出自血统的高贵权柄，两人互相安慰结群，以致国家繁盛；而 16 节说的是：老年王死后，少年人接承王位，却不再像以前一样有来自高贵血统之老年王的支持与安慰，而因为自己的贫寒出身被人藐视——这就既说明孤身不可取，也说明贫困不可取。

（13 节），而这个少年王的统治又被以后兴起的另一位少年替代，且这种替代无穷尽（14-16 节），这就说明了智慧人不被记念，王位也不稳固。[17] Z. Weisman 的解读侧重指出，那先后抛弃老年愚昧王和年少智慧王的民众是何其善变。[18]

总结起来，我们还是可以比较清楚地看到第 4 章的贯穿主题与线索。4-6 节的嫉妒，与 7-8 节的孤身敛财不息，无疑是 1-3 节人与人压迫与被压迫的根源所在；而正如 Fox 指出的，13-16 节所论及的政治统治，实际上是 9-12 节所论的合群在更大范围的实现。[19] 全章无疑对人性有着悲观见解。除了 9-12 节之外，其它四个段落里传道者都声明是"我见"，意即他在叙述自己的所见所察，而他看到的都是人性的嫉妒、贪婪、易变；即便是传道者自己在 9-12 节所提出的合群建议，也不是基于道德性的爱，而是基于实用主义的、功利的利己计算。但无论是对人性的悲观考察也好，还是对人应当合群的实用主义建议也好，都是着眼于人与人的关系，这一点可以说是第 4 章的贯穿性主题。

虽然第 4 章也有仅就经文字面意义而言的难解之处——例如上述关于 4:13-16 的诠释——但它整体而言，是以人际关系为内容，这一点应该是比较清楚的。我们在这里的更大挑战，是如何从以上文本的基本内容里，思考传道者这里的时间观；因为，表面而言，上述文本似乎不具有和时间性的直接关系。

但第 4 章这种看似在时间性论述上和 1-3 章断裂的特征，恰恰来自它对时间观之思考的本质性推进。我们的这一发现首先始于对比第 4 章与 1:12-2:26 的王室自传。对比的结果十分明显：第 4 章论述人与人的关系，把人放在与他者的关系中观察，与此相反，1:12-2:26 叙述的恰恰是一个没有他者的孤独形象——这个形象正和 4:7-8 所批评、所以之为"虚空"的那个"孤单无二，无子无兄"的形象类似，虽然前者如传道者自述的是"没有禁止不享受"（2:10），而后者是"不享福乐"（4:8），但两者都是自我中心的。这样，我们可以说：第 4 章是对 1:12-2:26 的批评与反思。

藉着第 4 章，我们现在可以批判性地看待 1:12-2:26 的王者自传里的诸

---

17 Fox, p. 227; Seow 的解读和 Fox 基本相同，参考 Seow, pp. 190-2.

18 Z. Weisman, "Elements of Political Satire in Koheleth 4,13-16; 9,13-16", in *Zeitschrift für die alttestamentliche Wissenschaft*, 111: 4 (1999): 547-60.

19 Fox, p. 228.

多自我陈述。传道者以王的身份，为自己营造工程、购买奴婢、积蓄金银，这其中是否有欺压？他以"日渐昌盛，胜过以前在耶路撒冷的众人"（2：9）来概括自己的成绩，这是否炫耀，是否出于争竞的嫉妒？他的自传里的他人都是"仆婢"、"嫔妃"（2：7-8），是为着他的享乐而存在的，不是作为他者的人，而他也不能忍受自己的财产竟然要遗传给他人（2：18），这是否就是孤身？

重要的是，在 1：12-2：26 里面，传道者对自己作为人而言可能有的弱点，是毫无反思的：他操心的是自己必然死亡，而不是自己可能愚昧。第 4 章也不是传道者对自身弱点的反思，但他对人性的普遍弱点的反思，为他的自我反思提供了可能，而这恰恰是他在以后的第 7 章将进行的。

无论如何，第 4 章面对他者的伦理，和 1：12-2：26 自我成功的伦理之间，有着本质的不同，而这种不同的出现，在本文看来，是逻辑性地出自第 3 章上帝观念之进入时间性。

在 3：16-17 节，我们已经看到了对于公义的论述。这是《传道书》里最早论及他者和社会的地方，而恰恰地，这两节经文紧接着 3：1-15 关于上帝之进入时间性的论述。我们并不需要很刻苦的思考，就可以得出这其中的逻辑关系：传道者因为自己在 1-2 章遭遇的时间性困惑即死亡问题，而在 3：1-15 的时间性里引入上帝观念，而上帝是他者，对上帝的思考不可能不带来他者的维度、社会的维度，且这种维度正是公义问题的关切所在。

我们在第一章第一节已经论述了圣经中他者（上帝或人）与时间的关系。在摩西五经里，安息日以及六个主要的宗教节期如逾越节，都是指向作为他者的上帝之创世或救赎行动；我们也分析了摩西十诫里的时间性：恰恰是时间成为对上帝之与人的救赎性关系——也就是位格存在者之间的爱的关系的记念所在；此外，我们也已经在对《以赛亚书》1 章 11-17 节的分析里，看到宗教节期的神圣时间性与社会公义的关系：社会公义的被践踏就是神圣时间的被践踏。总结起来，《旧约》里的时间性指向位格存在的他者。

这是否说，在第 4 章里传道者对时间性的思考已经转向了他者？我们下面将主要依据两个段落的文本，即 1-3 节与 9-12 节，来对这一问题做答。

4：1-3 的主题，即人与人之关系的问题（所谓他者的问题），贯穿了整个第 4 章，而它又是第 4 章里唯一和时间性直接相关的文本，因为这里谈到了时间之获得与存在（生）、时间之失去与终结（死）、时间之缺失（根本未曾出生）。这三节经文的信息无疑是清楚的：倘若日光下的世界就是人性缺失的世界、人与人互相异化的世界，那么，就不如根本不曾有过时间——换言之，时间并不好于、强于、高于位格性的存在。但在 9-12 节我们又看到，传道者似乎并未从位格之爱的角度来理解人的合群，在那里，人之所以需要另一个人，只是因为这样做归根到底对他自己也有利。这样，总结起来，我们可以这样说：即便因着作为他者的上帝之在第 3 章进入了时间性，使得传道者在第 4 章关注他者与时间之关系的问题，但他在此所做的也仅此而已：他者是进入了他的思考，但他还未向着他者开放。传道者似乎还在通往由他者而来的时间性之规定的半途中。

传道者此处对于他者的两面的、含混的态度，可以恰恰从他者本身的两面性和含混性里看出来。在第 4 章，一方面，他者恰恰是安慰和支持的来源：第 1 节里被压迫者的不幸之处，恰在于无人安慰；9-12 节的他者提供了分享、暖身、扶持、力量。但另一方面，他者也是危险和威胁所在：第 1 节里人的不幸之处，正在于他被人压迫，而能压迫人的也总只是人；第 4-6 节言明了人恰因为另一个人的存在而生出嫉妒和无息的劳作；第 13-16 节里，反复无常的民众之随时抛弃自己的哪怕是智慧之王，更显明了人性之无常变化背后的冷酷。

第二节　第 5-6 章的时间观

第 4 章对于他者的两面性态度，事实上规定了接下来的第 5-6 章对时间性的思考，尤其是，它使传道者在这里重新规定了自己的王者地位和对时间的统治，走向了内心的向度。

第 5 章一开始（5：1-7）即是对作为无限位格的他者即上帝的思考，而传道者对上帝的态度同样是两面性的。5：1-7 显然论及了圣殿起誓问题，从而也是论及神人关系问题，它相对于 5-6 章的其它文本的独立性是明显的。这样，我们将把 5-6 章分为两个部分来分析：5：1-7 和 5：8-6：12。

a). 神人相分（5：1-7）

我们前面已经阐明，第 4 章论述的乃是他者与时间性的关系，由此，我们就不会对第 5 章一开始就论及圣殿起誓感到突兀：谈论圣殿起誓问题乃是谈论有限位格即人与无限位格即神的关系。

已有的解经几乎都是把这一段文字当作《传道书》思想正统性的证明，认为它教导了一种对上帝应该有的从内心而非外在形式发出的敬畏，认为它是传统智慧之敬畏神的一贯训导，[20]Lohfink 甚至把《传道书》全书都分析成一个交叉对应结构的整体，而其交叉中心就是 5：1-7，换言之，这一段文字乃是传道者思想的核心。[21]极少解经者会如 Longman 那样否定性的理解这段经文。Longman 是从否定性的方面来理解《传道书》的"框架叙述"内的整个正文部分即 1：12-12：8，所以他对 5：1-7 也同样是从否定性的角度来理解。按照他的解读，这段文字所说的"在上帝面前不可冒失开口，也不可心急发言"，实际上是在否定祈祷的可能性，从而在否定人神沟通的可能性。[22]

在本文看来，对 5：1-7 的上述两种相反意见，恰恰来自第 4 章传道者之对有限位格的他者即人的两面性的含混态度，这种态度现在同样表现在和无限位格的他者即上帝的关系上。我们对这一态度的揭示，将首先通过比较 5：1-7 与《申命记》23 章第 21-23 节来进行；之后，我们将主要依据 Ruth Fidler 的杰出分析，通过《创世记》28：10-22 来互文地解读《传道书》5：1-7。

5：1-7 与《申命记》23：21-23 有着甚至是用字上的明显相似，这就使得两者之间细微的不同处尤其可以揭示意义上的重大分别。申 23：21-23 说："你向耶和华你的神许愿，偿还不可迟延，因为耶和华你的神必定向你追讨，你不偿还就有罪；你若不许愿，倒无罪。你嘴里所出的，就是你口中应许甘心所献的，要照你向耶和华你神所许的愿谨守遵行"。《传道书》5：1-7 和《申命记》23：21-23 比起来，有两处重大不同。第一，《传道书》里对神的称呼一直是直接地称呼为"神"（~yhla），而《申命记》里的称呼，则一直是神的专名"耶和华"之后再加上"你的神"（$yhla hwhy）。两种称呼的不同在于，"耶和华你的神"强调了神人之关系性的一面。第二，两者同样论到不可迟延偿还许愿，但《传道书》由此的劝诫是：不要轻易许愿、最好不许愿、管住自己的嘴不要多言，这里的劝诫侧重否定性的"宁愿不许"；而在《申命记》那里，在肯定不许愿本身并无罪的同时，其劝诫之处并非不许愿，而在于：已经甘心许愿之后，要行出来，这里的侧重点是肯定性的"尽力去行"。由上述两种侧重点的不同，可以看出来，《传道书》强调上帝对人而言

---

20 Bartholomew, pp. 201-13; Seow, pp. 197-210; Fox, pp. 228-33.

21 Spangenberg, "A Century of Wrestling with Qoheleth", p. 82.

22 Longman, pp. 148-56.

的超越性一面，而《申命记》强调的是人和神具有关系的一面。

如果我们把 5：1-7 和《创世记》28：10-22 来互文地解读的话，则将尤其明显地揭示传道者在这里对神人关系的理解和希伯来传统的不同。本文的这一互文解读主要是以 Ruth Fidler 的分析为基础。[23]R. Fidler 指出来，传 5：1-7 可以说是创 28：10-22 的"反文本"或者说"颠倒"。[24]

Fidler 首先注意到了，圣经中第一次出现"神殿"（la-tyb，字面义即"神的屋"，又可意译为"圣殿"）的说法，是在创 28：19，那里论到了"伯特利"（即对 la-tyb 的音译）之地名的由来；而传 5：1 点明了所讨论的事是发生于神殿（~ylah-tyb）。在伯特利，雅各做了一个梦，在梦里看见天使在梯子上上去下来，并且神在梯子以上向雅各应许必将从此"与你同在"；伯特利于是成为神人沟通的明证：神藉着梦对人显现，人可以藉着天使实现天地沟通。雅各在梦醒之后，随即许愿、献祭。

我们可以很清楚地理解为何 Fidler 要说传 5：1-7 是创 28：10-22 的"反文本"。作为神人沟通之实现的伯特利（"神殿"），在传 5：2 恰恰是提醒神人之不可沟通的场所："神在天上，你在地下"；雅各在梦中看见神的应许，梦亦是该叙事中的神人沟通媒介，而在传 5：3，7 里面，梦来自人的事务繁忙，和愚昧相对应，是"虚幻"的；在雅各的梦中，神应许将保守他的脚步，直到他重返伯特利即"神殿"（创 28：15："你无论往哪里去，我必保佑你，领你归回这地"），而在传 5：1，人需要自己谨慎脚步，前往神殿；雅各在梦醒后，便立即许愿，而在传 5：2 那里，这种举动是"冒失开口"、"心急发言"；雅各许愿之后即献祭，而传 5：1-7 一直没有正面肯定献祭的意义。[25]

如果说，《创世记》28 章 10-22 节乃是一种神人沟通、神护佑人的神学的话，那么，作为该文本之"反文本"的《传道书》5 章 1-7 节的神学就是神人漠然相分、互为划界的神学。5：1-7 的最后结论是"你只要敬畏神"，这里所说的"敬畏"（ary）在创 28：19 里同样出现（"就敬畏，说……"，注：此处的"敬畏"在和合本中译为"惧怕"），但这两者的"敬畏"显然有实质不同：一者是神人之分的敬畏，一者是神人沟通的敬畏。

---

23 Ruth Fidler, 'Qoheleth in "The House of God": Text and Intertext in Qoh 4:17-5:6 (ENG. 5:1-7)', in *Hebrew Studies*, Vol. 47 (2006): 7-21.

24 Ibid, p. 11.

25 Ibid, p. 10.

创 28：15 里神在梦中对雅各的应许，其时间性恰和传 3：1-8 的时间性形成对照。创 28：15 说："我也与你同在，你无论往哪里去，我必保佑你，领你归回这地，总不离弃你，直到我成全了向你所应许的"，这里的应许针对雅各在世的时日，也就是他从出生到死亡之间的时间性；相比之下，3：1-8所指向的，不是"生死之间"而是作为事件的"生"与作为事件的"死"。5：1-7 之为创 28：10-22 的"反文本"足以表明，5：1-7 的时间性观念和 3：1-8 是一致且互相对应的——3：1-8 正面肯定神之进入时间只是在于生与死的转变，5：1-7 则否定神对时间的掌管会及于生死之间的那个活着的过程。换言之，传道者在 3：1-8 和 5：1-7 关乎上帝之进入时间所说的是：神掌管人的出生与死亡，但关乎人在世的、活着的时日，神的态度毋宁是疏离——"神在天上，你在地上"。

整体而言，3-6 章里上帝与时间的关系有着两面性：上帝既进入又不进入时间。和 1-2 章那种完全是自然化的时间观比起来，3：1-8 无疑肯定了上帝之进入时间的方面：出生事件与死亡事件；但和至少是《创世记》28：10-22 比起来，5：1-7 又否定了上帝之进入时间的方面：人一生在地上的时日。这种关于上帝之进入时间的两面性，也反映在第 4 章传道者之对有限位格的他者即人的态度上：人既是又不是人的安慰——和 1-2 章比起来，他人已经进入传道者的反思，但传道者尚未对他人开放。

我们如何来理解这种两面性？它和时间性的关系是什么？当我们思考 1：12-2：26 的王者自传与 5：8-6：12 的文本关联，就可以给这个问题一个回答。要言之，这里传道者所从事的工作，乃是面对作为他者的上帝与他人，划定统治疆界：王的统治在于在世的时间，上帝的统治在于生死的时间；王的统治不再像 1-2 章那样建立在对他人的嫉妒、压迫甚至奴役上，但也显然不是对他者的开放之爱，在这里，王在自我的内在性向度里确立属于自己的时间性疆域，也就是王的"份"（qlh）。

b). 论对时间性之"份"的统治（5：8-6：12）

关于 5：8-6：12 的文本结构，学者们大都同意，至少 5：10-6：9 这段文本，是有着相对明显的统一性而成为一个文学单元；Daniel C. Fredericks 并且分析了这一单元具有的交叉结构和平行结构。[26]Seow 特别细致地分析了 5：

---

26 Daniel C. Fredericks, "Chiasm and Parallel Structure in Qoheleth 5:9-6:9", in *Journal*

8-9 两节经文的地位，最后得出这样的结论——5：8-9 和 5：10-6：9 是紧密不分的。[27]A. G. Wright 把 6：10-12 看作此后开启的一个新文学单元的导言，从而把 6：10-12 和之后的第 7 章一起讨论，他的观点得到不少学者如 Seow、Murphy 的支持。[28]但至少 Fox 是相反地把这两节经文看作此前 5：10-6：9 的结论，从而将它们列入此前的文学单元。[29]本文赞同 Fox 的看法。这样，我们就将在下面的分析里把 5：8-6：12 当作一个具有相对独立性和整体性的文学单元来解读。

首先让我们印象深刻的，是 5：8-9 对于日光下的欺压现象，和 4：1-3 相比有了不同看法。4：1-3 对日光下的欺压有着情感投入的描写（"看哪，受欺压的流泪，且无人安慰"），而 5：8 节则说，对这种现象，"不要因此诧异"。根据 5：1-7 已经提出的神人之时间性疆界划分，本文提出对 5：8-9 的这样一种理解：在已然确立日光下的时间是被上帝疏离而只能属于人之后，传道者希望从内在性的角度解决公义问题。他似乎这样主张：不公义是表面的，而欺压者已经因着自己的贪婪，还在日光下的时候，就得到了报应——这一点恰恰是 5：10-12 的内容所在："劳碌的人不拘吃多吃少，却睡得香甜；富足人的丰满，却不容他睡觉"。所以，我们如果把 5：8-12 一起当作一个相对独立的单元来分析的话，就可以更清楚地理解 5：8-9 的意思所在。传道者在 5：8-12 所提出的欺压的表面性和公义的实然性，基于这样一个基本预设：财富只是因着吃的用处才有价值。按照这样的预设，再有财富的人也吃得并不比穷人多，且富人往往因为对财富的操心，而"在黑暗中吃喝，多有愁烦，又有病患呕气"（5 章 17 节）；相反，穷人往往"不论吃多吃少，睡得香甜"（5 章 12 节）。

财富乃是为着吃用，这一预设显然贯穿了 5：8-6：12 的整个文本。按照 Fredericks 的分析，6：7-9 和 5：10-12 有着交叉对应的关系，这两处的对应所在，显然就包括"吃"——5：11 说到货物是为着"吃"，5：12 说到劳碌人的"吃"，而 6：7 明确提出"劳碌是为口腹"。按照这样的文本背景，则 5：9 所说的"地的益处"，就应该是指农业性的出产之为着满足人的吃用需要，

of Biblical Literature, Vol. 108, No.1 (Spring, 1989): 17-35.

27 Seow, pp. 215-8.

28 A. G. Wright, "The Riddle of Sphinx: The Structure of the Book of Qoheleth", p. 322; Seow, pp. 241-2.

29 Fox, pp. 247-8.

这种益处是如此基本以致整个政治制度也只是为此运行："君王也受田地的供应"（5：9）。

财富和吃的关系，在接下来的 5：13-6：6 甚至更明显，并且这里告诉我们，传道者之所以对财富有这种看法，乃是由于因着死亡而来的在世时间性。5：13-17 和 6：3-6 都描绘了一个有丰富资产的财主。5：13-17 里的财主例子告诉我们：财富不是人死的时候可以带走的，换言之，上帝掌管的生与死，使人不可能永久拥有财富，使人对财富的唯一关系只在于它可以由人活着的时候吃用；而这里的财主却是"终身在黑暗中吃喝，多有烦恼，又有病患呕气"。6：3-6 里的财主同样是"不得满享福乐"，而这里的享福，按照 6：2 的交代，就是"吃"；这种"不得满享福乐"的财主，按照 6：3-6，虽然是"活千年、再活千年"，却不如那还根本未出生的死胎。

由着死亡之时间性而来的财富与吃用的关系，已经由 Matthew S. Rindge 作了很好的分析。[30]Rindge 明确指出来，在传道者那里，死亡是每个人都要遭遇的，并且死亡的各个方面，如死亡的时间、死亡的方式、死后之被人对待，都不是人可以控制的，而传道者就把财富当作人可以控制的东西。这里对我们极有启发的概念就是"控制"，但本文将把这一概念和传道者的王者统治联系在一起：控制本质上就是统治，是王者的行为。我们立即就可以在下面对 5：18-6：2 的分析里，看到传道者的王者统治之时间观。

5：18-20 是传道者正面性的享乐劝诫，它与上述两个反面性的财主例证恰相对照；6：1-2 是对前两节经文的享乐劝诫之相反实例的概述。按照 Fredericks 的分析，5：18-6：2 是 5：10-6：9 的交叉对应体的中心部分，也就是说，其中的信息应当是整个 5：10-6：9 的核心。对这四节经文的分析，可以告诉我们传道者在整个 3-6 章里关于时间性的结论。

首先来看 5：18-20 的享乐劝诫。和此前出现的 2：24；3：12-13 以及 3：22 的享乐劝诫不同且恰恰是在思想上做逻辑推进的所在，是传道者在这里给出了对享乐的本质界定：统治。第 18 节首先就较之此前的享乐劝诫更明确地点明了时间性："一生的可数的日子"，接着，他在第 19 节说："神赐人资财丰富，让他支配之，以从中得吃……"（… wnmm lkal wjylvh ~ysknw rv[~yhlah wl-!tn，此处中文和合本译为："神赐人资财丰富，使他能

---

30 Matthew S. Rindge, "Mortality and Enjoyment: The Interplay of Death and Possessions in Qoheleth", in *The Catholic Biblical Quarterly*, 73 (2011): 265-80.

以吃用"）。这里所用的 jlv（"统治"、"支配"），在《旧约》中仅出现七次，其中在《传道书》中就出现四次；它除了在《传道书》的 2：19，5：19 和 6：2 这三处和财富连用之外，其它出现的四处都是指着对人的统治。5：19 正是使用这个具有政治统治、力量支配之含义的词，来表达财富的享用者和所享用之财富的关系。同样是在 5：19，传道者说，这种由人来支配和统治的吃用、喜乐，是人的"份"（qlx），而我们已经谈到，这个词同时有着"领域、疆界"的意思。

6：2 通过对比突出了"统治"的核心地位，以至"统治"才是一个人可以拥有的一切。在这里，传道者谈到一个人有各样的资财、丰富、尊荣，有心里所渴望的一切，但唯独少了一样，就是对于这些东西的统治："只是神不让他支配这些，以从中得吃"（wnmm lkal ~yhlah wnjylvy-wl）——而这种统治权之丧失，就足以使他拥有的资财、丰富、尊荣成为"虚空"、"祸患"。紧接着，传道者说这些东西反而被"外人"（yrkn）吃了。《传道者》曾经在 2：18-21 一样论到人的资财要留给另一个人使用的情况，但那里的另一个人只是被称为"我以后的人"，或者"未曾劳碌的人"；相比之下，6：2 所用的"外人"（yrkn）一词，恰恰指着来自外国的、其它疆域和领土的人。这样的话，"外人"（yrkn）一词就是指和 5：19 的"份"（qlx）相反的情况：人丧失了对自己财富的统治，以致它归入别人的疆域和领地，成为别人治权下的东西。

这样一个不具有治权的人、不具有王者身份的人，是什么样的人呢？传道者在接下来的 6：3-6 以例证的方式，对这种人做了说明和宣判，并且他这里的角度恰恰是时间性。他说，这样一个没有治权的人，哪怕是"活千年、再活千年"（6：6）——我们甚至可以接着传道者的意思说，哪怕他不死而有永生——却还不如那"不到期而落的胎"（6：3），也就是那根本未曾出生的人。换言之，没有治权的时间不如虚无，没有治权的生不如不活。

在 1：12 2.26，传道者哀叹自己将要经历死亡，不得"永恒的记念"，对比之下，这里显然已经发生了对死亡和时间的态度之转变。传道者曾经忧虑死亡威胁着自己对时间的统治，而现在，他因着上帝之掌管生死的时间性，可以释然自己对死亡的焦虑，并确信自己对生死之间的、活着的日子的时间有统治。

5：18-6：2 可以说是 3-6 章的时间观的总结，就是在这里，传道者明确进行了人神之时间性的统治划界。关于"份"的说法早在 2：11 里就出现，但那里完全不具有和神的关系，正如我们已经分析的，1-2 章整体而言都不具有神与时间的关系。3：12-13 以及 3：24 已经开始谈论人一生的时日是"神的恩赐"（3：13），但没有指出它就是人的"份"。而在 5：18，传道者说："人在神赐他的可数的活着的日子里吃喝，享受日光下劳碌得来的好处，因为这是他的份"，这里已经明确指出来，人的统治疆域（"份"）就是人活着的日子，也就是生与死之间的时间，而这一统治疆域是神所赐的。换言之，按照传道者现在的观念，神赐给了人一份时间性的疆域，就是人在世活着的日子，好让他支配、统治这日子；而在活着的日子之外的时间，也就是生或者死，正如 3：1-15 所确立的，是神的统治疆域。5：20 说，"他不多记念（rkz，中文和合本译为'思考'）自己一生的年日"，这里的"记念"（rkz），曾经在 1：11 和 2：16 出现，分别指着从过去与将来的时间性（1：11）、永恒的时间性（2：16）而来的对活着的时间性的记念；而"不多记念自己一生的日子"，放在如上"记念"之使用的文本背景里，以及 3-6 章整体的时间观的文本背景里，就不应理解为人不应思考自己在世的日子——因为 5：8-6：12 本身正是对人活着的日子的思考——而应理解为：人应当放弃从永恒或者死亡的观点来思考自己的当下性时间，因为永恒域、死亡之后的日子，都是在上帝而非人的掌管里面。

随着这一人神之时间性疆域划定而来的神人关系，是彼此各自为政的漠然。似乎神和人的唯一关系就在于神赐给人一块由人独自统治、独自生存的时间性国土即"份"，而当人还在世活着的时候，神人关系的表达就是 5：2 所说的："神在天，你在地"。

5：18-6：2 显著地强调了人与财富之吃用的关系，似乎这就成了人对于时间性之统治的唯一表达。和 1：12-2：26 的王者自传相比较，这里已经放弃了和他人之关系里的那种压迫性因素：这里已经不再自称人如何胜过"在他以前的众人"（2：8），也不再自夸人有多少的仆婢、歌唱男女、嫔妃（2：7-8）。不仅如此，这里甚至还放弃了人和后裔的关系，而在希伯来的背景里面，人的后裔之流传，是他之被记念的基本方式，以致"儿子"（!b）一词就来自动词"建立"（hnb）：儿子的存在就是人名字的建立。我们也已经在第一章对十诫之第四诫、第五诫的时间性分析里看到，神应许以色列的日子长久，以及以色列对神之记念的长久，都基于父母-子嗣传承以及建立在这一基础上的信仰群体即以色列民的传承。但让我们无法不注意到的是，5：8-6：12 所列举的两个例子里的财主都是有儿子的，甚至 6：3-6 的财主还有"一百个儿子"，但恰恰，在这两个例证中，儿子的存在都不被视为财主的立名与记念，反而都被排除在那个孤独的在自我的一生之时间性里统治的王国之外。这无疑是第 4 章对他者的两面性态度之最后导向对他者的立界封闭的最明显表达：人与人的关系，也如人神关系一样，是互不相干的漠然——这种互不相干，使传道者在 3-6 章取消了 1-2 章的对他者的压迫，但同时也封闭了爱的可能性。无论如何，3-6 章最终没有把时间性确立为对他者的爱，而这种爱，在希伯来正典里是时间的基本意义所在：安息日和逾越节是为着记念上帝的创造与救赎，宗教节期的神圣时间性如果缺失社会性公义与怜爱，就会被玷污。但我们将在 7-12 章的分析里看到，传道者在他此后的思想进展里，发现了时间性应当朝向爱。

我们现在还只剩下 6：10-12 的文本需要分析。好些学者明确指出，这三节经文是和 1：9-11 以及 3：14-15 相对应的，是指着循环论的时间观而言。[31] 但他们都没有对 1：9-11，3：14-15 以及 6：10-12 这三者之间的不同进行比较。我们很明显地看到，1：9-11 对循环论时间观的叙述是自然主义的，并不将时间的循环归之于任何位格存在者如上帝的作为，而是把时间的循环看作出于事物自身的自然本性。3：14-15 显然是从"上帝的作为"的角度来看待循环论，在这里，事物和时间之所以循环，不再被认为出于事物的本性，而被认为出于上帝的行动，传道者甚至提出，上帝如此命定事物的循环，为的是"让人在他面前有敬畏的心"（3：14）。到了 6：10-12，则有了这一令人瞩目的推进：传道者已经开始怀疑循环论时间观的真实性。的确，这里传道者仍然在说，"先前所有的，早已起了名"，从而让学者们看到它和 3：14-15 以及 1：9-11 的类似，并进而推断这几节经文应当也是指循环论的时间观；但重大的分别在于：在这里，传道者已经不再如 3：14-15 以及 1：9-11 那样，对将来发生的事情做一个判断，说将来的事情和已发生的事情是一样的（1：9 说"已有的事，后必再行，日光之下，并无新事"，3：15 说"将来的事早已也有了，并且上帝使已过的事重新再来"）——相反地，传道者在 6：12 发出这样的疑问："谁能告知一个人，在他之后的日光之下会发生什么事？"然

---

31 Bartholomew, p. 238; Murphy, p. 55; M. V. Fox, *The JPS Bible Commentary: Ecclesiastes* (Philadelphia: The Jewish Publication Society, 2004), p. 42.

而，循环论之为循环论，恰在于它可以独断地宣称关于未来的事情：未来的事情就是已经发生的事情。当传道者不再认为人可以独断地宣称关乎未来的事情的时候，他事实上就已经不可能再像 1-2 章那样，独断地主张循环论的时间观了。而在本文第四章的分析里，我们将看到，这种对未来事件的认识上的怀疑，是 7-10 章的基本特点。

传道者是如何由此前循环论时间观的关乎未来的独断宣称，转成此处的关乎未来的不可知论？在本文看来，这种转折的发生，最终还是应该理解为 3：1-15 的上帝观念之进入时间性。在 3：1-15 之中，时间不再像 1-2 章那样，被认为是某种自然性的东西，从而也不再是可以由眼看、耳听就可以了知的（——而在 1：8 那里，眼看和耳听的结果恰恰是"令人厌烦"），而被认为是处在具有位格性的上帝的掌管之中，而 3：11 已经承认，"上帝从始至终的作为，人不能参透"。我们还不能由此说，传道者已经在 6：10-12 放弃了循环论的时间观，因为，未来的不可知本身也表明了，传道者无法断言未来的事件之发生就一定不是和已然发生的事情不一样，从而时间就不是循环的。事实上，循环论时间观的完全放弃，还有待 7-12 章思想之继续的逻辑发展。

第四章 《传道书》第7-10章的时间观

本章将对《传道书》第7-10章的时间观进行探讨。这几章的文本表面看来，似乎较为破碎，涉及智慧、神义论、王治、偶然性等问题。然而放在《传道书》全书的上下文里面，尤其是接续此前我们已经讨论过的1-6章的时间观来看的话，则这几章无论在线索还是主题上，都是清楚的。

我们已经在前一章的分析里看到，3-6章接续1-2章传道者对死亡问题的困惑，而以神治的循环论时间观，解决了死亡问题给人带来的暗黑困惑，确立了人对于生死之间的、在世活着的日子的统治，并将这些活着的日子看作人的"份"也就是人所统治的时间性疆域。

然而，一旦进入7-10章的文本，我们立即发现，传道者在3-6章确立的那种神人分治时间的、"美"的秩序被打破。1-2章传道者的困惑来自他的智慧观察：他眼看、耳听（1章8节），由此发现死亡消解了人日光下的劳作的意义；3-6章似乎在神人分治的时间性秩序里，释然了这种由死亡带来的虚无感。在7-10章里，传道者显然在继续他的"眼看、耳听"的智慧探寻，而现在，他发现了比死亡更可怕的对人之时间性存在的威胁，这就是人自身的罪性，和外在机遇的偶然性。这样，7-10章整体而言都在处理和1-6章完全不同的新主题。1-6章关注人之日光下的时间性整体所面临的威胁即死亡，而7-10章关注人在生死之间的、在世活着的日子内所面对的威胁即人的罪和偶然性。无论是人自身的罪，亦或他遭遇的外在偶然机遇，都瓦解了传道者在3-6章刚刚确立的、人对他自己活着的日子里的时间的统治。这样的话，7-10章事实上也是对3-6章所确立起的神人分治时间的"美"的秩序所作的反思性否定；由此，我们不能不说，7-10章是对1-6章的时间性之思考的逻辑推进。

以人之对时间的统治之瓦解为线索，7-10 章的整体结构可以分为两部分：第一部分是第 7 章，它的角度是内在性的，因着发现人之普遍的、"比死还苦"的罪性，瓦解这一统治；第二部分是第 8-10 章，讨论人所面对的不是出自他自身的外在机遇和偶然性，且这一偶然性在这里的表达乃是君王反复无常的意志；这几章从外在性的角度瓦解人对时间的统治。

倘若我们将《传道书》1-10 章的文本，置于旧约所处的古埃及-近东的文本背景里分析的话，就将发现，1-6 章的时间观整体而言，还处在古埃及-近东的文化处境已经提出的问题、已经达到的解决里面，只是到了 7-10 章，传道者才真正有了他自己的问题，并由此在 11-12 章里有了他自己的解决。可以说，7-10 章是《传道书》对时间性之思考的独特突破所在。为了更明白地看清《传道书》在 7-10 章对时间性之思考的突破所在，我们将在分析 7-10 章的文本之前，简要对比《传道书》与其周邻的古埃及-近东文化对时间性所作的思考。

这样的话，本章就将分为三节：第一节从古埃及-近东文化的时间观的背景，来看 7-10 章相对于 1-6 章的突破所在；第二节论第 7 章的时间观；第三节论第 8-10 章的时间观。

第一节　古埃及-近东背景下第 7-10 章的时间观特性

本节试图阐清这样一个观念：《传道书》1-6 章的时间观在古近东-埃及的文本里可以找到清楚对应，相比之下，7-10 章的时间观在古近东-埃及的文本里找不到类似的对应，这就说明了，7-10 章阐述的偶然性的时间观念，恰恰是《传道书》作为以色列的文本相对于古近东-埃及文本而有的独特之处。

《旧约》是以古代近东（美索不达米亚）和埃及为周邻文化背景的，这一点在《旧约》里有文本内证。按照《创世记》11 章 27-31 节的说法，亚伯拉罕的祖先出自吾珥，处于近东文明最早的发源地苏美尔。以色列民族在语言和血缘上都是闪族。然而，以色列从一个家族发展壮大成一个民族却是在埃及，《创世记》自第 37 章起就讲述以色列民族如何进入埃及的故事。可以说，以色列人在其民族的最古老记忆即《创世记》里面，就已经承认了近东和埃及文明对自身的影响。在此之后，领导以色列人走出埃及，在西奈旷野领受耶和华律法，从而确立起以色列民族之宗教-文化身份的领袖人物摩西，按照《出埃及记》1-2 章的叙述，是从小在埃及法老的王宫里长大的。以色列进入迦南、立国、亡国、被掳和回归的民族史，都处在其东部北部的近东闪族文化，以及西部南部的古埃及文化的影响之下，并且有着从《约书亚记》到《以斯帖记》的连续历史叙事记载。当公元前四世纪亚历山大大帝征服波斯帝国，使原先的埃及-近东新月地带都处在希腊化的影响之下时，以色列已经走完了正典的历史时期，确立了其宗教-文化的基本特性。可以说，希伯来正典所受的周邻文化影响就是来自古近东和古埃及。

以色列在文化上所受的古近东-埃及影响，在《传道书》的尤其是第 1-6 章里可以显然看出。下面我们就来对此做一简要阐述。

a). 古近东的影响

我们将主要通过《吉尔迦美什史诗》来分析古近东传统对《传道书》时间观的影响。这首迄今已有四千年历史的史诗，是当今世界最古老的史诗经典，是奠定古近东文化传统的文本，发源于"文明起源地"的苏美尔。该史诗的主题和《传道书》1-6 章有着惊人相同：一位传说中的集智慧与力量于一身的王，历经一生的冒险寻求永生而不得，最终不得不面对和接受自己的人性——享受当下的生活。

该诗的主人公吉尔迦美什（Gilgamesh），具有三分之二的神性、三分之一的人性，是古城 Uruk 的国王，而亚伯拉罕的祖先所出自的苏美尔 Ur 城的国王，即宣称自己是吉尔迦美什的后代。

按照"巴比伦标准版本"，史诗一开始就肯定了吉尔迦美什的智慧、王权、声誉和寻求：

> "他见到地的根基，地的源泉，在一切的事情上有智慧，获得完全的理解……见到隐秘的事又启示了隐藏的事，把洪水之前的消息带给人；从遥远的旅程返回家乡，疲惫，得到安息。……他超过一切的王，声名远扬……他四处寻求永生……谁能有他那样的王者品性？……"[1]

---

[1] *The Epic of Gilgamesh: A New Translation, Analogues, Criticism*, translated and edited by Benjamin R. Foster (New York: W. W. Norton & Company, 2001), pp. 3-4. （泥板第 1 块，第 1-4，6-9，30，43，47 行。）

　　按照 Thorkild Jacobsen 的分析，吉尔迦美什对永恒的追求可以分为两个阶段。[2]最初他接受的是传统理想，即永恒意味着不朽名声，人因着勇敢地、英雄地面对死亡，就可以建立丰功伟绩，获得名誉和纪念上的不朽。他这样对好友 Enkidu 说：

> "神明在太阳下永存，人的日子却被数算，尝试所得的只是一阵风。你，就是你，也害怕死亡吗？你的英勇和力量到哪里去了？……如果我倒下，会树立名声：人们会这样说——'吉尔迦美什，他对杀凶猛的 Humbaba'……我要树立不朽的名声。"[3]

　　然而，当吉尔迦美什亲见好友 Enkidu 的死亡后，他为好友的死悲痛，六天七夜之久不肯让 Enkidu 下葬，直到一条蛆虫从 Enkidu 的鼻孔爬出。他被死亡的具体性抓住，从此恐惧死亡。他这样哀叹：

> "我的挚友，我所爱的人，变成尘土；Enkidu，我的挚友，我所爱的人，变成了尘土！我也要像他一样倒下吗？也要永永远远再也不能起来吗？"[4]

史诗藉着死前 Enkidu 所作的梦，讲述了死亡的阴间景象：

> "他把我带到暗影之屋，地狱之所；那屋子，进去的人没有出来的，那条路，走上的人没有回来的；那屋子里的人，被夺去光，所得的是灰，所吃的是土。……他们见不到日光，在黑暗里住……我看见王冠成堆，那里住着许多的王，曾经头戴王冠，统治地土……我进去的灰土之屋里，住着大小的祭司……"[5]

　　吉尔迦美什从此进入寻求永生的第二个阶段，即在身体上克服死亡。他历经千难万险，为的是可以见到那已经被诸神裁定可以不死的人、经历过洪水灭世的 Utnapishtim。当他还在路程中的时候，就已经有旅店的女老板这样告诫他：

> "吉尔迦美什啊，你这样飘荡是为何呢？你寻求的永生，是你找不到的。当神明创造人的时候，就把死亡分配给了人，把永生留给了自己。至于你，吉尔迦美什，你当吃喝饱足，时常快乐，无分

2　Ibid, pp. 183-207, Thorklid Jacobsen, '"And Death the Journey's End": The Gilgamesh Epic'.

3　Ibid, p. 19.（泥板第 2 块，第 185-189，192-193，200 行。）

4　Ibid, p. 74.（泥板第 10 块，第 68-71 行。）

5　Ibid, p. 58.（泥板第 7 块，第 146-150，152，156-157，160-161 行。）

昼夜；当每一天都快乐，昼夜都戏耍跳舞。你的衣服当干净，头当干净，当在水里沐浴，当满足地看着手牵的小儿，当让你的妻在你怀里时常快乐；这，就是人的工作。"[6]

　　吉尔迦美什不愿接受人的这种命运。他坚持探寻，终于见到了 Utnapishtim。然而，和 Utanapishtim 的相见显然让他失望，因为 Utnapishtim 看起来和普通人没有什么两样，并不显得更智慧或者更俊美，而他之所以能够和神明一样不朽，缘于神明自己的失误，成于神明集会时的这一商定：允许 Utnapishtim 和他妻子成为人中特例，此后再无例外。Utnapishtim 这样谈到人的有死：

　　　　至高的众神，伟大的众神，他们聚集，和造就命运的 Mammetum 神一起，为人规定命运，立定生，立定死，但不揭示死亡的时候。[7]

　　至此，我们已经可以从上述所引文本清楚地看到：吉尔迦美什作为智者、王者寻求永生不朽未果，不得不接受人的命运，接受人在世的享乐这一宏观主题，正和《传道书》1-6 章的宏观主题相同。两者之间当然有着这一基本差别：《传道书》所基于的希伯来正典叙事不是把死亡看作神明起初对人的意愿，而是认为耶和华起初造人的时候，意愿人有永生。

　　除了上述宏观大题的一致，该史诗和《传道书》还有其它一些小题的一致。其中特别值得提出的有两点。一是吉尔迦美什为了探寻永生的奥秘，劳苦飘荡，以至不能享受在世的快乐，精神憔悴，甚至不能入睡。[8]而传道者同样提到自己为了探寻万物奥秘而憔悴失眠（见《传道书》8：16）。二是吉尔迦美什如此劳碌，最终却让他人享受了成果（见《传道书》2：19，6：2）。吉尔迦美什在告别 Utnapishtim 时，Utnapishtim 的妻子建议丈夫给他一个告别礼物。Utnapishtim 于是向吉尔迦美什揭露了这一神明的秘密：有一颗草可以让人从年老变年轻。吉尔迦美什找了这颗草，却在返乡途中跳入水塘沐浴的时候，被一条蛇衔去了自己放在塘边的年轻草，蛇在吞下草后立即蜕皮年轻。吉尔迦美什于是哭泣："我的手劳碌是为了谁呢？我的心流血是为了谁呢？我自己得的益处是无，我千辛万苦，却是为了一条爬虫。"[9]

6　Ibid, p. 100.（泥板第 10 块，第 77-91 行。）
7　Ibid, p. 83.（泥板第 10 块，第 318-321 行。）
8　Ibid, p. 81.（泥板第 10 块，第 270-276 行。）
9　Ibid, p. 95.（泥板第 11 块，第 315-318 行。）

b). 古埃及的影响

和美索不达米亚神人相分、人定有死的观念相反，古埃及人一直保持着对来生的信仰。至少根据 J. Assmann 的分析，我们可以说，古埃及人对死亡与来生的信念，和位于美索不达米亚的闪族乃至以色列的死亡与来生信念，属于类型的不同。[10]古埃及长达三千年的稳固文明延续，基于这样一个基本信念：他们的国王法老是 Horus 神的在世化身，法老死后，因着恰当的丧葬礼仪，就回到了他原本所出自的神明世界而享有不朽。原本属于王室才有的 Osiris 丧葬礼仪，后来变得"平民化"，以致普通的埃及民众，因着这一礼仪也可以和 Osiris 连为一体，得到永生。[11]

和美索不达米亚的神明永生不死观念不同，在古埃及人的观念里面，神明例如 Osiris 也经历死亡，但神明可以从死亡里获得再生，这种再生不是轮回，而是力量的重新恢复和更新。法老所获得的永生是一种循环论的永生，法老所获得的不朽是通过时间的循环获得的。古埃及人对法老之永生的直观理解，就是太阳神 Re 每日经历黑夜之后，第二日重新升起。由此，法老不仅被认为是 Horus 神的化身，也被认为是太阳神 Re 之子。[12]

J. Assmann 说，"古埃及可以说是我们自己的文化经验之反题。在这一点上，圣经是对的：为了离弃宇宙神论，接纳一神论，出埃及是必须的"[13]；"克尔凯郭尔和海德格尔对死亡的理解……是以西方的个体主义为基础，把死亡理解为个体经验……而埃及人对死亡的理解与此恰恰相反"[14]。J. Assmann 的上述判断也适用于《传道书》与古埃及时间观的分别，以致，我们可以说，《传道书》在某种程度上记载的就是传道者自己在时间观上的出埃及。我们不难看出，《传道书》1-2 章的循环论时间观和古埃及的循环论有表面的类似。《传道书》第 1 章 5 节甚至也使用了太阳的意象（"日头出来，日头落下，急归所出之地"）来表述循环论的时间观念。但显著的不同，在于《传道书》在全书一开始（1 章 1-11 节）提出循环论时间观时，就是把它当作问题而非理想。循环论远非如在古埃及的时间观念里那样，成为人的目标和追求，反而

---

10 Jan Assmann, *Death and Salvation in Ancient Egypt*, translated by David Lorton (Ithaca, New York: Cornell University Press, 2001), pp. 9-14.

11 Ibid, pp. 390-2；S. G. F. Brandon, "The Origin of Death in Some Ancient Near Eastern Religions", in *Religious Studies*, Vol. 1, No. 2 (Apr., 1966): 217-28, p. 219.

12 J. Assmann, pp. 182-4, 390-1.

13 J. Assmann, p. 407.

14 J. Assmann, p. 409.

是"让人厌烦"（1 章 8 节）。和古埃及人追求时间中的永恒循环不同的是，传道者倒是希望"新事"：没有"新事"的循环永生让他厌烦。而传道者在 1 章 1-11 节也只是肯定了，循环论的永恒只是针对群体的、作为类的人（rwd，"一代人"）有效；在接下来的 1：12-2：26 的个体性自传里面，则显然把死亡当作传道者的个体性要遭遇的事件来看待，而否认个人有循环论意义上的超越死亡的可能。

虽然传道者最终走上了一条和古埃及循环论信念不同的道路，但他恰恰以这一循环论为自己所面对的挑战，本身正说明了古埃及宗教对他的影响：出埃及是以在埃及为前提。J. Assmann 指出了古埃及文化如何本质上是以死亡和超脱死亡为中心的文化：即便埃及王宫也是由最便宜、最粗糙的，阳光烤制的泥砖建成，而古埃及人却把大量的财力、人力和智力用来建造那显然具有永恒特征的、巨大的花岗岩坟墓。[15]这种对死亡、超脱死亡的着迷，无疑也是《传道书》1-6 章的基本特征。

对于循环论的永生这一古埃及文明核心信仰，古埃及文献内部也有怀疑的声音，这尤其出现在一种被称为"异端的"琴人之歌文体里，而在 Stefan Fischer 看来，传道者的悲观主义和否定死后生命的怀疑论，就是受琴人之歌的影响。[16]琴人之歌在怀疑人之再生的可能性的同时，给出了面对这一绝望的应对，就是在世享乐。

我们以下主要依据 S. Fischer，J. Assmann 和 W. K. Simpson 的翻译，将琴人之歌中最有影响的一首，即 Antef 之歌（此歌被 Assmann 称为是琴人之歌中的"模板"，以致其它的琴人之歌不过是该歌的变奏而已[17]），全文翻译如下：

> 在义者 Antef 王之墓里的歌，摆在拿竖琴的歌手面前。这幸运的王啊，他的命运是快乐，他的结局是快乐。从诸神的时代以来，一代过去，一代还在。从前的诸神，安葬在自己的墓中，有福的贵人也安葬在自己的墓中。但那些建造坟墓的人，他们的处所不再存在。看哪，他们现在成了什么？我听过 Imhotep 和 Hordjedef 的话，

15 J. Assmann, p. 17, 375.
16 Stefan Fischer, "Qohelet and 'Heretic' Harpers' Song"; J. Assmann, pp. 113-27; *The Literature of Ancient Egypt*, edited by W. K. Simpson, translated by R. K. Ritner, W. K. Simpson, V. A. Tobin, E. F. Wente (New Haven & London: Yale University Press, 3rd edition, 2003), pp. 332-3.
17 J. Assmann, p. 120.

他们的名言人人放在嘴边。但看他们的处所，墙垣已经坍塌！他们不再有处所，好像从未存在过。没人从那边过来，告诉我们他们现在怎样，告诉我们他们想要什么，好叫我们的心得平静，直到我们也去到他们已经去的地方。所以，你的心要快乐！遗忘对你有益，你还活着的时候，要随从你的心。要在头上抹没药，穿洁白的细麻衣，在你的头上抹属神的真膏油，让你的美加增，让你的心不厌倦。随从你的心，和美丽的人在一起。在地上的时候，做你的事而不违背自己的心。当你哀哭的那天来临时，那心已厌倦的人，听不到他们的哀哭，哭泣不能把人从坑里救回。副歌：欢庆美的一天，不要厌倦。看，没人能带走什么；看，没人从那里回来。[18]

可以说，《吉尔迦美什史诗》、琴人之歌以及《传道书》，都有这一主题：死亡对凡人而言不可避免，面对死亡，人只有这样应对——carpe diem（"抓紧时日"），即在世享乐。

然而，《传道书》和《吉尔迦美什史诗》、琴人之歌的类似处，似乎只限于该书 1-6 章。一旦进入第 7-10 章之后，就有了显著的分道扬镳。

从时间观的角度来看，无论和古埃及的时间观还是《吉尔迦美什》的时间观比起来，《传道书》第 8-10 章的显著不同，就在于不再是以死亡-永生为主题，而是以人的在世时间为主题，并且对人的在世的、活着的时日的时间性的关注，又是聚焦于这一时间性的偶然的、不可预测和不可控制的方面。

Patricia A. Bochi 已经藉着对古埃及艺术基本特征的分析，很好地告诉了我们古埃及时间观是如何有意识地忽视时间的偶然性一面。[19]按照她的分析，古埃及的雕像艺术是高度象征性的，为的是表达具有永恒性和本质性的、超越时间之变化的 Maat，也就是埃及观念里的正义、法则和真理。神明、王室和贵族的雕像使用的材质是可以抵御时间之侵蚀的、具有永恒性的花岗岩等硬质材料，而雕像无论在面部特征还是身体姿态上，都具有模式化的特点，为的是将具体时间中的细节特征都抽象掉以传达那超越具体时间之变化的永恒感。例如疾病、年老、死亡、世界的终结等主题，从未被表现过，或只是通过婉转语叙述，因为这些事物体现了时间的变化性一面而引起人的焦虑。

---

18 S. Fischer, p. 108; J. Assmann, pp. 120-1.

19 Patricia A. Bochi, "Time in the Art of Ancient Egypt: From Ideological Concept to Visual Construct", in *KronoScope* 3:1 (2003): 51-82.

古埃及人通过理想化的、审查式的艺术来表现时间，试图把握、控制时间的不可捉摸、不可控制的方面。

同样，学者也已经注意到，古埃及的历史记录里异乎寻常地找不到关于西克索人入侵的记载，也找不到关于埃及法老率军出征遭遇失败的记载，这是因为，古埃及的思想只关注永恒而非可变的事物，认为只有在永恒的事物里才有神明的意志，所以没有必要记载历史中的那些耻辱、变化、不可控的方面。[20]

如果我们通读《吉尔迦美什史诗》的话，就会发现，书中唯一看来和偶然性问题有关的叙述，就是讲到 Utnapishtim 作为人却有永生，乃是出于偶然。但这里的偶然还是关乎这一个体的死亡-永生之命运而言的。史诗的核心主题是人的死亡与永生问题，而完全没有涉及人在生死之间的活着的在世日子里的、具有偶然性之变化的时间性。

我们如何理解《传道书》第 8-10 章对日常生活中的那种偶然性的、不可测和不可把握的时间性的关注，理解它在这一点上和古埃及、古近东的不同？而这种不同，却又首先就是相对于《传道书》第 1-6 章的不同？

在本文看来，这种不同似乎可以很好地通过第 7 章得到解释，因为恰恰是在第 7 章里，引入了一个既在第 1-6 章里不具有，也在古埃及、古近东思想里不具有的观念。这一观念就是第 7 章 19-29 节所说的：世上的人没有一个是智慧的，也没有一个是正义的。而至少按照 Seow 的说法，在《旧约》智慧传统以及《传道书》里，智慧和公义乃是一体的两面。[21]我们可以猜测，《传道书》之所以能够在 8-10 章里获得一种关于时间性的新洞见，可能就是在逻辑上出自第 7 章的关于人性的这一新观念。

《传道书》第 7 章相对于第 1-6 章而言的转折，我们将在此后详细论述。这里仅先比较第 7 章引入的"无人为智为义"观念是如何不同于古埃及、古近东传统。

按照古埃及的死亡-来生观念，死者在死后面对阴间神 Osiris 辩护其全部的、已经完成的一生是如何合乎古埃及宗教的正义与真理之法则 Maat，乃是其获得来生和永恒的通过礼仪之一部分。而典型的对自己一生的概括是这样的：

---

20 Judah Goldin, "Of Change and Adaptation in Judaism", in *History of Religions*, Vol. 4, No. 2 (Winter, 1965): 269-94.

21 Seow, p. 268.

> 看哪，我来到你的面前——
>
> 在我里面没有错误，没有罪责，
>
> 在我里面没有恶，也没有作证指控我的人，
>
> 没有我错待的人。
>
> 因为我是以真理为食，以真理为粮的。
>
> 我照着人的建议行，
>
> 也照着诸神喜悦的行。
>
> 我以神所喜爱的，让神喜悦了。
>
> 我给了饥饿的人面包，
>
> 给了干渴的人饮水，
>
> 给了露体的人衣服，
>
> 给了无渡的人渡船。
>
> 我向神明奉献神圣的贡物，
>
> 又向超度的魂灵奉献丧葬的供品。[22]

其它常见的概括有："我从未口出恶言，或是说别人坏话"，"我是真的正直人，从未犯错"，"我从未有罪，从来无辜，我的名从不因为不公不义被质问"。[23]

另一方面，《吉尔迦美什史诗》一开始就特别指出吉尔迦美什是如何具有智慧，说他是"见到地的根基，地的源泉，在一切的事情上有智慧，获得完全的理解……见到隐秘的事又启示了隐藏的事，把洪水之前的消息带给人"。[24]无独有偶，同样是以英雄有智慧而不得永生为主题的另一首古近东史诗《阿达帕》，也在开头就声称主人公 Adapa 有智慧、有理解。[25]

和上述古埃及、古近东文献之肯定人的智慧和公义不同，《传道书》在第7章既否认了人的智慧也否认了人的公义，这种否认也是对《传道书》1-6章思想的推进。我们下面就进入对第7章的分析。

---

22 J. Assmann, p. 381.

23 J. Assmann, p. 382.

24 *The Epic of Gilgamesh: A New Translation, Analogues, Criticism*, p. 3.（泥板第 1 块，第 1-4，6-8 行。）

25 "Adapa", translated by E. A. Speiser, in *The Ancient Near East: An Anthology of Texts and Pictures*, edited by James B. Pritchard (Princeton and Oxford: Princeton University Press, 2011), pp. 73-7.

第二节 第 7 章的转折点：新人论

按照 Murphy 的说法，《传道书》第 7 章是"一本难书里的最难一章"[26]。的确，《传道书》此前的文本相对而言都还是有集中连贯的线索，而一旦到了第 7 章，就显得散漫了起来。整个第 7 章显得像是由彼此松散关联的箴言凑合而成，其中涉及死亡、智慧、神义论、人论等诸多问题，缺少一个连贯一致的逻辑所在。历史批判法事实上就把这段文本看成是箴言集子，并由此把该章的散乱性质理解为是由多个不同的编辑者插入、编修导致的结果。但 Robert Gordis 就已经指出来，7：1-14 的材料如果说不能有观念上的内在统一的话，则至少它在风格上是统一的，是明白无误地具有传道者的个人特点。[27]

历史批判法关于第 7 章出自多个来源的主张，如今已经很少为学者采纳。在目前致力于从文本内容的统一性来理解第 7 章的学者里，Seow 是推进最深的，他的注经只把第 7 章分割为两个部分（1-14 节和 15-29 节）。Murphy 和 Seow 都将第 1-14 节理解为和传统智慧的对话、反思甚至批判。[28]总结起来，大多数学者都把 1-14 节当作一个整体看待，例如：Robert Gordis（1951 年），A. G. Wright（1968 年），Murphy（1992 年），Seow（1997 年），Longman（1998 年），Bartholomew（1-13 节，2009 年）；至于 15-29 节，则除了 Seow 将其当作 个整体单元之外，大多数学者都会将其再分割为两个或三个部分，例如 Gordis（15-25 节，26-29 节），Wright（15-24 节，25-29 节），Murphy（15-24 节，25-29 节），Longman（15-22 节，23-24 节，25-29 节），Bartholomew（14-22 节，23-29 节）。

学者们之所以将 1-14 节作为一个相对独立的整体单元，主要是依据文本字面上的重复，这一点 A. G. Wright 自己就讲的很清楚。[29]Wright 和 Murphy、Seow 都看到了 7：14 节的"查不出身后有什么事"和 6：12 的"谁能告诉他身后在日光之下有什么事呢"的对应，而将这两者之间的 1-14 节看作一个单元。Gordis 似乎是受他之前的历史批判法的影响，在 1-14 节里看不出什么内容上的连贯性，而只能看到一种"风格"的统一，所以在把 1-14 节当作一个

---

26 Murphy, p. 66.

27 Robert Gordis, p. 265.

28 Seow, pp. 230-76; Murphy, pp. 60-78.

29 A. G. Wright, "The Riddle of Sphinx: The Structure of the Book of Qoheleth", pp. 313, 318-9.

整体单元的同时，明白地说这一单元没有什么统一主题。[30]

似乎还没有哪个学者尝试从第 7 章与《传道书》全书文本脉络之关系的角度，来理解该章。本文认同从传道者的反思的角度来看待 1-14 节之文本的统一性，也就是说，认为例如 1-14 节的文本并非从各处收集的箴言的杂凑，而是至少可以通过传道者个人的主体性反思来将其连贯。但本文试图从主题内容的方面，尤其是那贯穿着《传道书》之全部文本的主题的连续性与逻辑进展的方面，来挖掘第 7 章的文本统一性所在。基于这一角度，本文将尝试把例如 1-14 节的反思，不是理解为传道者对传统智慧的反思，而是理解为传道者对自己在 1-6 章里的智慧所作的自我反思、自我批判。

第 7 章第 23 节有一个关键词，可以支持我们的这一尝试。这个词可以使我们理解到，为何这一章的文本乃是传道者之个体性的对自己此前的智慧探索的反思，是与 1-6 章相关联的文本。这个词就是"试验"（hsn），它在《传道书》里只出现过两次。第一次是在他的王室自传的一开始（2：1），传道者以"试验"一词，概述自己接下来的 2：2-10 以享乐为内容的探求；这样，我们就可以把 7：23 的"我用智慧试验了这一切"，理解为：传道者在 7：1-22 的反思，是针对此前的 1-6 章。显然，传道者在这里清楚地告诉我们，第 7 章所出现的具有箴言形式的智慧话语，是出自传道者个人的反思之口，虽然这种反思是藉着智慧传统的已有箴言进行；而他在第 7 章的反思，显然和第 2 章所从事的智慧探寻，分属他的个人智慧旅程中的前后部分。

1-18 节有一个显然特征，即它并非泛泛地一般性地谈论智慧，而是特别地围绕生死的话题来谈论；而我们已经看到，1-6 章的思考是如何围绕着死亡问题进行，这就使我们完全有理由，并且也有必要，将 7：1-18（而不再只是 1-14 节）都置入到 1-6 章的文本脉络里思考。可以说，7 章 1-18 节是传道者对 1-6 章的智慧探寻所作的总结式回顾。

1-18 节因着对生死问题与智慧的关系的反思，而有着较为显然的在内容上的一致，此外，我们也发现这一段文本还有这样的形式上的特点，即它具有显然的教化特性，其中的讲论乃是指着"人应当如何"而言。由着 1-18 节的这一形式上的特点，我们又可以反过来对比地发现第 19-29 节如何与 1-18 节显著不同：19-29 节整体而言都是传道者对自己内心实情的描述。如果说，在 1-18 节我们读到的是一个智慧导师所宣讲的针对人人而言的"应当"的

---

30 Gordis, p. 265.

话，则我们在 19-29 节读到的，乃是一个探寻智慧的人所揭示出的关于他自己内心的"实然"。一旦我们发现 1-18 节和 19-29 节两者的上述形式的、内容的区别的话，就立即可以将第 7 章的文本划分为两个部分：1-18 节与 19-29 节。

a). 7 章 1-18 节：传道者对 1-6 章的智慧探寻的总结

如前所述，1-18 节之所以被划分为一个相对独立的单元，是因为它和 1-6 章有共同的主题，即死亡。1-18 节的智慧言语都是从死亡角度展开的。1-18 节又可以再细分为前后两个部分，即 1-12 节和 13-18 节；这两部分的不同在于，同样是从死亡的角度来看，可以得出对智慧的两种不同态度：1-12 节显然是对智慧持肯定，13-18 节则对智慧不再抱有那种自信的肯定，而有了摇摆怀疑。

1），1-12 节

1-12 节立足死亡观念来肯定智慧。就这段文本的结构而言，我们首先可以注意到 1-4 节与 8-10 节在内容上有类似之处，这就引导我们尝试着以交叉对应结构来理解 1-10 节的文本，并关注到这里的交叉中心即 5-7 节很可能会给我们带来关键信息。首先，1-4 节和 8-10 节这两处都在谈论：结尾比开头好。1-4 节说到，智慧与愚昧的基本分别在于，智慧人思考死亡，因为死亡是"众人的结局"，而愚昧人只知道宴乐喜笑。在这里，智慧人对死亡的思考乃是在时间性范畴里进行的，因为这里说到，思考死亡就是思考"死亡的日子"。8-10 节论到了时间性的问题：结局胜过开始；这就对应了 1-4 节智慧人之思考结局（人的死亡之日）。那么，处在中心位置的 5-7 节给我们带来什么信息呢？放在 1-6 章传道者之试图统治自己在世的时间性这一背景里，则 5-7 节事实上给我们这一信息：智慧就是人的统治权柄所在。5-6 节首先说到智慧人如此胜过愚昧人，以致智慧人的"斥责"要强过愚昧人的歌唱喜笑。这里的"斥责"（tr［g）一词，在《传道书》里仅出现于此处，而它在《传道书》之外的《旧约》文本里，常常用来指耶和华针对敌人带着能力与权柄的斥责，例如《诗篇》76 篇第 16 节："雅各的神啊，你的斥责一发，坐车的、骑马的都被投入深深的睡眠中"（这节经文指着《出埃及记》第 14-15 章的过红海叙述，可参考 Franz Delitzsch 之解经）。无疑，智慧人在 5-6 节里是以带着权柄和能力的形象出现的。第 7 节说到智慧人是有公义的：智慧人会拒绝欺压和贿赂；这就暗示智慧人处在掌握权柄的位置——因为唯有在掌权者那里，才可能发生欺压他人、收受贿赂的事件。总结起来，5-7节告诉我们这样一个智者形象：智者掌管权柄，施行公义，斥责人。

如果我们将1-10节视为交叉结构的话，那么，11-12节可以看成是1-10节的结尾，而这一结尾恰好是从时间性的角度对此前的交叉结构里的中心部分即5-7节的推进：智慧给人对于时间的权柄，也就是说，智慧使人活。11-12节并且说到，智慧的益处就如财物的益处是一样的。联系到5：8-6：12里面，传道者对财物有着大段的集中讲述，并且就是在那里指出来：财富的益处在于被人支配、被人"统治"，从而确立人对自己的时间的统治；那么，我们可以这么理解为什么7：11-12要将智慧与财富相提并论：智慧和财富一样，可以确立人对自己时日的主体性统治。

总结起来，1-12节对于智慧是肯定的：思考死亡给了人智慧，而智者是执掌权柄、施行统治的，并且智慧的权柄最终在于支配时间性而使人活。放在《传道书》全篇的文本背景来看，则它实际上是对3-6章的思想推进。我们已经在分析3-6章的时候发现，传道者试图在一种神人分治时间的秩序里，确立人对自己在世活着的日子里的时间的统治，但3-6章里还根本未涉及这一问题：人的统治能力何来。在7：1-12，传道者告诉我们：人的统治能力在于智慧。一当传道者确定，人对自己之时间性的统治能力实质就是智慧，我们就会在后面看到这一思想的逻辑进展：传道者将因为发现人其实是不可能有智慧的，而不得不放弃人对时间的统治，也放弃神人分治时间的秩序。

基本而言，对人之智慧的可能性的否定，是从外在与内在这两个方面来展开的。所谓的内在否定，指的是传道者发现人包括他自己，其实是不可能拥有他所期待的智慧能力，是达不到智者自己所提出的智慧要求的；所谓的外在否定，乃是传道者发现日光之下的事件发展不是智者可以预测与把握的，这一点构成了8-10章的基本内容，但它在7：13-18里已经有了论述。

2），13-18节

在13-18节里，传道者显然不再对智慧有1-12节的那种信心，而这种改变，却来自传道者"察看上帝的作为"。我们也可以如此前的1-10节那样，在14-18节里看到一种交叉对应结构，并把13节看作14-18节的引介，就如11-12节乃是1-10节的结尾。13节一开始就说，"你要察看上帝的作为"，而14-18节谈到了传道者所察看到的上帝的作为。14节和18节互相对应地谈到了，上帝在他的作为里使两样看来相反的事物并列，为的是使人查不出身后的事情。14 节和 18 节交叉地包围起来的 15-17 节，则是 14-18 这一段交叉对应文本的核心信息所在，这里基于死和生的角度观察义人（智者）与恶人（愚昧人）的区分，却发现"有义人行义，反至灭亡；有恶人行恶，倒享长寿"；由这一观察到的现象，传道者的结论是：不要过分为智为义。

从 1-12 节到 13-18 节对智慧的这种态度转变，可以看出一个反思深入的过程。1-12 节有两个基本命题：A.智者思考死亡；B.智者因为其智慧而掌有统治权柄。这两个命题在 1-12 节里是并列地论述的，而这两个命题也是对传道者在 1-6 章的智慧探寻活动的基本概括。因为在 1-6 章里，传道者正是一直在思考死亡的，并且传道者是以智者-王者之一体的统治者的身份来进行思考。

13-18 节却因着新命题的引入，使得命题 A 颠覆了命题 B，这个新命题就是：C.你要思考神的作为。所谓神的作为，在 15-17 节里面，指的就是日光之下实际发生的事件，而这里列举的事件涉及基本的神义论问题：义人（智者）行义却灭亡，恶人（愚昧人）行恶却长寿。对日光之下这一生死现象的观察，颠覆了 1-12 节的基本信念：智慧使人活（第 12 节）。这里的关键和重要之处在于，15-17 节实际上是《传道书》里第一次联系到时间性来谈论义人、恶人的命运这一神义论现象。3：16 已经谈到"在审判处有奸恶，在公义之处也有奸恶"，但那里很快就以"神必审判"和"神的审判有时"消解这一日光下的不公现象；4：1 和 5：8 也已经谈到了日光之下有"穷人受欺压、并夺去公义、公平的事"存在；但上述经文都没有将日光下的不公现象联系时间性来谈论。

然而，7：15-17 一旦将义人（智者）与恶人（愚昧人）的所行与他们的时间性命运来相连地考察，由此观察到在时间性里的不公的时候，传道者就动摇了在 3-6 章里对神治的循环论时间性的基本信心：看来，这种时间性并不是如 3：11 所说的那样是"各按其时成为美好"的。按照 3-6 章传道者奠定的神人分治时间的观念，人的生死是神统治的，而生死之间的人在世活着的日子是人自己统治的；换言之，可以这样说：人在世的日子长短由神所定，人在神所定的日子里的生活态度由人自己决定。而一旦 7：15-17 发现了，原来常常有义人行义却至灭亡，恶人行恶反而长寿的时候，这无疑是一个令传道者感到震惊的现象：这种现象暗示神对人之生死、人之在世时间之长短的统治，是没有什么公义可言的。传道者其实只是在 7：15-17，才真正地第一次遭遇到于他个人而言可以成为存在论之焦虑的神义论问题。

如果说，神之给定人之在世的时间乃是无公义可言，神之对时间的统治就已经是无公义可言的话，那么，3-6章所确立起来的神人分治时间的"美好"秩序是否还可以维持？我们会在以后的8-10章看到传道者如何发展7：15-17之立基时间性而观察到的不公现象这一问题。但就第 7 章而言，传道者似乎还没有在 7：15-17 里就走向神人分治时间之"美好"秩序崩溃的结论。第 7 章之否定神人分治时间这一秩序，还主要是通过 19-29 节否认人有统治时间的能力。

b). 7 章 19-29 节：传道者对 7：1-18 之智慧箴言的自我批判与思想转折

19-29 节可以分为两个部分，19-22 节和 23-29 节。在前一部分，传道者发现了"无人为义、我非义者"，而在后一部分，他发现了"无人为智、我非智者"。这两个发现都有区别于 1-18 节的共同点所在，即它们都是基于传道者对自己内心作的观察。

1），19-22 节

这一段文本只有四节经文，但本文的解读在其中找出了一个简单优美的对比论证结构。在我们的解读里，19 节是这一结构中无可缺少的部分；由此，我们的解读更好地实现了文本统一性之解读原则。对比之下，许多解经者都不能理解为何 19 节要在这里出现，甚至建议修改文本而将第 19 节移到第 12 节之后的位置；例如 Fox 就是如此。[31]

19 节的必要性在于它和后面的 20-22 节形成一个反讽的对比结构。我们首先注意到，19 节虽然也和 12 节一样论到智慧的益处，但这里对智慧益处的论述，却毫无疑问地凸显智慧的这一方面：统治。这一节说到智慧使智者比十个"统治者"（~yjylv，和合本译为"官长"）还有能力——智慧使人拥有支配性能力竟至于此！但 20-22 节却以对实情的观察颠覆了这种期待。传道者已然在 1-18 节得出了如此多的智慧之言，而现在却发现他作为智者，和那看来并不具有智慧也根本无权柄可言的人——"仆人"（db[，可译为"奴隶"），是一样地不能支配自己的口；换言之，传道者发现了这一冷酷现

---

31 Fox, pp. 256-7.

实：智者幻想自己有比十个统治者还大的支配能力，但就实际而言，他之支配自己言语的能力，和处于被统治的最底层奴仆是一样的。传道者在 20 节的结论是：世上只行善而不犯罪的人，实在没有。由于这一结论建立在 21-22 节传道者对自己内心的观察的基础之上，所以第 20 节当然首先就是传道者的自我批判。

2），23-29 节

23-29 节的整体意思是很清楚的，我们不可能错过：世上无人有智慧。这几节经文的最难解处是第 28 节，在许多解经者看来，它的字面意思似乎体现了一种赤裸的男权主义，而和《传道书》第 9 章 9 节冲突；但困难的地方在于，将其理解为一种男权主义的话，则它在第 7 章乃至整个《传道书》里都显得突兀勉强：如果说这是男权主义论点的话，则它在整个《传道书》里也仅只在此处出现，而它本身也不合乎第 7 章之谈论智慧论题这一上下文。本文接受 Seow 对此难题的解决，把 7：28 所说的"女子"理解为智慧的象征，正如 7：26 也以女子来象征罪性一样；这样的话，7：28 节说的就是：传道者寻求智慧而不得。[32]

从《传道书》全书思想的逻辑进展来看，7：23-29 有着转折性的推进，这一推进可以从两方面来分析。首先，在 7：23-25 里，传道者坦诚自己不知道"万事之理"。这不是传道者第一次自认无知。我们看到他在 3：11 已经说到，人不能察知神的作为；在 3：22 和 6：12 也已经说到，人不能察知自己死后发生的事情。但 3-6 章的无知乃是神人分治秩序的体现：人不能知道神的事，也不能知道自己死后的事，因为这些事情原本就不在人的掌管之内，而从 1：8 传道者所确立的经验观察的认识论（"眼看"、"耳听"）来看，人对于神、对于自己死后的日子，都既不可能眼看也不可能耳听，所以当然不可能有知识。7：23-25 的推进之处在于，传道者现在说：他其实对于自己每日所看、所听的事情，对于原先在他看来应当是由人来掌管统治的事情，也没有知识，因为，表面看来只是在经验世界里发生的事情，其实有背后的更奥秘基础："万事之理深而又深"。

其次，在接下来的 26-29 节里面，传道者还进一步从认知动机的角度探索了自己为什么哪怕对所看所听的事情也不能有"万事之理"意义上的知识。我们已经看到，传道者在 1-6 章的探索如何事实上是被死亡意识所推动；对死

---

[32] Seow, pp. 274-5.

亡的焦虑促使他在 3-6 章里抛弃 1-2 章的自然化循环论时间观，而确立一种神治的循环论时间观以及基于这一时间观而来的神人分治时间之秩序。而传道者自己也在第 7 章的 1-12 节以智慧箴言的形式明白地概括说：智慧就在于思考死亡。我们前面也已经分析了，对死亡的焦虑，事实上是古埃及思想、古近东思想（《吉尔迦美什史诗》），以及《传道书》1-6 章共同有的。然而，在 7 章 26 节，传道者发现了，原来还有"比死还苦"的东西，就是人的罪和在神面前的弯曲。

传道者因着发现"比死还苦"的东西而引起新的生存论焦虑，这成为《传道书》的核心转折，这一转折也恰恰处在《传道书》文本前半段与后半段交错的中心部分。传道者在第 7 章达到的"比死还苦"的新的生存论焦虑，给了他新动力，得以在接下来的 8-10 章里突破 1-6 章的，以及古埃及、古近东的循环论时间观，达到一种新的时间观。

传道者在 7：26 的转折，建立在 7：19-24 的已有发现之上。传道者在 19-24 节里直面自己的个人内心实情，发现"无人为义、我非义者"、"无人为智、我非智者"。25-29 节乃是为了这两个发现探寻理由，而传道者给出的理由乃是：有"比死还苦的东西"，它就是 29 节所说的："神造人本是正直，但人寻出许多的巧计"。

在传道者看来，这一"比死还苦"的东西，使他在 3-6 章试图为人确立的对日光之下的时间的统治成为不可能，因为这一"比死还苦"的东西，就是"陷阱"、"网罗"、"锁链"，是俘虏（dkl，或译"攻取"、"捕获"等）人的；这里的用词在在地都恰恰是"统治"、"支配"的反面：因着这一"比死还苦"的东西，人成了被统治、被支配的。

第三节 第 8-10 章的时间观

我们接下来分析第 8-10 章的时间观。通读这几章的文本，我们会发现其中有着相当连贯的主题：王治、智慧与偶然性。而以下对 8-10 章之时间性的分析，将主要围绕这三个概念。

就这三章的文本结构而言，我们很难找出目前解经学者的一致性公论，所以，我们不得不还是主要依据《传道书》之全书思想脉络的逻辑发展，来划分这几章的文本结构。我们首先把第 8 章看作一个相对独立的单元，并且在这种划分上，得到了至少 Seow 和 Murphy 的支持。[33]接下来，我们会继续接受 Murphy 的划分，而把 9：1-12 看作一个相对独立的单元，而这一划分至少还可以得到 Bartholomew, Longman 的支持。[34]但在再接下来的文本划分里，我们目前还找不到和我们看法相同的学者。我们的主张是把 9：13-10：20 当作一个整体单元，认为这一段文本的显然主题是智慧与王治；这两个主题，在接下来的 11-12 章里都再没有出现，所以，我们认为在 10：20 和接下来的 11：1 之间，是显然应该做一划界的。相比之下，Murphy 和 Seow 的划分都没有体现 10：20 之前之后的文本就智慧与王治这两个主题而言的明显区分，他们都分别将 10：16-11：2（Murphy）和 10：16-11：6（Seow）看作相对独立的小单元；而 Fox, Longman 和 Bartholomoew 都在 10：20 和 11：1 之间做了一个划界。[35]

基于对 8-10 章的如上结构划分，我们下面的论述也就分成三个部分：a). 第 8 章，b). 9：1-12，c). 9：13-10：20. 总体而言，8-10 章的时间性是接续第 7 章的转折而来的，这一转折使得传道者在这里被义与罪的问题折磨，并由此发现作为偶然之瞬间的时间性，且又通过这一时间性来重新界定智慧。8-10 章关于时间性的核心论述是在其中的第二部分即 9：1-12，而此前的第一部分是预备，此后的第三部分是结果。8-10 章关于时间性而获得的相对于 1-6 章的突破，在于发现了当下的、瞬间的、偶然的时间向度，就是这一新的时间向度，使传道者在 11-12 章完成对循环论时间观的否定并建立线性时间观。

a). 第 8 章：任意的王治与神治

第 8 章的文本显然分为前后两个部分：1-9 节与 10-17 节。前一部分谈论王治，后一部分谈论神治。

Seow 和 Murphy 都把第 8 章看作相对独立的单元。在 Seow 看来，这一章的主题就是世界的任意性，它始于第 1 节的"谁是智慧人……谁能知道"，终于最后一节的"智慧人……查不出来"；而 Murphy 认为这一章的连贯主题就是威权。Seow 和 Murphy 都已经明确指出来，放在古近东背景里面，这一章谈论的王治与神治有着内在一致：神是王，而王常被看作是神，王和神都

---

33 Seow, pp. 276-95; Murphy, pp. 79-87.

34 Murphy, pp. 88-95; Longman, pp. 224-33; Bartholomew, pp. 296-311.

35 Murphy, pp. 104-7; Seow, pp. 328-46; Fox, pp. 308-15; Longman, pp. 25-8; Bartholomew, pp. 317-33.

是威权的来源。[36]Seow 和 Murphy 显然并不试图寻求这一章本身里面的，以及这一章文本相对于《传道书》全书而言所具有的思想上的逻辑进展；Murphy 事实上还为这一章加了一个"杂集"的标题，指出这一章虽然一直在谈论（神的或王的）威权，各个小单元之间却是散乱的。

我们下面的分析将致力于揭示这一章本身的两个部分之间的逻辑进展，以及它相对于此前的尤其是第 7 章的逻辑进展所在。

从《传道书》全书的脉络来看，从第 8 章开始起的一个显然转变，就是传道者从此站在了对王治保持距离的、批判的立场上。在 1-2 章里，传道者是自认为王的；在 3-6 章里，传道者对王治之下的社会不公现象，有着为王治所做的辩护（见于 5：8-9）；而传道者在 5：10-6：12 所列举的两个例子，为的是说明：人应当成为自己的王，应当有权柄来支配和统治（jlv）自己的财物。我们将在 8-10 章看到，这三章最核心的主题之一无疑就是王治：8：1-2 节一开始就论到了王治，10：20 又以对王治的论述，结束了全书对王治的论述；而这三章对王治不再是认同或者辩护的，而是警惕性的保持距离（8：1-9），乃至明显的批判（9：13-10：20）。我们自然要问：这种对王治的态度转变是如何来的？按照我们的分析，这种态度转变的基础，在于第 7 章。我们前面已经看到，传道者恰恰是在第 7 章看到自己乃至人是如何受制于"比死还苦"的罪性，而 7：26 对这一人格化的罪性（"妇人"）的描述，使用了统治的意象语言：人落入这一"妇人"的俘虏与网罗中而被统治。7：19-29 事实上使传道者已经放弃了人之自我为王的理想。由此，我们可以理解，为何传道者在 8-10 章里的叙述角色不再是自以为王的，而是受制于王的。

我们接下来就进入对 8：1-9 的文本分析。这段文本曾经在例如 Siegfried 所代表的对《传道书》所做的历史批判法解读里，被分解成出于多人编修。[37] 而 Scott C. Jones 已经很好地分析了这段文本的整体性与统一性，认为这段文本的一贯主题是无论智者之智慧或君王之权柄都有局限性。[38]立足 Jones 的这一分析，我们可以以将这一单元的文本至少分成两个更小单元，即论及智慧之

---

36 Seow, pp. 290-2; Murphy, pp. 81-7.

37 William A. Irwin, "Ecclesiastes 8: 2-9", in *Journal of Near Eastern Studies*, Vol. 4, No. 2 (Apr., 1945): 130-1.

38 Scott C. Jones, "Qohelet's Courtly Wisdom: Ecclesiastes 8:1-9", in *The Catholic Biblical Quarterly*, 68 (2006): 211-28.

局限性的 1-7 节，以及论及君王权力之局限性的 8-9 节。在这里，智慧的局限性是特定地针对王权的任意性而言的，由此突出王权之貌似的无限制，却只是为了在 8-9 节里解构王权，将我们引到 10-17 节的文本，可以说，整个的第 8 章在逻辑上是不仅连贯且一气呵成的。

第 1 节的"解释"（rvp）一词，在全本旧约里仅只出现于此处，而它又来自同词根的动词，且这一动词仅出现于《但以理书》中，特指对梦的解释；按照 Jones 的分析，这一词特指在近东王室里大臣之为君王解读梦与异象，而对未来之事作预言。然而，至少按照 Crenshaw 的分析，这里的"谁能知道"之提问其实是怀疑性的，其回答实际上是：无人知道。[39]换言之，无人可以通过对异象和梦的解读来预测未来。这样看来，第 1 节经文的意思其实是和第 7 节对应的：人不知道将来的事。第 2 节谈到了"遵守命令"，而 5-6 节也一样也谈到了"遵守命令"。由此看来，我们有理由猜测 1-7 节具有交叉对应结构，其中心就在 3-4 节。3-4 节的信息无疑是明确的：王有任意专断的权力，"凡事都随自己的心意而行"，以致，他只需藉着话语（rbd）就统治。

这看来把王的权力推到了极致。但大大超出我们意料的是，接下来的 8-9 节却华丽转身般的对王权的绝对性进行了解构。第 8 节说，"无人有权力掌管生命"、"无人有权力掌管死期"，这就否认了王有权力掌管生命和死期。放在王室政治经常性的发生生死攸关事件的背景里，这里的判断极不寻常；因为在现实的政治里，王常常处死人。这就提醒我们，一方面，有高于王的权力存在；另一方面，王自己也不能掌管自己的生死，而在现实的政治里，王也的确常常被人处死（参考《旧约》的王朝叙事《历代志》、《列王纪》）。

这样，第 8 节就指向了某种高于王的、可以掌管生与死的权力的存在，这一权力无疑就是上帝的权力，这也恰恰是接下来的 10-17 节讨论的内容。如果说，在 1-7 节里，智慧人不能预测王的任意性的话，那么，在 10-17 节里，智慧人更加无法预测神的心意。

8：10-17 显然分成两个部分：10-15 节与 16-17 节。在 10-15 节里，传道者叙述了神义论探讨的基本现象，即义人受苦而恶人得福。考虑到传道者在 7

---

39 James L. Crenshaw, "The Expression [dwy ym in the Hebrew Bible", in *Vetus Testamentum*, Vol. 36, Fasc. 3 (Jul., 1986): 274-88, p. 283.

章 20 节和 24 节已经说过，"时常行善而不犯罪的义人，世上实在没有"，"万事之理既深又远，谁能找到呢？"，则我们必须注意，第 7 章之后的义人恶人、智人愚人之区分也只是就一般的、常识性意义而言的，而不再是绝对的。第 10-13 节对义人恶人的命运讨论，无疑接承了 1-6 章的基本问题即死亡与长寿（恶人长寿、得好死，而义人死后被忘记），重大的分别在于，传道者的关注已经不再像 1-6 章一样集中在相对人的生而言的死亡问题本身，而是集中于不同的人之不同的死亡方式背后引发的公义问题。换言之，传道者在这里的关注所在，已经从死亡转向公义，而这种转变是基于第 7 章之发现"比死还苦"的罪性。

我们在接下来的 8：16-17 看到了一个焦虑者的形象。第 16-17 节里传道者叙述自己试图查看神之公义问题的奥秘而未得，以致"昼夜不睡觉，不合眼"。Seow 指出了，在近东的背景里面，失眠常常有宗教之激情投入的原因。[40]我们还不能说传道者在 16-17 节里的焦虑的最终指向乃是神义论问题。在本文看来，传道者在 8：10-9：3 里的焦虑并不是约伯式的针对上帝之公义本性，而是针对传道者的自我理解，换言之，传道者的焦虑在于他不能确信自己是否被上帝接纳。

7：26 与 9：7 的文本互读可以表明传道者的焦虑所在。7：26 谈到了，蒙神喜悦的人可以躲避"比死还苦"之罪性的网罗，而实际上，无人是躲避了罪性的；换言之，看来是无人蒙神喜悦的，这恰成为传道者的焦虑之起始；而 9：7 节里面，传道者已经这样断言："神已经悦纳你的作为"，这似乎可以理解为传道者的上述焦虑的结束——显然地，在这两节经文之间，已经发生了思想的转变，而我们就应当从这一思想的转变里，来理解这之间的文本。

在本文看来，在 7：26-9：7 之所以大段地论述义人恶人之命运应当有所区分而事实上却看不出什么区分，乃是出于一种认识论的关切：如此谁能根据一种外在的客观标准知道自己是义者还是恶者？换言之，人如何可能依靠"善得赏恶得罚"的准则，来判断自己是否被神悦纳？8：14 节里，义人得恶报而恶人得福报，同样也不是必然的规律，而只是"有"（vy）其事例而已。换言之，人实际上在这里找不到什么规律性：并非行义就必然得福，但也并非行义就必然受苦，而是行义行恶和人得福祸之间，建立不起什么必然联系。

---

40 Seow, p. 289.

这就是说，人的祸福之承受，乃是偶然的，既不是可以依靠自己的智慧或义行，也不是反过来可以依靠自己的恶行或愚昧，就可以掌握控制的。这就是8：10-9：3里传道者的认识论与生存论焦虑：偶然性。

在此，我们要思考第 8 章前后两个部分的关系所可能对上述问题带来的启发。前半部分（8：1-9）主题是：人无法以智慧来控制王的心意，而后半部分（8：10-17）的主题是：人无法以义行来控制神的心意。由于前半部分的核心信息就是王权的任意性，那么，在这一文本背景里，我们显然可以这么理解传道者的焦虑：神的心意也是任意的，这样，谁能有把握说自己是神喜悦的呢？

这一焦虑在第 8 章的结束部分，让传道者几乎精神崩溃。传道者对神之心意如专断王权一般不可琢磨之任意性的焦虑，在第 9 章得到了解决，并由此确立了一种不同于循环论时间观的新时间性。

b). 生命的礼赞、瞬间的时间性之确立（9：1-12）

A. G. Wright 提出，第 9-10 章有一个中心主题，就是未来之不可预测。[41]H. L. Ginsburg 更认为，第 7-10 章的主题是未来之不可预测。[42]这两位学者都已经注意到，《传道书》的后半部分论及将来之不可测这一问题，而这一问题当然是时间性的问题。本文将通过分析指出来，《传道书》里关于将来的时间性的论述之所以恰恰出现在后半部分，乃是因为只是在该书的后半部分，才有对王治与神治的任意性的论述，而这种任意性和将来的时间性有内在关联。

Ogden 反对 Wright 和 Ginsburg 的主张，认为《传道书》在前半部分例如1：17，2：21，3：11 和 4：8 里已经暗含了关于将来的时间性的论述。[43]然而，Ogden 没有看到，《传道书》前半部分提到的"将来"和后半部分提到的"将来"有根本的区别，这就是：前半部分提到的"将来"指的总是个体之死亡之外的将来，而这种将来是不能成为个体的主体性意识里的内容的，与

---

41 A. G. Wright, "The Riddle of Sphinx: The Structure of the Book of Qoheleth", p. 325.

42 H. L. Ginsburg, "The Structure and Contents of the Book of Koheleth", in *Wisdom in Israel and in the Ancient Near East* (edited by M. Noth and D. Winton Thomas, Leiden: Brill, 1955), pp. 138-149.

43 Graham S. Ogden, "Qoheleth 9.17-10.20: Variations on the Theme of Wisdom's Strength and Vulnerability", in *Vetus Testamentum*, Vol. 30, Fasc. 1 (Jan., 1980): 27-37, p. 28.

这种"将来"相对应的是个体的整体一生；而后半部分的"将来"指的总是个体之活着的日子里与当下性的现在之瞬间相对应而言的将来。

造成这两种将来观念的不同所在，乃是《传道书》前后两部分有着不同的"现在"观念：在前半部分，"现在"实际上就指人活着的日子的一生之整体，以致，与此相应的"将来"就是指人死之后的那些他的个体主观意识其实是无法经历的日子；而在后半部分，"现在"指的是人活着的一生里的某一个瞬间性的、当下性的时刻，与此相应的"将来"指的就是这个瞬间性之后的某个同样可以被主体性意识经验到的另一个瞬间时刻。这里的问题重要之处在于那瞬间性的时间性之建立，而这恰恰是在9：1-12里实现的；我们将看到，这种瞬间性的时间性之建立，乃是以神格化的任意性为基础。

9：1-12对本文之描画《传道书》关乎时间性的文本与逻辑统一这一命题有着核心重要性。事实上，《传道书》之所以能够突破1-6章的循环论时间观（1-2章的自然化的循环论与3-6章的神格化的循环论），其直接的突破就是9：1-12里瞬间性的时间性之建立。有鉴于此，我们在结束对9：1-12的时间性的文本分析后，将以Levinas关于时间的一些阐述，来对这种瞬间性的时间性做一简要的哲学说明，以使这一概念更为清楚。

在9：1-12里面，瞬间性的时间性之确立，乃是在最后两节经文即11-12节里，而此前的1-10节都可以说是朝着这一瞬间性的时间性之确立而进行的逐步推进；由着这种文本的脉络和逻辑，我们将这一单元的文本分成四个段落：1-3节，4-6节，7-10节，11-12节。

1-2节实际上接承了8：10-17对神治之任意性的论述，这里的论述完全以第7章所确立的对"比死还苦"的罪性的敏感为基础。传道者恰恰看到，虽然义人-智慧人-好人-洁净人-献祭人，和与此相对的恶人-愚昧人-不洁净人-不献祭人，从公义的角度而言的话，应当有着善得福、恶被惩的区别，但实际上，他们"遭遇一样的事"。

第3节经文显然可以和8：11互文对照地来解读。这两节经文都有共同的用语即"世人的心满了"（8：11，~dah-ynb bl alm；9：3，alm ~dah-ynb bl），而Seow已经很好地分析了，这一用语在《旧约》里最接近用法就在《以斯帖记》7：5，"胆敢如此"；换言之，"心满了"的意思就是斗胆、壮胆。

[44]这样的话，9：3 的"心里狂妄"其意思和"心满了"是一样的，指着人之行恶大胆已经到了疯狂失去理智的程度。第 3 节经文的整体意思似乎是：日光下有一件祸患，那就是众人无论善恶都遭遇一样，人都疯狂胆大地行恶活着，又以死结尾。

第 3 节经文无疑对人的在世生活极其悲观。但恰恰在这一节里有思想的转机。这一节提到人的遭遇一样，而这正是神治不同于人治的地方：传道者在 1-6 章是以王的身份说话，他关于王的观念，使他事实上错误地理解了神治的"应然"。王治里发生的事情常常是因为王的喜好而导致人的命运分别，但神治却可以超出人的善恶分别，而首先赋予人一种普遍性的恩赐。这一节接着提到生命和死亡，而这恰恰是接下来的 4-6 节讨论的问题。

4-6 节最好和 4：1-3 以及 6：3-6 互文对照起来阅读。4：1-3 因为世间的欺压现象存在，而发出生不如死的感叹；6：3-6 节谈到，倘若人不能支配统治自己的财物而享受之的话，那么，即便活千年、再活千年，都没有什么益处。然而，在 9：3-6 节里，传道者显然已经达到了这样的认识：活着本身就是善，而无待什么其它条件。在这里传道者明确说："活着的狗比死了的狮子更强"。

这种和死亡区别的生命本身，超越了人之善恶差别。换言之，神将生命作为馈赠无差别地赐予人，正是神治不同于王治的根本所在：神治有王治达不到的普遍性和基本性。就是这种神治的无条件、无差别之生命本身的馈赠所具有的普遍性和基本性，使传道者在 9：7-10 的享乐劝言具有此前的所有享乐劝言所不具有的庄严与欢快。传道者事实上在 2：26，6：2 等处，都从差别的角度来看待神的恩赐：蒙神喜悦的人就得恩赐。而在这里，传道者说：神已经悦纳了你的行为。这里的理由是足够简单的：因为你活着。接承 4-6 节的思想，人活着，就已经是最大的福分了，所以，对每一个活人，都可以这么说：神已经悦纳了你的行为。传道者在 7-10 节里的"享乐劝言"可以说是对生命的礼赞：活着就意味着欢喜，吃饭喝酒，衣服洁白，头上抹油，和妻度日，并且劳作、谋算。

传道者是从这种生命已经被神接纳的感恩角度，在 11-12 节里接纳人的偶然性：现在，偶然性不再成为他的焦虑，他的生命因为已经被接纳而可以直面这种偶然性了。9 章 11-12 节事实上成为全书里就时间性而言的基本突破：

---

44 Seow, p. 287.

传道者就是在这里摆脱了他在 1-6 章里一直持有的循环论时间观。

我们对 11-12 节的时间观的分析将围绕这两节经文里的两个词展开。一是第 11 节里的"机会"（[gp）。第 11 节说到："时间与机会临到所有人"（和合本中译为："所临到众人的，是在乎当时的机会"）。[gp 所出自的同词根动词的意义是"击打"、"相遇"，它暗示了一个行为者和动作者；换言之，"机会"就是与他者的相遇甚至受他者的击打；放在第 9 章的上下文里，这个他者只能指上帝。另一个词就是第 12 节里的"瞬间"（~atp，和合本中译为"忽然"），它的字面义就是"一眨眼"；Thorleif Boman 已经指出，这个字在希伯来文里，用来表达那最小单位的时间。[45]

这种由着作为上帝的他者而来的瞬间的时间性，对循环论的时间观来说无论如何都是新东西。首先，瞬间这个概念是《传道书》里第一次提出、第一次达到。我们可以看到这样一个从永恒到此生再到当下性瞬间的，越来越具体的逻辑性进展过程——在 1：1-11 的自然化循环论里，这种循环似乎是可以一直持续到永恒，而在 1：12-2：26 的王室自传里，传道者也是渴望个体性的永恒；到了 3-6 章，传道者关注的乃是作为人之在世的整体一生；而现在，在 9：11-12 里，传道者论到了那只能是在瞬间发生的、当下性的作为一个时间点的时刻。其次，这样一个瞬间，它来自和上帝的相遇甚至被击打，按照本文第一章第一节的分析，正是道地的垂直性的神之介入的时间观念：上帝介入到每一个具体的时刻点。

瞬间性的时间性的重要之处在于，唯有从当下性的瞬间出发，我们才可能建立起主观的个体意识可以感知到的过去与未来。就此而言，虽然《传道书》里完全的线性时间观念之确立是在第 11 章的 5-10 节；但在此处，决定性的奠基和突破已经完成。作为对比，我们现在可以指出这一点：如果时间的基本思考范畴是永恒的话，那么，我们将无从谈论过去、现在与将来；而如果时间的基本思考范畴是作为整体的人的一生的话，那么，我们也仍然无法谈论过去、现在和将来，因为，相对于人的一生而言的过去也即人之出生，以及与此相对的将来即人之死亡甚至死后，都无法成为这个当下性的个体的经历性的主观意识里的内容。

如果说，这里的瞬间性的时间性是那主观性意识里的时间性，那么，很显然地，这种时间性只能是处在在世活着的日子里面；这样的话，我们就不

---

45 Thorleif Boman, *Hebrew Thought Compared with Greek*, pp. 136-7.

能将 9：12 里的突然临到的祸患解读为死亡。我们的这一解读本身有文本的支持。Ogden 将 9：11-12 解读为指着死亡事件之在时间上的不可预测。[46]但在本文看来，这种解读得不到上下文的支持。首先，9：11 里的"能赢"、"得胜"、"得粮食"、"得资财"、"得喜悦"显然不是指死亡，而只能是指人还活着在世的时间里所发生的事件；其次，9：12 论到祸患时以"网"（hdwcm）、"罗"来形容，而这里的"网"一词，在接下来的 9：14 节里被用来形容大君王之围攻小城时建筑的营垒（~yldg ~ydwcm，"大网"），而这一小城最后因着其中的智慧人得到解救；这样的话，放在 9：14 的背景里面，9：12 的"网"并不是指那不可能得到解救的死亡，而是指人在世的活着的日子里常常要遭遇的挫折或者失败。总结起来，9：11-14 的文本支持我们的这一看法：3-6 章里的传道者是被死亡问题的焦虑所抓住而探索，而自第 7 章发现了"比死还苦"的东西后，他在 8-10 章里对时间性的关注已经从死亡-永恒这种整体的时间性，转向了在世活着的日子中的（从而也是可以被个人性的主体意识所把握到的）作为瞬间存在的具体的时间性。

接下来，我们将主要通过 Levinas 关于他者与时间之关系的阐述，来对以上论到的 9：11-12 里的瞬间的时间性做一简短的哲学说明。

9：12 之得到瞬间的时间性，是通过对祸患的观察：祸患的临到就是在瞬间。这里显然并不是强调祸患之发生如何在时间的量度上是短暂的，而是强调祸患之发生超出人的预测与控制；换言之，瞬间的时间性的本质在于其偶然性，即不可被人预知控制。在 9：11，时间和"机遇"是并称的，这里的"机会"，如以上所分析的，来自动词"击打"而表明有一个使人受击打的施动者，这一施动者在《传道书》的文本背景里只能是指神。总结起来，9：11-12 的瞬间的时间性指的就是作为他者的上帝在人不可预知、不可控制的事件中突然临到。

就这一意义上的时间性而言，我们所能发现的最接近于 9：11-12 的时间性的哲学性的时间观念来自 Levinas。Levinas 同样强调了时间与不可预测、不可控制之间的关系：

> "未来就是那无论如何不可被把握的东西。未来的外在性全然
> 不同于空间的外来性，这一点恰是藉由这一事实：未来是绝对地超

46 Graham S. Ogden, "Qoheleth 9:1-16", in *Vetus Testamentum*, Vol. 32, Fasc. 2 (Apr., 1982): 158-69, pp. 164-5.

乎意料的。对未来作预测、作规划，这在从伯格森到萨特的所有理论那里都被奉为时间之本质，但它只是未来的呈现，而不是未来的本真；未来是那不被把握的东西，是临到我们、抓住我们的东西。他者就是未来。和他者的关系就是和未来的关系。在我看来，只在一个主体里面，更不用说在一个纯然只是个人性的绵延里面，是无法谈论时间的。"[47]

"未来绝对地是他者，是新的。我们只有这样，才能理解到时间的本性，理解到在当下里面绝对无法找到未来的对应物，理解到没有什么可以控制未来。"[48]

"如果一个人可以拥有、把握、了解他者，他者就不再是他者了。拥有、把握、了解是权力的同义词。"[49]

Levinas 并未使用"偶然性"、"瞬间"这些语言来阐述时间，但他关于未来之不可控制、不可把捉的论述，可以帮助我们理解为什么 9：11-12 所谈的事件之发生的突然不可预测、不可把握，是关于时间性的本质谈论。

c). 新智慧：偶然与秩序（9：13-10：20）

这段文本贯穿的主题是智慧与王治。我们将看到，这里对智慧与王治的论述，已经不同于此前。这段文本包括了第 9 章的最后几节经文以及整个第 10 章，这其中的第 10 章之难解是著名的。Murphy 指出，第 10 章和第 7 章的解经挑战之处，都在于如何关联其中看似零散杂凑的经文。[50]Seow 和 Murphy 都把第 10 章以第 16 节为界分开，又把第 10 章 16 节以下的文本和第 11 章的前面几节经文连在一起作为一个单元（Seow，9：11-10：15 和 10：16-11：6；Murphy，9：13-10：15 和 10：16-11：2）。第 10 章的第 16 节之前之后的文本的确有着看来显然的意义分界，但本文的分析将表明，10：16 之前之后的文本实际上有着意义上的内在关联，以致，10：18-19 如果脱离了 10：8-10 的背景，就很难得到完整理解。

通读 9：13-10：20，我们会震惊地发现它和 1：12-2：26 有这样的显然不同——在后者的王室自传里，王就是智慧的拥有者，以致智者和王者是一体

---

47 Emanuel Levinas, *Time and the Other*, translated by Richard A. Cohen (Pittsburg: Duquesne University Press, 1987), pp. 76-7.
48 Ibid, p. 80.
49 Ibid, p. 90.
50 Murphy, p. 62.

的，但 9：13-10：20 里智慧和王治之所以一起成为两个贯穿性的主题，却是因为：王治处处显为智慧的反面，以致智慧往往是针对愚昧的王治。单单是这一点的不同，已经可以提示我们，《传道书》如何从其出发之处在思想上有了推进。

王治和智慧的对立，事实上正是这一单元的第一个小节即 9：13-18 的内容。这里讲到一个有智慧的贫穷人如何以智慧胜过围攻小城的大君王，之后有这样的结论："安静中所听的智慧人言语，胜过统治者在愚昧人中的喊叫"（中文和合本译为："宁可在安静之中听智慧人的言语，不听掌管愚昧人的喊声"），这里显然将智慧人与君王对立起来。Z. Weisman 已经注意到 9：13-16 与 4：13-16 的类似之处，[51]但我们需要看到的是，这两处文本有着这一文句微妙而意义显著的不同：4：13-16 里的智慧人虽然最终做了王，但最终仍被众人遗弃，由此显明了智慧的虚空；相反，9：13-16 里的智慧人不是王，而是面对王、战胜王的，并且在这里智慧虽然有脆弱之处而受制于"罪人"的败坏，却不被归于虚空。

10：1-7 继续描述智慧人与王治的对立，在这里，对王治的攻击达到了高潮。10：5 说："我见日光下有一件祸患，似乎是从统治者的面前出来的迷失"。这里的名词"迷失"（hggv，和合本中译为"错误"），常常被译为"错误"、"差错"，所出自的同词根动词为 ggv，其字面义为"走偏"、"偏离"，由此可以引申出"犯罪"之义；这就实际上使我们可以将这里的"统治者"与 9：18 里败坏了许多善事包括智慧的"罪人"、10：3 里"行路显出无知"的"愚昧人"，以及 10：15 的"连进城的路也不知道"的"愚昧人"相关联起来理解。10：5 节是《传道书》里第一次明确地说到统治者乃是错误，而此前的 8：1-9 虽然谈到了统治者（王）的专断任意，却未直斥其为错误；更要紧的是，这里所斥责的错误，恰恰关乎王治的本质即统治秩序，这就实际上在根本地否认王治。5：9 辩护王治在实际的功效上服务了一切人，而在这里，王治被斥责为祸害了一切人。

我们接下来看第 8-15 节的文本。虽然有学者如 Koch 建议将第 8-9 节解释为多行不义必受报，但多数学者如 Murphy，Seow，Bartholomew 还是从日常行为要遭遇的偶然性危险来理解这两节经文。[52]经文的细读可以显明，8-9

---

51 Z. Weisman, "Elements of Political Satire in Koheleth 4,13-16; 9,13-16".
52 Murphy, pp. 101-2; Seow, pp. 316-7; Bartholomew, pp. 323-4.

节恰恰与 10-11 节有字面联系。第 9 节谈到"凿开石头"、"分开木头",这需要用到铁器;第 10 节被译为"铁器"的 lzrb 字源上就指着刺穿、切砍,而这一节是以铁刃需要磨快的类比来谈智慧能给人成功的益处。第 8 节谈到被蛇咬的可能性,而第 11 节又谈到念咒可以防止蛇咬,并且念咒者在这里被修辞性地说成是"舌头的主人"。但紧接着这一处字面上的"舌头"一词,就在 12 节谈到"智慧人口中的言语"、"愚昧人的嘴"之间的对比,并接着在第 13 节、14 节继续从言语方面来描述一个愚昧人的形象。总结起来,8-15 节似乎可以概括为:在危险的世界里,智慧可以使人因话语受益。

我们接下来就要分析第 10 章的最后几节经文即 16-20 节。这几节经文极为重要;只是因着对这几节经文的分析,我们才能理解整个的 9:13-10:20 的文本脉络所在。我们首先要指出,现有学者的分析几乎都没有看到这五节经文之间的内在逻辑联系,甚至是对《传道书》之语言具有杰出分析的希伯来语专家 Seow 也错失了这几节经文通过词根就可以达到的内在的逻辑统一与语言美。许多解经者对这几节经文的典型态度是如 Robert Gordis 那样干脆地认为,10:2 到 11:6 作为一个单元而言"缺乏逻辑性组织",[53] R. B. Salters 在对 10:19 这一节经文所做的专门研究中,得出的结论竟然是:这节经文所处的上下文并没有单一主题,它只出现于此处并非因为和上下文有什么关系,其内容是食物、酒是无聊中的消遣,为此钱是不可少的。[54]

第 16-17 节首先从时间性的角度谈到邦国首领的错误:他们不知道吃喝的时间。第 18 节谈到懒惰使房屋(tyb)破败,然而,tyb 同样也指着王宫、圣殿、家室、王朝。例如,在大卫应许之约的叙事里,住在王宫(tyb,撒下 7:1)里的大卫试图为耶和华建立圣殿(tyb,撒下 7:5),最终的结果却是耶和华应许要为大卫建立永远的家室(tyb,撒下 7:11),也就是要让大卫之家永远执掌以色列王权。所以,第 18 节的房屋破败,字面上正对应着第 16-17 节里"邦国有祸"的国家败亡。更妙的是,第 18 节房屋的"滴漏"(@ld)同样有"哭泣"之意(例如《约伯记》16 章 20 节:"我的眼向神哭泣"),这就不难理解,为什么第 19 节要谈食物和酒原本是为了"喜笑"和"快活"——这两者摆在一起是很明显的:第 16 节的败家之王摆设宴席原本是想要喜笑和快活,但终究只会招来哭泣,因为房屋、家室将倾败;换言之,败

53 R. Gordis, p. 317.
54 Robert B. Salters, "Text and Exegesis in Koh 10.19", in *Zeitschrift für die alttestamentliche Wissenschaft*, 89: 3 (1977): 423-6, p. 423.

家之王做的事情是自我矛盾的。这里既有文学修辞，也有逻辑论证。这一段无论如何都是智慧文学的妙笔。

我们以上只是分析地欣赏到了第 16-19 节文本自身在逻辑上的严整统一以及文学上的优美而已；但我们还可以进一步地发现 16-19 节如何具有与 8-15 节的内在关联：第 9 节的"挪移石头"、"劈开木头"其实都可以理解为建造房屋的行动，从而与 16-19 节互联起来。

更具启发性的，是这里的第 18 节可以让我们看到 9：13-10：20 对于智慧之功用的定义，看到这一段文本对于《传道书》在 9：1-12 里所确立的基于偶然性而来的瞬间时间性的意义所在。我们在前面已经分析了第 18 节的房屋（tyb）一词；而这一节里另外一个用来和房屋对应的词，乃是房梁（hrqmh）。这个词在整本希伯来正典中仅此出现一次，而它的字根却是在《传道书》中出现多次的 hrq（"相遇"、"遭遇"、"临到"、"发生"），是指着偶然性的或者不可预测、不可掌控的事件之发生，例如上述 9 章 11 节"时候和机会临到所有人"之中的"临到"，又如 9 章 2 节"众人所遭遇的一样"之中的"遭遇"。房梁本身无疑有着秩序与结构，但它的建构乃是藉着原本互不相连的诸多横木的"相遇"，就是这种对个别性横木而言貌似偶然的与其它横木的相遇，造就了"房梁"，从而造就了房屋；而房屋在古埃及-近东以及希伯来的背景里面，原本就有着建筑空间、家庭、国家、圣殿乃至宇宙的多重秩序与结构的意义。《箴言》9：1 里的智慧就是以房屋建造者的形象出现，而 Van Leeuwen 正是通过房屋之建筑来理解《创世记》第一章。[55]

这样的话，《传道书》10 章 18 节藉着"房梁"（hrqmh）这一用字，就立即在表面的偶然性机遇（hrq）与作为秩序与结构之象征的房屋之房梁（hrqmh）之间，建立了内在关联。这种关联，对于我们艰苦地探索 9：13-10：20 对《传道书》之整体结构的意义而言，简直可以说有着救赎的意义。我们藉着这一关联现在可以很清楚的认识到 9：13-10：20 与此前的两节论述偶然性的经文即 9：11-12 之间的关系：传道者意图在这里指明，智慧就在于从偶然性里建立秩序。我们现在可以理解到，为何传道者在 9：1-12 一旦建立了作为偶然性之机遇的瞬间的时间性之后，却要转而在 9：13-10：20 里展开一段关于智慧的论述：传道者有必要在一种新的时间性上来建立一种新智慧。9：

---

55 Raymond C. Van Leeuwen, "Cosmos, Temple, House: Building and Wisdom in Mesopotamia and Israel", in *Wisdom Literature in Mesopotamia and Israel*, edited by Richard J. Clifford (Atlanta: SBL, 2007), pp. 67-90.

13-10：20 的智慧与第 1-6 章里的智慧的不同之处，就在于这里的智慧已经不再是着眼于永恒和死亡而对人的整体性一生所做的思辨性权衡，而毋宁关注如何在当下性的具有偶然性的瞬间里建立由着偶然性之彼此咬合相遇而构筑的秩序。

但这样一种秩序，这样一种"房梁"，是可以由人建筑的吗？9：13-10：20 之恰恰以王为智慧的敌对，本身就是不祥之兆。无论如何，在近东传统里面，秩序之建立的担负者乃是王。10：5 对于王的错误的直接指责，已经表明王事实上不能建立秩序；10：18 里，"房梁"是因着王的懒惰而坍塌，"房屋"是因着王的手懒而滴漏；10：16-19 的王不知道吃喝的恰当时间，也不可能知道万事的恰当时间，不可能在这种其实是超出了人之洞见的偶然性的、瞬间的时间性中建立秩序。9：13-10：19 的智慧描画了理想，但找不到可以实现之的王。

这就意味着传道者必须在他的思想中继续前行，而这就把我们带到了第 10 章的最后一节经文即 10：20。这节经文是整本《传道书》里最后一次论到王。这节经文谈到了王的能力：人在最隐藏私密的卧室里说的话，也会被王知晓。这节经文无疑有古近东王室政治争斗的背景，指着在王室的明争暗斗中，王所插设的眼目无处不在。就第 10 章自身的逻辑而言，这一节经文并不是像 Murphy 所说的那样，是和此前的第 19、18、16-17 节彼此地相互独立的。[56]我们此前的论述，已经足够清楚地表明 9：13-10：19 节是一个整体单元，并且一直在论述王的迷失与错误所在；这样，10：20 节首先就至少可以被理解为是一个智者反思自己对王的批评态度，而提出的对自己也是对他人的劝告。

但事情并不止于此。10：20 在对王的权力做了最大可能的承认的同时，也恰恰在解构王的权力。这一节以古近东智慧传统的"飞鸟传言"来形容言语如何会传到王那里。但这里在说"飞鸟"时，却使用了这样一个修饰性短语："天上的飞鸟"。联系到 5：2 说的"神在天上，你在地上"，则这里的意义之可能性的指向，就恰是对王权的解构：人对王权的恐惧来自王权可能是无所不知、无所不在的，但实际上有高于王权而真正地无所不知、无所不在的存在，就是上帝。当我们这样来理解这节经文的时候，就可以理解为何这是《传道书》里最后一次论到王治，而紧接着这节经文的第 11-12 章的论述中心，无疑乃是上帝。由此，10：20 也就成为 9：13-10：19 之被导向第 11-12 章的转折所在。

---

56 Murphy, p. 106.

第五章 《传道书》第 11-12 章的时间观

我们已经看到，在 3-10 章里，传道者如何试图回应由 1-2 章的自然化时间观引起的问题。在 3-6 章，传道者试图通过神人分治时间的"美的"秩序，来消解死亡问题，确立人对在世活着的日子的统治；接着，他在第 7 章里进行了自我反思，发现了"比死还苦"的东西，发现自我实际上不具有统治自己的时间性的智慧与力量；在 8-10 章里面，传道者对人之不能把握、不能控制在世活着的日子里的时间的探索（——这一探索是藉着反思由王治体现出来的任意性进行的），使他的时间观有了对于循环论时间观的决定性突破，这一突破就是瞬间的时间性之被发现。在接下来的 11-12 章里，我们将看到传道者的瞬间的时间性如何被发展成为一种对于个体的主体性自我主观意识而言的线性时间观，并看到，这一首先是在个体之主体性意识里的线性时间观，如何要求着（虽然是还未达成）一种具有宇宙论维度的、终末论意义的线性时间观。

虽然许多学者都主张在 11：1-6 与 11：7-12：8 之间分界，但至少 Fredricks 是反对这种分界，而主张 11：1-12：8 是一个统一单元。[1]Fredricks 的理由主要有两点。他首先发现，11：1-6 与 12：1-8 有着大量同样的自然性意象，例如雨（11：3，12：2）、云（11：3，4；12：2）、树（11：3，12：5）、农作劳动（11：4，6；12：3，4）等；他又发现了，11：3-12：2 具有以 11：9b（"神必审问你"）为中心的交叉对应结构；由以上两点出发，他主张 11：1-12：8 具有文学统一性。本文同样支持 11：1-12：8 的统一性，但理由却和 Fredricks

---

1 Daniel C. Fredricks, "Life's Storms and Structural Unity in Qoheleth 11.1-12.8", in *Journal for the Study of the Old Testament*, 52 (1991): 95-114.

不同且更简单明了，这就是：11：1-12：8 按照时间性顺序谈到人的一生——11：5 谈到人的出生，11：9 谈到人的年少之时，12：1-4 谈到人的老年，12：5-7 谈到人的死亡。最初略的文本阅读就可以让我们看到，11：1-12：8 是《传道书》里最为集中、明显、直接地论述时间性的文本单元之一。

本文反对在 11：1-6 与 11：7-12：8 之间分界，这就意味着，本文反对将 11：7-10 划入 11：7-12：8 的单元，而主张将其划入整个的第 11 章里面。这个关乎 11：7-10 这四节经文之归属的问题，实际上涉及我们如何看待第 11 章与 12：1-8 在时间性上的基本差别。我们将看到，整个的第 11 章即 11：1-10 都在论述人在世的、活着的日子的时间性，而 12：1-8 的时间性已经有了对人之死后再生的可能性的具有终末性意义的探讨。由这一时间性上的基本差别出发，本文将把 11：7-10 划入第 11 章的整体单元，而不是像大多数学者那样，将其归入 11：7-12：8 的整体单元。

我们的分析将表明，第 11 章的两个段落即 1-6 节和 7-10 节实际上可以对应 1-2 章的两个段落（1：1-11 和 1：12-2：26），而看成对 1-2 章的循环论时间观之困惑的回答。第 12 章的文本同样可以分成两个段落，1-8 节是对一种终末论意义上的线性时间观的可能性的探索，而 9-14 节属于全书里面和 1：1 相对应的"框架"部分。

这样的话，本章就将分成两个小节，分别讨论第 11 章和第 12 章的时间观。

第一节　第 11 章的时间观

第 11 章只有十节经文，在整个《传道书》里是篇幅最短的，但它却是该书时间观思想的最高峰所在。第 11 章在许多方面都和第 1-2 章形成对比，就是这一对比的显然性质，让我们在整个的对第 3-10 章的文本研究里，有了一个探索的指引，而发现到《传道书》的文本是如何具有文本与逻辑统一的特点：随着文本的开展，传道者关乎时间观的思想也在进行着逻辑推进，以致他最终在文本与思想的结尾处即第 11-12 章里，抛弃了自己原先在文本与思想的开始处即第 1-2 章里的循环论的时间观。我们下面就来详细地分析第 11 章与第 1-2 章对比性的不同所在。

当我们要分析第 11 章的文本时，就会首先发现学者们对这一章的文本结构划分就是意见纷纭的。Seow 把这一章的前六节和 10：16-20 放在一起作为一个单元，又把这一章的 7-10 节和 12：1-8 放在一起；Murphy 把 11：1-2 和 10：16-20 放在一起，把 11：3-6 作为一个独立单元，又把 11：7-12：8 作为一个单元；Bartholomew 把这一章里的前六节作为一个独立单元，又把 11：7-12：8 作为一个独立单元。[2]但以上几位学者至少都同意在 11：6 与 11：7 之间做一分界，并且把 11：7-12：8 看作一个单元；本文顺从大多数学者的意见，同意在 11：6 与 11：7 之间做一分界，但同时，将特别从时间性的角度，来说明 11：1-6 与 11：7-10 的整体性和统一所在。

a). 神造就人的时间性（11：1-6）

第 11 章的文本显然可以分为 1-6 节与 7-10 节两个部分。虽然这两个部分都在讨论人在世的、活着的时间性，但它们的重点是不一样的。11：1-6 节接续了第 7-10 章对于未来的不可预测、不可把握的偶然性质的讨论，引出了一种针对当下性而言的未来性的"日久"的时间观念；7-10 节则是在 1-6 节的基础上所做的"享乐劝言"。

从《传道书》全书的思想脉络来看，11：1-6 可以说达到了该书对时间性思考的最高峰。当我们要分析 11：1-6 的文本的时候，首先就发现到，1-2 节与 3-6 节有各自的相对独立性，而 Murphy 就主张将 11：1-2 与 11：3-6 分并划入不同单元。但就是在 Murphy 的解读那里，我们也已经可以找到重要的线索来看到这两个小单元的统一所在。Murphy 已经指出来，11：6 的末尾说的是：你不知道何时会有好事情发生，而 11：2 的末尾说的是：你不知道何时会有坏事情发生。这样的话，Murphy 事实上已给了我们一条线索来理解 11：1-2 与 11：3-6 之间的区别与统一：整个的单元即 11：1-6 说的都是人不知道何时会有什么事情发生，其中 1-2 节说的是"祸患"，3-6 节说的是"发旺"。但从时间性的角度，我们可以对 1-2 节与 3-6 节之间的统一性得到一个更本质的理解，这就是：3-6 节为 1-2 节的时间性观念给出了神学理由。

我们首先来看 11：1-2。Seow 已经详细分析了对于 11：1-2 可能有的至少两种解释：一种解释将其理解为商业性的投资冒险；一种解释将其理解为由着冒险精神而来的、不考虑回报的慈善行为。[3]Murphy 和 Bartholomew 都支持

---

2 Seow, pp. 328-46; Murphy, pp. 104-113; Bartholomew, pp. 334-8.

3 Seow, pp. 342-3.

前一种解释，而 Seow 为后一种解释辩护。Seow 将自己的解读建立在古埃及-近东文学传统的背景上，并且指出这种解读实际上也是犹太-基督教的传统解读。本文认同 Seow 的辩护。

11：1-2 虽然只有两节经文，却提出了重要的时间性概念即"日久"（~ymyh brb，字面义为"日子多了"，中文和合本译为"日久"）。"日久"的重要性在于，它既不像传道者在其思想历险的开始时就要求可以看到和听到的直接性因果连接，也不像启示主义所主张的那样，认为善恶惩罚是被推到了末日降临甚至彼世。"日久"的时间性面向的是对于当下性时间而言的未来。11：2 说"你不知道将来有什么灾祸"，而这种将来既是人"不知道"的，也是有可能发生"灾祸"的，换言之，这里的未来充满了不可预知、不可掌握的因素。"日久"的智慧在于既有"日"也有"久"：它既立足此世的、日光下的时间性（"日"），又在这种时间性里引入希望的、冒险的、未来的维度（"久"），从而相信：即便明日的偶然性和机遇超出人之理性把握与控制，只要运用智慧并且劳作，就会"日久必能得着"。这种"日久"的忍耐智慧，因着其引入的未来性的、冒险与盼望的维度，而实际上成为信仰——它一方面肯定偶然性和机遇的现实存在，另一方面却肯定："日久"而言，公义会得到伸张。

在本文看来，这种"日久"的时间性之所以可能在第 11 章里提出来，乃是因着在 9：11-12 发现了瞬间的时间性。瞬间的时间性的重要之处在于，它是人在世活着的日子里的某一个具体的时刻点；只是由着这种在世的具体的某一点的时间出发，我们才能谈论在世日子里的未来和"日久"，否则的话，关于未来的时间性的谈论，都只能是针对整体性的在世日子而言的死亡以及来世，就如 1-6 章对未来的谈论一般。

和这种"日久"的时间性一起在这里被提出来的，是向着他者开放的概念。我们已经在对 3-6 章的时间观的分析里看到，在那里，传道者因着意图确立自己对时间的统治，而采取了对他者的封闭态度，这一方面表现在和绝对的、无限的他者即上帝划分时间性的疆域，也表现在对有限的他者即人而言的封闭：人之掌握自己的在世时间恰在于，确保自己的"份"（qlh）不被"外人"使用而由自己统治。然而，在 11：2 传道者却说：要将你的"份"（qlh）分给七人、八人。我们已经清楚看到了，随着传道者在时间观问题上逐步摆脱最初的自然化循环论时间观而转向线性时间观，他对于他者的态度也在逐步地改变和推进：在 1-2 章里，他人或者是他所超过的（2：7，"胜过在我以前的耶路撒冷的任何人"），或者是他所奴役的（2：7，"仆婢"）；在 3-6 章，他人不再被视为自我的奴役或超越对象，不再被视为物化的存在，但同样也被时间性之统治疆域的分割而拒之门外，自我与他人是互不相干的单子；7-10 章已经从王治之任意性，以及这一任意性最终而言有着上帝之掌控的角度认识到，他人实际上不可能不是自我的时间性的内在部分，也就是在这里的享乐劝言里，有了他者的维度、爱的维度，即 9：9 所说的"当与你所爱的妻快活度日"；而现在，在 11：2 里，传道者将这种他者的维度、爱的维度更进一步发展为：将你的份分给七人、八人。

11：1-2 很适合作为 7-10 章与 11-12 章之间的一个过渡。一方面它接承了 7-10 章对未来之不可预测的非确定性的探讨，一方面又开启了整个 11-12 章对时间性的讨论。接下来的 11：3-6 节可以说是由着 1-2 节的"日久"的时间性而来的、关于上帝之观念的神学推进。3-6 节首先在文学上就是一个相对独立的小单元：3-4 节有共同的"云"的主题，4-5 节有共同的"风"的主题，而第 6 节既和第 4 节有共同的"撒种"主题，也和第 5 节有共同的生长"发旺"主题。这一单元虽然只有四节经文，却对理解、诠释《传道书》全书的思想逻辑进展极为重要；这四节经文和它之前的、《传道书》之开始部分的 1：1-11 节，以及它之后的、《传道书》之结尾部分的 12：1-8 节，是《传道书》里仅有的三处论述具有宇宙论意义的自然现象（风、云、雨）的部分，而这三处的论述都彼此不同且有着显然的逻辑进展。

11：3-6 和 1：1-11 都论到了风的路径、人的出生。极为不同的是，1：1-11 的论述可以说是一种"宏大的整体叙事"：叙事者从一种似乎是超越的视角与观察点，对人（"世代"）、风的道路做了由"眼看"、"耳听"而来的断言。而在 11：3-6，叙事者无论如何是没有这种认识上的自信与结论上的独断：这里明确地说，人不能知道"风的道路"。

这四节经文中的 11：5 可以视为《传道书》里论时间性的最高峰。所以，我们对 11：3-6 的分析也围绕着 11：5 来展开。

和 1：6 对风进行宏大叙事不同，11：5 是以微观例证来谈人不能知道风（xwr）的道路：生命之风即气息（xwr）在母腹中如何形成一个婴孩，不是人能知道的奥秘。11：5 说："你不知道气息在怀孕妇人腹中的骨头里的道路是如何"——换言之，人不能现象学直观地了知，在风（气息）、胎儿之骨之间如何有直接性关联，这种直接关联不能被人的理性能力直觉地察知。

关于 11：5 所论及的神之在母腹中造人，最好的经文互读无疑是《诗篇》第 139 篇之 13-15 节：

> 我的肺腑是你所造的。我在母腹中，你已覆庇我。我要称谢你，因我受造奇妙可畏。你的作为奇妙，这是我心深知道的。我在暗中受造，在地的深处被联络，那时，我的形体并不向你隐藏。

按照诗 139：13-15 的互文解读，我们可以看到 11：5 所论的风（气息）在母腹中的道路（也即婴儿在母腹中被造的过程），和 1 章 3 节所论的风的道路有着显著不同。风的路径在 1：3 里是完全自然化的过程，而在 11：5 里被明确地说成是"神的作为"。这里的"神的作为"，至少可以从三个方面，来分析其和自然化的运动的不同。

首先，"神的作为"超出了人的认识，而自然化的运动在 1：1-11 里是人的认识对象。婴儿之在母腹中被形成，本身是一个不可能由人的肉眼直接观察到的、处在黑暗中的过程；而相比之下，1：3 之论到风的路径，其前提是"眼看"、"耳听"那在"日光"之下可以被视觉看见的事物。

其次，神的作为产生了生命，而在 1：1-11 里，自然化的运动没有产生任何"益处"，成为虚空。风的路径在 1：3 里作为一个自然化的过程，乃是循环的："风往南刮，又往北转，不住地旋转，而且返回转行原道"，这个过程因着其循环性质，没有产生什么"益处"（!wrty，盈余、利润、利益）：万事万物一直在运动却什么也没有成就，换言之，这里的劳作是徒劳。然而，在 11：5 里，风-气息的道路产生了一个新生命。11：5 使用了一个可以和 1：3-11 形成对照的修辞性意象：这一节说到怀孕妇人时，用的词在字面义上乃是"充满者"（halmh，中文和合本译为"怀孕妇人"），这就使 11：5 立即和 1：7-8 之论到"万事令人厌烦"的经节相对照了起来——1：7 节说江河与海的循环使得海总是不"满"（alm），1：8 节又说到耳听不"满"（alm）。相比之下，11：5 的孕妇却被说成是"充满者"，而"充满"本身就预设了目的，因为，除非有可达到的目的，否则我们无法谈论"充满"。

最后，神的作为和自然化运动，对观察者产生了不同的主体反应：在前者是对奥秘的敬畏，在后者是"令人厌倦"。因着神的创造观念之被引入原本被视为自然化的现象里面，原本是空虚无意义的自然界，现在在即便最微妙的细节上、在人的认识所不能触及的暗黑界里，都有了可以产生生命的"奥秘"。这种神创论的奥秘，使传道者在 11 章摆脱了 1：8 所说的"令人厌倦"，引出了 11：7-10 这样的享乐劝言：要珍爱在世活着的日子。

11：5 所处的直接上下文是 11：3-6，而 11：3-6 和 11：1-2 一样，是谈论就未来性的时间而言的不确定性，而它正是 9：11-12 所说的偶然性。9：12 为了表达时间性上的不确定和不可预测，使用了灾祸来说明这种不可预测，11：1-2 也一样使用"你不知道将来有什么灾祸临到地上"来表达未来性时间之不可预测。但 11：3-6 却使用了新的意象即种子生长、发旺来说明未来性时间之不可预测。通过与 11：3-6 的文本互读，我们现在应当更加清楚，无论是 9：11-12 还是 11：1-2 里的"灾祸"意象，都不是为着说明未来就是要遭难的，而是为的说明未来的时间性不可预测、不可把握。

11：5 以已然成就的、过去的时间性，也就是神的创造行为，来为 11：1 所说的"日久"的、面向未来性的、具有盼望与忍耐维度的时间性做奠基。无论如何，放在 11：1-12：8 之论到人的出生、年少、年老、死亡的文本背景来看，则 11：5 之讲述人在母腹里的孕育过程，就只是象征了时间的起初和开始。这样，11：5 实际上将 8-10 章以来一直论述的关于将来时间的不可预测和不可把握，也反转地推到了过去：那已经成为过去时态的生命之创造，就已经是人不能察透的；换言之，时间性本身就是个奥秘，而无分过去将来。11：5 立足神过去的行为，为人之面对将来的时间做奠基，这是典型的旧约叙事的时间性：出埃及所揭示的耶和华神之品性，为以色列民之被掳回归，乃至将来的弥赛亚救赎，都奠定了希望之基础。由此，我们可以说，11：1-6 实际上已经具有了旧约正典叙事里的历史性的时间维度：过去-将来都被神掌握。

无论过去或现在的时间性都是不可把握、不可预测的，这一点让我们可以看到 11：5 的神创论和 3：11 的神创论的根本区别所在。3：11 在陈明神造万物的同时，指出万物的时间性是"美的"也就是可欣赏把握的，以致在 3：15 节里再次以循环论对神的时间性做了预测："现今的事早已就有了，将来的事早已也有了，并且神使已过的事重新再来"；放在 3：15 的这一文本背景里面，我们可以说，3：11 的"神从始至终的作为，人不能参透"恰恰并不包括时间性。而相比之下，11：5 是就时间之不可预测的意义上来谈神的作为不可参透。很显然，11：5 和 3：11-15 之所以有上述基本差别，乃是因着 7-10 章，尤其是 9：11-12 对偶然性的时间性的论述。

换言之，11：5 里的时间性，实际上有两个不缺或缺的因素：神创论、偶然性；这就使它既首先不同于 1-2 章自然化的循环论时间性，又根本不同于 3-6 章神创论的循环论时间性。就此而言，11：5 实际上是对 7-10 章里偶然性的、不可预测、不可把握的时间性论述的逻辑展开——在对 10：18 的分析里，我们已经看到，传道者藉着"房梁"（hrqm）一词，而立即地在偶然性际遇（hrq）与"房梁"所象征的秩序之间建立了联系；但现在，在 11：5，传道者实际上看到神的作为已经超出智者在 10：18 里希望达到的理想，而在偶然性的风之运行与生命之间建立了联系。换言之，传道者现在看到，神在偶然性中建立起来的不止是秩序，而且是生命。我们由此可以说，11：5 体现了从 1-2 章，到 3-6 章，再到 7-10 章以来的时间性思考的逻辑结果，是《传道书》关于时间性思考的最高成果和逻辑结论所在。

同样是从《传道书》全书的脉络来看，11：5 实际上也在立足结论高地解构此前文本基于循环论时间观而来的"虚空的虚空"。A. G. Wright 已经注意到，《传道书》的前半部文本即 1-6 章的基本结构是被"虚空、捕风"之语言上的重复而具有的形式性所建构起来的，而他实际上也是按照这一线索对 1-6 章的文本进行结构分析。[4]我们可以看到，在《传道书》1-6 章，典型地都是通过"捕风"来修辞性地说明和形容什么是"虚空"，如在 1：14——"我见日光之下所作的一切事，都是虚空，都是捕风"。然而，11：5 恰恰也是对于"捕风"的叙述。"捕"（tw[r）的字面义是"追求"，来自动词词根"放牧"、"喂养"（h[r），无疑说明这一动作和它的对象"风"之间有着劳作性的看顾、守护的关系，而这恰是"神之作为"对于母腹中的"风"即气息的关系。1-6 章并没有对"捕风"做任何进一步的说明，而是反过来用它说明什么是"虚空"——似乎，"捕风"是一个更简单明了、意义清楚的概念，以致可以用它来说明什么是"虚空"；似乎，"捕风"就毫无疑问地意味着：追求无定无形的风，是得不到什么结果和益处的。但在 11：5 里，"捕风"之结果却不是"虚空"，而是生命。这样，11：5 就解构性地瓦解了 1-6 章的循环论时间观里的虚空观念。

我们以上已经分析了 11：5 里的"风"的意象的时间性。这一节经文里另一个值得我们稍作讨论的意象乃是"母腹"，因为它可以帮助我们理解《传道书》整体的思想逻辑进展。3：1-8 里的上帝与世界的关系，还是宏观

4　A. G. Wright, "The Riddle of Sphinx: The Structure of the Book of Qoheleth", p. 321.

的具有宇宙论性质的谈论。5：1-2 谈到，人在神的家室即圣殿里要小心，因为在那里神听见人的言语。在 10：20 我们看到了思想上的推进：在王室的政治里，连臣子在内室所讲的话终归都会被察觉，何况神察觉人的意念呢？换言之，神作为至高的王，是真正全在全知的，而不只是临在于圣殿，这就导向了对神的敬畏。但现在，11：5 更进而谈到了，在比人的卧室更其隐秘之处，在孕妇的肚腹里，神不单是听和看，而且工作：赋予一个新生命。不难看出，上述逻辑进展表现为这样一个过程，即神对世界的参与和干预，在范围上逐渐具体化：从宏观到微观，从自然性的存在到个人性的存在。

我们可以把上述从"万物"（3：11）、"圣殿"（5：1）、"内室"（10：20），再到"母腹"（11：5）的进展理解为空间性的，正与本文所论述的时间性相对应。这里的决定性突变无疑还是在"内室"，因为这里正是个人性的私密空间所在，而这种突变，按照本文的理解，还是出自 9：11-12 之发现瞬间的时间性：随着上帝进入人在世日子里的具体时间，上帝也进入人日常的、个人化的具体空间。

b). 神统治人的时间性（11：7-10）

11：7-10 不仅接续了 11：1-6 关于未来性时间之被上帝掌管的论述，也接续了整个 7-10 章关于王治的叙述。

11：7-10 是全书的第七处"享乐劝言"，和其它六处劝言相比较，它有两个新内容。首先，这一劝言指明它有具体的对象即"年轻人"（rwxb，和合本中译为"少年人"）。相比之下，此前的六处劝言（2：24，3：12-13，3：22，5：18-22，8：15；9：7-10）针对的都是一般性的"你"或者"人"的"一生"。和它们比起来，11：7-10 有了对于主观性意识里的线性时间观而言的不可或缺的维度即当下性瞬间：正如我们已经多次指出的，除非在人的在世时间性里切入具体的、作为某一个点的时间性，否则，我们对于人未来的谈论就只能如 1-6 章那样，针对人的整体性一生而谈论死亡乃至死后生命，而不能谈论人在世生活中的、作为"日久"的未来。11：1 明确地第一次提出了在世日子中的未来性时间概念即"日久"，与此相应，这里也第一次提出了主观的当下性时间性概念即"年轻人"。本文认为，这里之所以能够提出这一在世的当下性时间概念，乃是因为 9：11-12 发现了瞬间的时间性。

立足这一在世里的某一具体的当下性时间，传道者现在才可以谈论对某一个具体的主观性意识而言的线性时间。11：9 的"年轻人"指着那已然成年尚未婚配的男子，换言之，指着一个刚刚开始具有自我意识的人。传道者在这里劝言年轻人在"青年"时当快乐，这里的"青年"（twdly）一词，在字面上就有和动词字根"出生"（dly）的联系，而使它紧紧地互联了前面的 11：5 论到生命之形成的经文；而传道者在 11：8 劝告已经有了主观自我意识的年轻人要"记念"（rkz，中文和合本译为"想到"）那"黑暗的日子"，这里的"黑暗的日子"可以指着下文的 12：1-7 所论到的人的年老与死亡。这样的话，传道者事实上就在劝告一个刚开始具有自我意识的人要过一个有时间意识的生活。

其次，我们第一次在"享乐劝言"里看到了"上帝必审判你"。学者们早已注意到"神的审判"之放在"享乐劝言"里的不同寻常，以致早期的历史批判法学者以这种不同寻常为由，将这里的文本分割为出自不同作者或编修者，[5] 而这一做法在今天被解经学者所普遍拒绝。[6] 本文试图从《传道书》之文本与逻辑统一的角度，理解这一不同寻常之所在。

如果我们查考 11：7-10 之前出现的其他六处"享乐劝言"的话，就可以看出就时间性而言的一种逻辑进展。第一处的享乐劝言出现在 1-2 章的 2：24，而这里完全没有提到时间性，其中的"吃喝……享福……是出于神的手"的说法，并未涉及人的一生时日和神之间的关系。1-2 章里唯一提到人的一生的时间的地方是 2：3（"人在天下的可数的活着的日子里"），而这里显然没有把人的一生的时间和神相连起来，而是和传道者自己的"心里查考"联系起来。总之，我们看到第一处的享乐劝言体现了 1-2 章的时间观的基本特征：神不进入时间。第二处和第三处的享乐劝言（3：12-13；3：22）仍然没有明确提到神与时间的关系，能够代表 3-6 章的典型的时间性观念的享乐劝言是在第四处（5：18-20），传道者在那里第一次明确提到了，"人的一生的可数的活着的日子"是"神所赐的"（5：18），以致这时间就是人的"份"；这里也明确指出来，神赐给人时间，为的是人可以支配统治（wjylvh）这时间（5：19）。第五处（8：15）和第六处（9：7-10）的享乐劝言在指出人的"一生的日子"的时间是神的恩赐的同时，不再认为人对于这时间具有统治性的

5　Seow, p. 350; Fox, p. 318; Murphy, p. 117.
6　Seow, p. 371.

关系。总结起来，以神或人对人的在世时间的统治为线索，我们看到了这样一个逻辑性的进展过程：人统治自己的时间，神不统治人的时间（劝言 1）；神让人统治人自己的时间，或者说，神人分治人的时间（劝言 4）；人不统治自己的时间（劝言 5、6）。而现在，在第七处的享乐劝言，也就是 11：7-10，传道者说的是：神统治人的时间，这统治的权柄就表达在 11：9 里神的"审判"（jpvm）之中。

Scholnick 已经分析了，常常被译为"审判"的 jpvm 一词，有常常被人忽视而实则更为重要的另一个意义，即统治。他对《约伯记》的解读基于这一分析：约伯及其朋友都只是在法庭正义的意义上来理解神的判决，而没有看到，神的判决根本而言来自神的统治身份——神判决是因为神统治；由此，约伯的苦难遭遇并非对他的道德善恶所作的法庭性判决，而是上帝作为君王对约伯拥有的一切由着统治权柄而做的任意处置。[7]事实上，无论是在古近东-埃及还是古以色列，王权都先于审判权。

将 11：9 的"审判"理解为神治王权，可以让我们更清楚地理解 8-10 章以来的文本脉络。我们已经看到，8-10 章的核心论题之一就是人王之治的任意性，这种任意性在 9：13-10：19 里遭到传道者的尖锐批判，又在 10：20 里通过将人的王治推到最大可能的极致，而瓦解了人的王治，并打开了通往神的王治的道路。就此而言，11：9 实际上接续了 10：20 而言明了神对人的时间的统治。

11：9 关于神对人的时间之统治的论述，恰好和 2：10 相对照。2：10 里传道者所行的，事实上正是 11：9 所劝言的："照你的心所意愿的、你的眼所观看的去行"。两者的重要分别，在于传道者在 2：10 里的所行，被他自己在接下来的 2：11 所否定，在那里他说自己所行的乃是"虚空、捕风"，而原因乃是 2：16 所说的：他作为智慧人因着死亡将"不会被永远记念"；但 11：9 里的神之审判无疑就意味着：神将记念，而神所拥有的永恒的时间性意味着这一记念将是永恒的记念。换言之，《传道书》的思想逻辑进展，使得传道者现在可以肯定自己的所行具有被记念的意义。

这就立即引发了文本上的困难。就在 11：7-10 以神对时间的统治，来肯定传道者在思想探索之起初所否定的人的日光之下的"眼"与"心"的所行

---

7 Sylvia Huberman Scholnick, "The Meaning of Mispat in the Book of Job", in *Journal of Biblical Literature*, 101/4 (1982): 521-9, p. 528.

时，为何同样是在这段文本里面，我们仍旧读到这样的言论："幼年之时和黑发之时是虚空的"？这和传道者在2：11感叹的"虚空、捕风"有什么不同吗？如果这两者之间没有什么实质区别的话，我们如何能主张传道者具有一种思想上的逻辑进展？显然地，这一问题关乎本文之基本立论的生死。如果我们不能满意地给这问题哪怕是一个尝试性的回答的话，则我们的思路要接受崩溃的结局。

事实上我们可以对这问题作答，且藉着这回答给lbh一词作更清楚的意义界定。我们之所以能对这问题作答，仍然是立足于传道者对时间观之思考的逻辑进展。

当我们依据此前对1-10章的时间观的分析成果，来考察lbh一词在《传道书》中的使用时，就会发现，从时间观的角度来看的话，它的使用有两种情况：a，指着时间而言；b，指着在时间之中发生的事情而言。我们又观察到了：自9：7以来，传道者所使用的lbh一词都是指着时间而言，而在此之前，除了仅有的一处例外（7：15），该词的所有使用都不是指着时间，而是指着在时间之中发生的事件。

这个发现于我们而言极为重要，因为我们知道，恰恰地，在传道者关于时间观之思考的逻辑进展中，9：1-12是关键文本，传道者之确立起神治的、线性的时间观就是在这一段文本之后。

我们现在立即就来重新考察一下9：7里的"一生虚空的日子"里的lbh一词的用法。我们已经在对9：1-12的文本的分析里知道了，9：7-10的享乐劝言是接承9：4-6的"活着的狗比死了的狮子好"而来的生命礼赞，在这里传道者传达这样的信息：活着就是好的，能够活着就已经是"被神悦纳了"。放在这样的文本背景里，则人的一生的日子无论如何不能被解读为悖谬或者无意义的虚空。我们在本文第二章对lbh一词的时间性做分析的时候，已经看到了这一词的基本含义乃是时间性的意义：lbh就其字面的原始意乃是"嘘气"、"气息"，亦即那转瞬即逝的东西。如此的话，则我们发现，当lbh一词用来在9：7直接地指着"人一生的日子"时，它的恰当意义就应当是"转瞬即逝"，而只有这一意义，才能合乎9：7-10的上下文：传道者在这里因着人之活着的日子的宝贵，而感叹它的转瞬即逝。

论到在9：7-10之前的文本里的、用在事件上的lbh一词，我们其实在前面对11：6的"风的道路"的分析里已经看到了，lbh一词在1-6章里的典型用法都是和"捕风"连用的。换言之，在 1-6 章的循环论时间观里面，发生在循环性的时间中的事件的基本特征就是不能成就什么益处。

这样，我们就可以对 lbh 一词的两种用法，立足于时间观做这样的基本分别：它用在时间上时，是指着时间之宝贵的短暂而言，而用在发生在时间之中的事件时，是指着这事件之悖谬性质或者"无益处"而言。在《传道书》的全部 38 次对于 lbh 一词的使用里，除了 7：15 的一处例外，9：7-10 之前的文本里该词都是指事件，而之后的文本里又都是指时间，这就清楚说明了，传道者对于这个词的意义的使用，已经是随着对时间观思考的逻辑进展而来的。

基于这样的界定，我们现在可以看到 11：7-10 与 2：11 里的 lbh 的基本区别所在。2：11 使用 lbh 一词对日光之下传道者自己的行为进行否定时，11：10 却在以该词对人的时间（"幼年之时"、"黑发之时"）之宝贵而做肯定。

第二节　第 12 章的时间观

第 12 章的文本结构是很清楚的。12：9-14 如今已被大多数学者认为属于"框架部分"，而 12：1-8 之为一个相对的文学单元也是几乎所有学者认可的。这样，我们对这一章的时间观的讨论也就按照这两部分的顺序进行。

a). 终末论的可能性（12：1-8）

M. V. Fox 称这段文本是"一本难书里的最难部分"，[8]Seow 也认为，它"可能是书中最具争议的部分"。[9]从 Fox 和 Seow 的论述来看，争议的核心在于对其中的 12：2-5 的解释，即是否继续如传统解释那样将它解读为指着人的老年而言的寓意。

12：1-8 的文本在希伯来文里是一气呵成的，期间分别在第 1、2、6 节三次出现了同一短语"-al rva d["（在和合本中译中，第 1 节中的该处短语被译为"尚未来到"，第 2 节处的被译为"不要等到"，第 6 节处的未能译出），这一短语构成 1-7 节之文本统一性的语言线索，也使我们可以按照这

---

8 Michael V. Fox, "Aging and Death in Qohelet 12", in *Journal for the Study of the Old Testament*, 42 (1988): 55-77, p. 55.

9 C. L. Seow, "Qohelet's Eschatological Poem", in *Journal of Biblical Literature*, 118/2 (1999): 209-34, p. 209.

一线索，在结构上将 1-8 节分为第 1 节，第 2-5 节以及第 6-7 节三个部分。[10]

将该段文本中的 12：2-5 解读为老年的寓意，这是例如 St. Jerome, *Koheleth Rabbha*, Rashi, Rashbam 等几乎所有的犹太-基督教传统解经之代表的做法。按照这种解法，这段文本里出现的几乎所有事物，都可以对应人身体的某个器官，而指着人体机能在老年的衰败。例如，其中的"看守房屋的发颤"指着人的大腿力量衰弱，"有力的屈身"指着驼背，"推磨的稀少"指着牙齿脱落，"从窗户往外看的昏暗"指着视力模糊，"推磨的响声微小"指着听力下降，"雀鸟一叫，人就起来"指着老年失眠早起，"路上有惊慌"指着老人外出的危险，"杏树开花"指着老年白发，而"蚱蜢成为负担"指着失去性能力。对 2-5 节的老年寓意解法仍然是当今多数解经者的解法，例如Murphy 就说，"这一段无疑是指着通向死亡的老年"。[11]

M. V. Fox 反对传统的老年寓意解法，将该段文本解读为举行葬礼时的家庭、社区与自然的景象。他的解法强调了 3-4 节里人的社群的悲哀惊慌，与 5 节里自然界本身的更新（"杏树开花"）之间的对比，认为传道者藉着这一对比尤其悲剧性地揭示出死亡作为人的结局所在；而由于 12：1-8 的整段文本都是由 12：1 的"你当记念"所导引的，则传道者在这里描述的葬礼，就恰是将来为作为听众的个体年轻人自己所举行的葬礼。[12] Fox 和 Seow 的解读实际上都把这段文本的关注中心从老年和死亡转向了只是针对死亡。此外，Sawyer 的解读特别挖掘了 12：1-8 的整段文本所可能有的就时间性而言的深度意义；在他看来，这段文本的基本意思是指人面对时间的暴政、事件的无逻辑性、未来的不可测而有的悲观论，而老年的衰败只是这种悲观论的一种体现而已。[13]

Seow 虽然将这首诗称为"终末论诗歌"，但他的解读其实和 Fox 的解法并不是相差很远。Fox 已经明确指出，12：1-8 没有谈到自然性的翻转毁灭，而 Seow 的解法所说的也不过是，传道者在这里是以终末论的语言来说个体的死亡；换言之，Seow 一样没有肯定这段文本说的是终末论的自然界毁灭。在Seow 的解法里，这段文本通过对自然的衰败与毁灭的描述来说人的衰败与死

---

10 Graham S. Ogden, "Qoheleth XI 7-XII 8: Qoheleth's Summons to Enjoyment and Reflection", in *Vetus Testamentum*, 34, 1 (1984): 27-38, p. 34.

11 Murphy, p. 121.

12 Fox, "Aging and Death in Qohelet 12", pp. 60-3.

13 John F. A. Sawyer, "The Ruined House in Ecclesiastes 12: A Reconstruction of the Original Parable", in *Journal of Biblical Literature*, 94 (1974): 519-31, p. 531.

亡；在这个意义上来说，它使用了终末论的语言与意象，但显然还不是终末论。Seow 指出，12：2 里的太阳黯淡无光是典型的末日景象，而雨后黑云重返，作为末日洪水来临的象征，也是典型的末日景象；传道者进一步说，除了太阳之外，月亮、星星也都黯淡无光，这就将是彻底的黑暗之末日景象；而 3-4 节里磨房的毁灭，是人的日常生活被中断的典型的末日象征，且在《启示录》18：22-23，以及《耶利米书》25：10 都有互文印证。[14]Seow 所指出的这段文本对于宇宙性衰败图景的描述，在 Fox 的解读那里其实也是有的；Fox 也指出来了，这首诗在象征的层面上描述了宇宙性的灾难，例如其中的第 2 节提到了普遍黑暗。[15]

本文接受 Fox 和 Seow 对 12：1-8 里的语言意象的终末论维度所作的解读，但这里的问题关键就在于，这种终末论维度，是否只能是语言意象而已？我们要看到，即便传道者在这里只是把终末性的宇宙之毁灭的描述，作为个体人的世界之毁灭的象征，则他毕竟地要以这种终末性的宇宙自然之毁灭，来作为人之死亡的象征，就已经意味着，在他那里，宇宙自然之终末毁灭至少是可能的，或者说是可想象的。这种宇宙自然之终末毁灭的至少在观念上来说的可能性和可想象，对我们理解《传道书》里的时间性的逻辑进展有重要意义。

这里具有核心重要性的观念是自然与人的关系。我们首先就在 1：1-11 看到，自然与人似乎具有一种循环论时间性秩序下的统一关系，其典型的表达是 1：2 说的"一代过去，一代又来，地却永远长存"，对照 1：3 所说的"日头出来，日头落下，急归所处之地"，则 1：2 的解读就是：人出于地、回到地，这种循环过程如太阳的升起降落之出于地和回归地一样是永恒的。但这里的统一关系只是貌似而已。1：12-2：26 里的个体性死亡意识，使得个体化的人脱离了自然的那种永恒循环里的"厌倦"，而很快被死亡焦虑抓住。

但这种个体化死亡意识里的焦虑，不能被解读为人与自然的分立，或者说对于自然秩序的抗拒。1：12-2：26 的文本本身就告诉了我们这一点。在那里，传道者事实上是通过财富来定义他在世日子里的生存：2：1-9 里的智者之王的成功就在于他能够创造财富（修造宫殿园林）、"积蓄金银和君王的

---

14 C. L. Seow, "Qohelet's Eschatological Poem", in *Journal of Biblical Literature*, 118/2 (1999): 209-34, pp. 213-9.

15 Fox, "Aging and Death in Qohelet 12", p. 64.

财宝"（2：8），而 2：19 里智者因死亡而来的烦恼就在于，他的财富将归给其他人。3-6 章的文本继续表明了这一点。我们已经在对 3-6 章的时间性的分析里看到了，如何对于传道者而言，活着就意味有自己的时间性的"份"，而这里的"份"为的是可以统治某种其实是自然性的东西：吃与喝。5：15 里财主的悲哀之处，在于他不能把财富随着死亡一起带走；6：2 里的人的悲哀之处，在于他的财富要被别人享用。可以说，在传道者那里，死亡的可怕在于死亡使人失去了和自然的关系：自然是永存的，而人要无份于这种自然性的永存。在 3-6 章神治的循环论之时间性秩序里，人与上帝之间的关系是以自然为中介的，以致人与自然的关系才是直接的，而人与神的关系是间接的，这种关系的典型表达就是 5：19 说的"神赐人资财丰富，使他能以吃用"。

9：7-10 实际上仍在藉着自然性来定义人的在世日子：活着就意味着"吃饭"、"喝酒"、"衣服洁白"、"不要缺少膏油"；但这里已经有了新内容，就是不能完全由自然性来定义的有限的位格性，即"和你所爱的妻快活度日"。

第 11 章也仍然通过人与自然的关系来定义人的在世时间性。11：7 里，活着就意味着"见到太阳"。但这里有了可以说是实质性的突破：11：9 在全书中第一次把一种完全超出了自然性的关系，即和绝对的位格存在者即上帝的关系，作为"享乐劝言"的内容。

我们很快看到，个体与完全摆脱了自然性的绝对位格存在者之间的关系，如何立即在接下来的文本即 12：1-8 里带来它的结果。我们首先在 12：1 看到传道者这样的告诫："记念造你的主"。这里的"造"一词使用的是 arb，而不再是如 3：11 和 11：5 所用的 hf[；这里的 arb 正是《创世记》1 章 1 节里"起初神创造（arb）天地"的用字。在圣经希伯来语里面，arb 一词特指仅只属于神才能作为的创造行为。这样，12：1 的这一用字就有着明显的神学含义：传道者在这里要人记念的就是那位创造了天地万物的主。在这里，神的创造又和传道者的言说对象有着直接的针对关系："创造你"。我们已经看到，12：1-7 节在文法上是一气呵成的一个整体，而这整个的一段文字，都始于一个简短的祈使句："当记念那造你的"（$yarwb-ta rkzw）；由于这一祈使句本身在句法上已经是完整的，所以，在它之后的 12：1-7 的所有部分，实际上成了这一只有三个单词的祈使句的后置修饰成分。这一文学表达传递的意思是很清楚的：12：1-7 的核心信息就是"当记念那造你的"。

按照 Seow 以及 Fox 的解读，我们接下来在 12：2-7 里看到了，如何自然界可以被设想为遭遇终末性的衰败破坏。Seow 已经看到这一解读对于理解《传道书》之全篇思想脉络发展的意义，他已经将 12：2-7 里的自然界之描述与 1：2-11 的循环论的自然界描述做了对比，指出 12：2-7 实际上已经瓦解了这种循环论。[16]按照 1：1-11 的循环论，自然界似乎可以在循环中永存："地却永远长存"（1：4），太阳的运行也似乎可以"出来-落下"地无限循环，但在 12：2-7，自然也可能有整体性衰败的时候。

Seow 把这种自然界整体之可能的衰败，解读为人的希望之完全破灭、死亡的绝对不可逆转，为的是戏剧性地凸显全书一再贯穿的"抓紧时日"的享乐主题。但在本文看来，这种衰败恰恰是为着指出希望。前述贯穿全书的自然与人之关系的线索，很清楚地在这里已经发展成了：最终而言，人不是具有和自然的关系，而是具有和无限的绝对位格存在者即上帝的关系。第 6 节无疑是首先指着死亡的象征而言的：银链与金碗组成的灯具，以及瓶子和水轮的汲水器具，都指向了作为生命之象征的灯与水，而它们的破败无疑是死亡的象征。放在 5-6 章通过财富的享用来定义人的在世时间性这一文本背景里，则第 6 节的"银链"、"金碗"也有财富的象征意义——在这里，财富不再被视为某种人在死亡之时遗憾地要放弃、离开和不能带走的东西，不再被视为某种因着死亡而不得不与之中断联系的自然性的似乎可以永恒的秩序，而是它本身就会遭遇破败死亡。换言之，人在这里是彻底脱离了和自然的联系，发现自己最终的、具有绝对意义的存在：和上帝的关系。这恰恰是12 章 7 节所要说的："土归于地，灵归于赐灵的神"。

12：7 是《传道书》里第一次地将人的存在归为"神所赐的灵"。1：4 里人的存在完全是自然化的：人出于地、归回地。这里完全没有提到人的存在与神之间的关系。3：20 在神治的循环论秩序里，仍然把人视为和兽无异，人的气息被理解为和兽的气息"都是一样"："都是出于一处，都是出于尘土，也都归于尘土。谁知道人的气息是往上升，兽的气息是下入地呢？"（3：20-21）；换言之，这里的"气息"（xwr）还不是在灵的意义上来理解的，而是在自然化的"风"的意义上来理解的。甚至直到 11：5，我们也还不能确切肯定地说，这里的在母腹中形成人之生命的"气息"或者说"风"（xwr），

---

16 Seow, "Qohelet's Eschatological Poem", p. 212.

就是指着灵而言的。只是在 12：7，我们才可以肯定：人的气息是往上升的，是出于神的，是灵（xwr）。

这样，在 12：2-7 里，传道者通过自然界之整体的可能衰败死亡的观念，使人摆脱了此前文本里一直有的和自然的关系，建立起人与神之间直接的位格性的、属灵的关系；而这一关系，放在从旧约到新约的整体宏观叙事背景里，正是人之终末性复活盼望的基础。

本文是在前述对 11：7-10 里的 lbh 一词的分析的基础上来理解 12：8，而将这里的 lbh 一词也从时间性的角度来解释为"短暂易逝"。本文不像大多数解经者那样，把 12：8 看作是对于 1：2 的重复。12：8 的直接上下文是12：1-7， 1：2 的直接上下文是 1：2-11，而这两处文本，如前所述，有着基本的不同；所以，我们也不能期盼这两处文本里的"虚空的虚空，一切都是虚空"有相同内涵。基本而言，1：2 的感叹针对着时间之无意义：万事万物包括人的劳作在内没有成就什么益处；而 12：8 的感叹是针对时间之短暂易逝，它是对时间本身之宝贵价值的肯定。

b). 对传道者的行为、思想的概括（12：9-14）

12 章的最后六节经文被称为该书的尾声。Murphy 已经很简洁地为我们概括了这尾声部分的解经成果。[17]多数学者将这部分文本视为附加的，但关于这部分文本的构成，则有不同意见。最初的学者如 Hertzberg 认为这一部分文本至少出自三个编修者之手；再以后，学者如 Lauha 认为出自两个编修者；最后，学者如 Whybray 认为编修者只有一人，整个的尾声部分是一个统一体。Fox 则认为，尾声部分实际上和全书的其它部分即 1：1-12：8 都出自同一作者；换言之，《传道书》是一个文学性的统一整体。

本文接受主要由 M. V. Fox 所提出来的"框架-叙述"理论，将 12：9-14看作和 1：1 一起构成了框架叙述部分，而框架叙述之内的部分即 1：2-12：8都属于正文。但本文尝试在这里提出，尾声部分的框架和此前的正文具有由着思想的逻辑发展而来的连续性。

就这部分文本的结构来看，可以按照分别出现在 9 节和 12 节之开始的用语 rtyw（"此外"、"还有"），而将 9-14 节分成两个部分，即 9-11 节和 12-14 节；其中的 9-11 节可视为对 1-12 章里的传道者的智慧探寻活动的概

---

17 Murphy, pp. 127-30.

括，而 12-14 节可视为对传道者的智慧探寻活动的结果，也就是他的思想的概括。

12：9-11 和此前的文本即 1：2-12：8 有显著的不同。在 1：2-12：8 里，除了中间的 7：27 一处之外，文本都是以第一人称的自述、反省的角度写成的，例如："我用智慧专心寻求考察……"（1 章 13 节），"我转而察看……"（4 章 1 节），"我所找到的只有一件……"（7 章 29 节），"我专心要知道智慧……"（8 章 16 节），"我就说……"（9 章 16 节），等等。到了 12：9-14，则显然不再是第一人称的自我反省角度，而是出现了另外一个叙述者，他在这里把传道者当作第三人称的对象，对传道者的行为和思想进行概括。Fox 极力论证的就是，这个在 12：9-14 里出现的叙述者就是《传道书》的作者，而传道者就是这个叙述者所叙述的文学性角色。Fox 使用这一理论为的是说明尾声部分与正文在文学上有可理解的统一性。

12：9-11 对传道者行为的概括就是：他是一个追求真理、正义的智慧人，所作所为都与智慧言语有关。本文对从第 1 章到第 12 章的文本的内在思想逻辑进展的揭示，也是对传道者个人的内心探寻之旅的揭示，这一探寻之旅向我们见证了传道者对真理的不息探索。

接下来的 12：12-14 是对传道者思想的概括。13 节说到"这些已听到的话的归结（@ws）"，换言之，13 节是要对传道者的思想做一个具有结局性质的概括，而这一概括就是：人之为人就在于敬畏神、遵守神的诫命，因为神必审判人的一切所为。Wilson 已经注意到了，在《箴言》的开始（1 章 7 节），敬畏耶和华是智慧的"开端"（tyvar），而在《传道书》的尾声，敬畏耶和华是智慧探索结束时的"归结"（@ws）。[18]

考虑到 12：13-14 已经不再是 12：8 之前文本里的那个角色即传道者的自我的内心反省，所以，我们还不能说 12：13-14 与 12：8 之前的文本有什么对于传道者而言的思想上的逻辑进展。但从尾声部分与正文部分在框架叙述者那里获得的文本统一性出发，我们至少还是可以谈论就思想本身而言的某种连续性。我们已经看到，12：1-8 在《传道书》里第一次明确了人与上帝之间的属灵意义上的位格关系。12：13-14 节相对于 12：1-8 的逻辑进展，就在于对这一位格关系作了内容上的界定，这就是：人之为人在于敬畏神、遵守神

---

18 Gerald H. Wilson, '"The Words of the Wise": The Intent and Significance of Qohelet 12: 9-14', in *Journal of Biblical Literature*, 103/2 (1984): 175-92, p. 181.

的诫命，而神将审判人的一切行为。学者们已经注意到，12：13-14 所说的"遵守神的诫命"，是此前《传道书》的文本里没有的内容；而学者们之所以主张尾声部分出于编修，其理由也在于此，即这种新的内容像是此前文本里没有的思想。然而，本文对《传道书》一直以来就在展开的逻辑进展的揭示已经表明了，这一逻辑进展本身就意味着将在其展开的过程中不断有新思想。我们的分析已经揭示了，如何 3-6 章相对于 1-2 章，7-10 章相对于 1-6 章，11-12 章相对于 1-10 章，都一直有在思想上推进的新内容。而 12：13-14 之所以恰恰出现在文本最后，在本文看来，不是没有理由的。一方面，12：1-8 才得以在书中第一次明确地确立人和神的属灵的位格关系，得以为 12：13-14 提出人神关系的内容做好准备；另一方面，"敬畏神、遵守神的诫命"虽然不是正文的第一人称自述的传道者所明确提出来的思想，但正文一直在进行的逻辑推进的过程本身就可以使我们承认这一假设的可能性：尾声的概括恰恰是传道者的思想推进所要达到的方向和目标。

结语："永远的记念"

　　如果我们要从《旧约》里寻找一个对传道者思想历程的神学描述的话，也许"出埃及"是最恰当不过的：我们已经在前述第二章到第五章里看到了，传道者如何从他思想的吾珥地和埃及地出发，艰难地来到作为历程之终点的"敬畏神、遵守他的律法"。传道者在他的出发地曾经哀叹"没有永远的记念"，而在他历程的终点，他得到了被神记念和记念神意义上的"永远的记念"。

　　当我们这样来解读《传道书》的时候，就可以对传道者作这样的精神诠释：传道者就是那在自己的精神角力中获得自己的名字和身份的"以色列"。按照《创世记》第 32 章 24-31 节的记载，雅各的角力是在他孤独地身处黑夜之时。这正是传道者的经历。无人可以重构传道者在他生存的具体性里的挣扎，除非我们同情地、严肃地对待他的这一自述：为了可以察看神的作为，他曾经如此心力交瘁，以致"昼夜不寐"（传 8：16）。传道者之看似无望的挣扎，恰恰被置于意在成为永远之记念的、被视为希伯来圣典的《旧约》里。这一点本身就可以由我们解读成一种启示：人在黑暗中曾经的无望挣扎，是值得记念的。

　　在 Tremper Longman III 那里，在正统性的"框架"之内的止文里叙述出来的传道者的思想只是希伯来思想的反衬而已；在 Craig G. Bartholomew 那里，传道者的思想不再只是反衬，而成为希伯来与希腊之间的对话，似乎，希伯来的光明只有在外邦之地才能找到可以冲破和战胜的黑暗。同样地，在早期的 Gregory the Great 那里，《传道书》里思想的异质性冲突，也被解读为选民的所罗门智慧与外邦的愚昧之间的对话。在所有这些解读里面，我们看到的恰恰是时间性的隐遁：思想的冲突不是被理解为一个主体之内在的时间性历程的挣扎演变，而是被理解为空间性的异质对立。但我们对《传道书》之时间性的解读，恰恰带领我们发现了只是藉着时间性维度才能被揭示出来的那个自我的内心历程。

虽然就理解《传道书》的前言-尾声也就是 Fox 所说的框架部分与中间的正文部分的关系而言，Fox 的影响是最深的；但就特别是 Fox 所说的"框架"之内的正文部分而言，大多数学者实际上追随了 A. G. Wright 而把该书做了前一半（1-6 章）与后一半（7-12 章）的划分。在 Wright 那里，该书前半部分说的是人劳作的虚空，后半部分说的是人认识的不可能。追随 Wright 的学者各自对前后两部分的关系做了不同理解：在 Seow 那里，1-6 章思考了万物的转瞬即逝和由此而来的伦理应对即直面不确定性，7-12 章思考了万物的不可捉摸以及由此而来的伦理即直面风险和死亡；Murphy 明确说自己的文本结构分法是来自 Wright 的；在 Longman 那里，该书框架之内的前一半是第一人称叙述，后一半是第一人称劝诫。所有这些理解都不把后半部分看作对前半部分的具有逻辑性之发展的新突破，而本文的分析已经展示了：1-6 章里的传道者还在他的埃及地和吾珥地，只是在 7-12 章他才突破性地获得他的以色列身份。换言之，我们的这种理解是把整个的《传道书》，而不只是其中的 1-6 章甚或 1：12-2：26，视为传道者的个体心灵之旅叙事。

事实上，例如 Bartholomew 也试图考察传道者的心路历程。但在本文看来，他不能说是成功。我们且不谈这一点：他认定《传道书》是希腊与希伯来的对话，这就取消了由着希伯来自身的历史性反思而来的内在向度，使得心灵之历时性的进展不可能。我们要问，当 1：12-12：7 的文本被分割成 21 个具有不同主题的单元时，还如何可能看出一种可以贯穿首尾始终的逻辑进展？我们只有恰恰以某个事实上在引发问题而又从首至尾地贯穿全部文本的主题为对象性线索时，才有可能找到其中的逻辑进展：逻辑的进展在表现为逐层推进的同时要求着某种可以前后贯通的主题性脉络，否则进展无从谈论。而时间性问题恰恰是本文看来合适的具有脉络性的主题。或许这并不是偶然的：Wright 说到《传道书》的思想冲突是一个斯芬克斯之谜，而我们知道，斯芬克斯之谜恰恰是关于时间性的提问：什么东西早晨的时候四条腿、中午的时候两条腿，而晚上的时候又是三条腿？谜底是人。人是历经时间的存在。

无论如何，在上述学者的分析里，传道者恰恰没有被当作一个以色列人看待：以色列人不仅作为人历经时间，而且，他的时间性恰恰因着和上帝之间的关系而成为被救赎的时间性，也就是朝向上帝的、具有目的论的时间性。他的时间性是要达到由着和耶和华之关系而得以界定的“永远的记念”。这就使以色列的时间性不能不表现为一个就救赎目的论而言的逻辑上升过程。

我们还可以通过另一个名字来理解传道者，这就是“希伯来人”。Gesenius 已经区别了“以色列人”（larfy ynb）和“希伯来人”（yrb[）的不同用法：“以色列人”常常是以色列民族内部的自我指称，而“希伯来人”的说法往往有外邦人的背景：或者是外邦人对以色列人的称呼，或者是以色列人向外邦人介绍自己。[1]对我们来说重要的是，yrb[一词更能告诉我们某种本质性地属于以色列的东西。这个词由迦南人使用而意指“从那边来的人”（那边即指大河——幼发拉底河，由此指着以色列人的祖先亚伯拉罕出自的吾珥地），而这个词的动词词根的意思就是：路过、经过；这种由着同一个主体在空间性的位置里行进的穿越，只能是时间性的：旅程就是历程。这样的话，这个称呼就明白地告诉了我们：以色列在那个孤独的、受伤的角力之夜获得他的身份与名字之前，就已经是有出处、有故乡、有传统、有历史的人。

恰恰地，由着具有他性的外邦人而来的称呼，可以提醒以色列人的这一身份：他是从一个原本并非以色列的传统里被救赎出来的人，他原本是一个吾珥人。这就是说：无人是生来的以色列人，就像“以色列”这个名字也只是雅各甚至人到中年时才被给予的第二个名字。我们由此可以说：以色列本身就不是什么传统而原本是作为一种相对于某种例如埃及或者吾珥传统而言的、由着耶和华之救赎性目的而造作出来的身份。

对《传道书》之时间观的研究，恰恰可以向我们最清楚不过地表明传道者的这种“希伯来人”身份：在该书的 1-6 章，传道者像是在他的吾珥地和埃及地；在第 7 章，他像是历经了自我被否定的角力一般；而只是从第 8 章直到第 12 章，他才确立和“造你的主”之间的位格关系，成为一个以色列人。从全篇的逻辑来看，第 7 章无疑是转折发生的关键所在，就是在这一章里，

---

1 William Gesenius, *A Hebrew and English Lexicon of the Old Testament, including the Biblical Chaldee*, translated by Edward Robinson (Boston: Houghton, Mifflin and Company, 25th edition, 1888), "yrb[", p. 747.

传道者谈到了"无人为智为义",这种对普遍人性的罪性宣判和否定,只有从一种超越的角度才可能,而在这个意义上,传道者所接受的耶和华信仰是这种超越角度之可能的所在。就此而言,传道者的心路历程,恰恰是以他个体性的、内在的思想史,成了救赎之在个体性的内在思想里实现的见证。这就使《传道书》不同于以民族性的选民救赎史为内容的律法书和先知书,从而成为它们的对应和完成。这或许正是我们的这篇解读可以对《传道书》的意义达到的挖掘所在。在本文看来,这种挖掘或许可以让我们看到《传道书》与希伯来正典整体的历时性叙事之间的更内在的统一。

參考文獻

詞典（Dictionary）

1. *Anchor Bible Dictionary*, 6 Volumes, edited by David Noel Freedman (New York: Doubleday, 1992).

2. *Dictionary of the Old Testament: Wisdom, Poetry & Writings*, edited by Tremper Longman III & Peter Enns (Downers Grove, IL: InterVarsity Press, 2008).

3. *Dictionary for Theological Interpretation of the Bible*, edited by Kevin J. Vanhoozer (Grand Rapids, MI: Baker Academic, 2005).

4. *A Hebrew and English Lexicon of the Old Testament, including the Biblical Chaldee*, William Gesenius, translated by Edward Robinson (Boston: Houghton, Mifflin and Company, 25th edition, 1888).

5. *The Interpreter's Dictionary of the Bible*, 5 Volumes, edited by George Arthur Buttrick (Nashville, TN: Abingdon Press, 1962).

6. *The Oxford Encyclopedia of Ancient Egypt*, 3 Volumes, edited by Donald B. Redford (Oxford: Oxford University Press, 2001).

7. *Theological Dictionary of the New Testament (TDNT)*, 10 Volumes, edited by Gerhard Kittel, translator and editor: Geoffrey W. Bromiley (Grand Rapids, Mich.: Eerdmans, 1964-1976).

8. *Theological Dictionary of the Old Testament (TDOT)*, 15 Volumes, edited by G. Johannes Botterweck, Helmer Ringgren, Heinz-Josef Fabray, translated by J. T. Willis, Geoffrey W. Bromiley, David E. Green, etc. (Grand Rapids, Michigan: William B. Eerdmans Publishing Co., 1974-2006).

專著（Monograph）

1. Alster, Bendt. *Wisdom of Ancient Sumer* (Bethesda, Maryland: CDL Press, 2005).

2. Assmann, Jan. *Death and Salvation in Ancient Egypt*, translated by David Lorton (Ithaca, New York: Cornell University Press, 2001).

3. Augustine, St. *City of God*, translated by Henry Bettenson (London: Penguin Books, 2003).

4. Barr, James. *Biblical Words for Time* (London: SCM Press, 1962).

5. Barth, Karl. "Man in His Time", in *Church Dogmatics* (Edinburgh: T & T Clark, 1960), translated by Harold Knight, G. W. Bromiley, J. K. S. Reid, R. H. Fuller, Volume 3, Part 2,§47, pp. 437-640.

6. Bartholomew, Craig G. *Ecclesiastes* (Grand Rapids, Michigan: Baker Academic, 2009).

7. Bartholomoew, Craig G. & O'Dowd, Ryan P. *Old Testament Wisdom Literature: A Theological Introduction* (Downers Grove: InterVarsity Press, 2011).

8. Beckwith, Roger T. *Calendar and Chronology, Jewish and Christian: Biblical, Intertestamental and Patristic Studies* (Leiden, New York, Koln: Brill, 1996).

9. Berlejung, A. & Hecke, P. Van. (editors). *The Language of Qohelet in Its Context* (Leuven, Belgium: Peeters Publishers & Department of Oriental Studies, 2007).

10. Boman, Thorleif. *Hebrew Thought Compared with Greek*, translated by Jules L. Moreau (New York: W. W. Norton & Company, 1970).

11. Bonaventure, St. *Works of Bonaventure: Commentary on Ecclesiastes*, translation and notes by Campion Murray and Robert J. Karris (Saint Bonaventure, NY: Franciscan Institute Publication, 2005).

12. Brin, Gershon. *The Concept of Time in the Bible and the Dead Sea Scroll* (Leiden, Netherlands: Brill, 2001).

13. Broch, Yitzhak I. *Koheleth: The Book of Ecclesiastes in Hebrew and English with a Talmudic-Midrashic Commentary* (New York: Feldheim Publishers, 1982).

14. Burkes, Shannon. *Death in Qoheleth and Egyptian Biographies of the Late Period* (Atlanta, Georgia: Society of Biblical Literature, 1999).

15. Calvin, *Commentary on Genesis*, Vol. 1, Part 5. (From: http://www.iclnet.org/pub/resources/text/m.sion/cvgn1-05.htm).

16. Childs, Brevard S. *Biblical Theology: A Proposal* (Minneapolis, MN: Fortress Press, 2002).

17. Chilton, Bruce. *Redeeming Time: The Wisdom of Ancient Jewish and Christian Festal Calendars* (Peabody, Massachusetts: Hendrickson Publishers, 2002).

18. Christianson, Eric S. *Ecclesiastes through Centuries* (Malden, MA: Blackwell Publishing, 2007).

19. Clements, Ronald E. *One Hundred Years of Old Testament Interpretation* (Philadelphia: The Westminster Press, 1976).

20. Cullmann, Oscar. *Christ and Time: The Primitive Christian Conception of Time and History*, translated by Floyd V. Filson (London: SCM Press Ltd., 1962).

21. Davis, Ellen F. & Hays, Richard B. ed. *The Art of Reading Scripture* (Grand Rapids, Michigan: William B. Eerdmans Publishing Company, 2003).

22. Delitzsch, Franz. *Commentary on the Song of Songs and Ecclesiastes*, translated by Rev. M. G. Easton (Grand Rapids, Michigan: WM. B. Eerdmans, 1970).

23. DeVries, Simon J. *Yesterday, Today and Tomorrow: Time and History in the Old Testament* (Grand Rapids, Michigan: William B. Eerdmans Publishing Company, 1975).

24. Evagrius of Pontus. *Evagrius Ponticus*, translated by A. M. Casiday (Abingdon, Oxon: Routledge, 2006).

25. Foster, Benjamin R. (translator and editor) *The Epic of Gilgamesh: A New Translation, Analogues, Criticism* (New York: W. W. Norton & Company, 2001).

26. Fox, M. V. *A Time to Tear Down and a Time to Build Up: A Rereading of Ecclesiastes* (Grand Rapids, Michigan: Wm. B. Eerdmans, 1999).

27. Fox, M. V. *The JPS Bible Commentary: Ecclesiastes* (Philadelphia: The Jewish Publication Society, 2004).

28. Ginsburg, Christian G. *Coheleth* (London: Longman, Green, Longman and Roberts, 1861).

29. Gordis, Robert. *Koheleth -- The Man and His World* (New York: Schocken Books, 1968).

30. Gregory of Nyssa. *Gregory of Nyssa: Homilies on Ecclesiastes*, edited by Stuart George Hall, translated by Stuart George Hall & Rachel Moriarty (Berlin, New York: de Gruyter, 1993).

31. Haynes, Stephen R. & McKenzie, Steven L. ed., *To Each Its Own Meaning: An Introduction to Biblical Criticisms and Their Application* (Lousville, Kentucky: Westminster/John Knox Press, 1993).

32. Jerome, St. *St. Jerome: Commentary on Ecclesiastes*, translated and edited with a commentary by Richard J. Goodrich and David J. D. Miller (Mahwah, New Jersey: The Newman Press, 2012).

33. Koh, Y. V. *Royal Autobiography in the Book of Qoheleth* (Berlin: Walter de Gruyter, 2006).

34. Lambert, W. G. *Babylonian Wisdom Literature* (Oxford: Oxford University Press, 1960).

35. Levinas, Emanuel. *Time and the Other*, translated by Richard A. Cohen

(Pittsburg: Duquesne University Press, 1987).

36. Lichtheim, Miriam. (editor) *Ancient Egyptian Literature: A Book of Readings*, 3 Volumes (Berkerly and Los Angels: Univeristy of California Press, 1975-2006).

37. Longman III, Tremper. *The Book of Ecclesiastes* (Grand Rapids, Michigan & Cambridge, UK: Wm. B. Eerdmans Publishing Co., 1998).

38. Luther, Martin. *Notes on Ecclesiastes (Luther's Works, Vol. 15)*, translated by Jaroslav Pelikan (Saint Louis, Missouri: Concordia Publishing House, 1972).

39. Mettinger, T. N. D. *The Eden Narrative – A Literary and Religio-historical Study of Genesis 2-3* (Eisenbrauns, 2007).

40. *Midrash Rabbah Ecclesiastes*, translated by A. Cohen (London: The Soncino Press, 1939).

41. Murphy, Roland, E. *Ecclesiastes* (Thomas Nelson, 1992).

42. Murphy, Roland, E. *The Tree of Life: An Exploration of Biblical Wisdom Literature*, 3rd edition (Grand Rapids, Michigan: Eerdmans, 2002).

43. Patterson, David. *Hebrew Language and Jewish Thought* (Abingdon, Oxfordshire: Routledge, 2005).

44. Perdue, Leo. G. *Wisdom and Creation* (Nashville, TN: Abingdon Press, 1994). Ch. 5, "I will Make a Test of Pleasure": The Tyranny of God and Qoheleth's Quest for the Good", pp. 193-242.

45. Perdue, Leo. G. *Wisdom Literature: A Theological History* (Louisville, Kentucky: Westminster John Knox Press, 2007), Ch. 6, "Wisdom and Egyptian and Hellenistic Skepticism: The Book of Qoheleth", pp. 161-216.

46. Pritchard, James B. (editor) *The Ancient Near East: An Anthology of Texts and Pictures* (Princeton and Oxford: Princeton University Press, 2011).

47. Rashbam, *The Commentary of R. Samuel ben Meir Rashbam on Qoheleth*, edited and Translated by Sara Japhet and Robert B. Salters (Jerusalem – Leiden: The Magnes Press, 1985).

48. Ricoeur, Paul. *Time and Narratives*, 3 volumes, translated by Kathleen McLaughlin and David Pellauer (Chicago and London: The University of Chicago Press, 1984).

49. Sanders, James A. *Canon and Commuinity: A Guide to Canonical Criticism* (Philadelphia: Fortress Press, 1984).

50. Seow, C. L. *Ecclesiastes: A New Translation with Introduction and Commentary* (New York: Doubleday, 1997).

51. Shields, Martin A. *The End of Wisdom: A Reappraisal of the Historical and Canonical Function of Ecclesiastes* (Winona Lake, Indiana: Eisenbrauns, 2006).

52. Simpson, W. K. (editor) *The Literature of Ancient Egypt*, translated by R. K. Ritner, W. K. Simpson, V. A. Tobin, E. F. Wente (New Haven & London: Yale

University Press, 3rd edition, 2003).

53. Stern, Sacha. *Time and Process in Ancient Judaism* (The Littman Library of Jewish Civilization, 2003).

54. Teeter, Emily. *Religion and Ritual in Ancient Egypt* (New York: Cambridge Univeristy Press, 2011).

55. Treier, D. J. *Introducing Theological Interpretation of Scripture: Recovering a Christian Practice* (Grand Rapids, MI: Baker, 2008).

56. Wright, J. Robert (editor). *Ancient Christian Commentary on Scripture: Proverbs, Ecclesiastes, Song of Solomon* (Downers Grove, Illinos: InterVarsity Press, 2005).

论文（Article）

1. Assman, Jan. "Guilt and Remembrance: On the Theologization of History in the Ancient near East", translated by Bill Templer, in *History and Memory*, Vol. 2, No. 1, (Fall, 1990): 5-33.

2. Baltzer, Klaus. "Women and War in Qohelet 7:23-8:1a", in *The Harvard Theological Review*, Vol. 80, No. 1 (Jan., 1987): 127-32.

3. Bartholomew, Craig. "Qoheleth in the Canon? Current Trends in the Interpretation of Ecclesiastes", in *Themelios*, 24.3 (May, 1999): 4-20.

4. Blenkensopp, Joseph. "Ecclesiastes 3.1-15: Another Interpretation", in *Journal for the Study of the Old Testament*, Vol. 66 (1995): 55-64.

5. Bochi, Patricia A. "Time in the Art of Ancient Egypt: from Ideological Concept to Visual Construct", in *KronoScope*, 3:1 (2003): 51-82.

6. Brandon, S. G. F. "The Origin of Death in Some Ancient Near Eastern Religions", in *Religious Studies*, Vol. 1, No. 2 (Apr., 1966): 217-28.

7. Brandon, S. G. F. "The Problem of Change in the Ancient World", in *Folklore*, Vol. 61, No. 2 (Jun., 1950): 88-97.

8. Branick, Vincent P. 'Wisdom, Pessimism, and "Mirth": Reflections on the Contribution of Biblical Wisdom to Business Ethics', in *The Journal of Religious Ethics*, Vol. 34, No. 1 (Mar., 2006): 69-87.

9. Broyde, Michael J. "Defilement of the Hands, Canonization of the Bible, and the Special Status of Esther, Ecclesiastes and Song of Songs", in *Judaism*, 44:1 (Winter, 1995): 65-79.

10. Buhlman, Alain. "The Difficulty of Thinking in Greek and Speaking in Hebrew (Qoheleth 3.18; 4.13-16; 5.8)", in *Journal for the Study of the Old Testament*, 90 (2000):101-8.

11. Carasik, Michael. "Qoheleth's Twists and Turns", in *Journal for the Study of the Old Testament*, 28. 2 (2003): 192-209.

12. Crenshaw, James L. "The Expression [dwy ym in the Hebrew Bible", in *Vetus Testamentum*, Vol. 36, Fasc. 3 (Jul., 1986): 274-88.

13. Cushman, Robert E. "Greek and Christian View of Time", in *The Journal of Religion*, Vol. 33, No. 4 (Oct., 1953): 254-65

14. Dahood, Mitchell. "Three Parallel Pairs in Ecclesiastes 10.18: A Reply to Professor Gordis", in *The Jewish Quarterly Review*, New Series, Vol. 62, No. 2 (Oct., 1971): 84-7.

15. Dell, Katharine J. "The Cycle of Life in Ecclesiastes", in *Vetus Testamentum*, 59 (2009): 181-9.

16. Dor-Shav, Ethan. "Ecclesiastes, Fleeting and Timeless (Part I)", in *Jewish Bible Quarterly*, Vol. 36, No. 4 (2008): 211-21.

17. Dor-Shav, Ethan. "Ecclesiastes, Fleeting and Timeless (Part II)", in *Jewish Bible Quarterly*, Vol. 37, No. 1 (2009): 17-23.

18. Fidler, Ruth. 'Qoheleth in "The House of God": Text and Intertext in Qoh 4:17-5:6 (ENG. 5:1-7)', in *Hebrew Studies*, Vol. 47 (2006): 7-21.

19. Fischer, Stephen. "Qoheleth and 'Heretic' Harpers' Songs", in *Journal for the Study of the Old Testament*, 98 (2002): 105-21.

20. Fox, Michael V. "Aging and Death in Qohelet 12", in *Journal for the Study of the Old Testament*, 42 (1988): 55-77.

21. Fredericks, Daniel C. "Chiasm and Parallel Structure in Qoheleth 5:9-6:9", in *Journal of Biblical Literature*, Vol. 108, No.1 (Spring, 1989): 17-35.

22. Fredericks, Daniel C. "Life's Storms and Structural Unity in Qoheleth 11.1-12.8", in *Journal for the Study of the Old Testament*, 52 (1991): 95-114.

23. Gabler, Johann P. "An Oration on the Proper Distinction between Biblical and Dogmatic Theology and the Specific Objectives of Each", translated by John Sundys-Wunsch and Laurence Eldredge, in *Scottish Journal of Theology*, 33 (1980): 133-44.

24. Ginsburg, H. L. "The Structure and Contents of the Book of Koheleth", in *Wisdom in Israel and in the Ancient Near East* (edited by M. Noth and D. Winton Thomas, Leiden: Brill, 1955), pp. 138-49.

25. Goldin, Judah. "Of Change and Adaptation in Judaism", in *History of Religions*, Vol. 4, No. 2 (Winter, 1965): 269-94.

26. Greenwood, Kyle R. "Debating Wisdom: The Role of Voice in Ecclesiastes", in *The Catholic Biblical Quarterly*, 74 (2012): 476-91.

27. Hirshman, Mark. "Qohelet's Reception and Interpretation in Early Rabbinic Literature", in *Studies in Ancient Midrash*, edited by James L. Kugel (Harvard University Press, 2001), pp. 87-100.

28. Hurowitz, Victor Avigdor. "The Wisdom of Supe-ameli -- A Deathbed Debate between a Father and Son", in *Wisdom Literature in Mesopotamia and Israel*, ed., Richard J. Clifford (Atlanta: SBL, 2007), pp. 37-51.

29. Irwin, William A. "Ecclesiastes 8: 2-9", in *Journal of Near Eastern Studies*, Vol. 4, No. 2 (Apr., 1945): 130-1.

30. Janzen, J. Gerald. 'Qoheleth on Life "Under the Sun"', in *The Catholic Biblical Quarterly*, 70 (2008): 465-83.

31. Jarick, John. "The Hebrew Book of Changes: Reflections on HAKKOL HEBEL and LAKKOL ZEMAN in Ecclesiastes", in *Journal for the Study of the Old Testament*, 90 (2000): 79-99.

32. Jarick, John. "Theodore of Mopsuestia and the Interpretation of Ecclesiastes", in *The Bible in Human Society: Essays in Honor of John Rogerson* (Sheffield, UK: Sheffield Academic Press, 1995), pp. 306-17.

33. Jones, Scott C. "Qohelet's Courtly Wisdom: Ecclesiastes 8:1-9", in *The Catholic Biblical Quarterly*, 68 (2006): 211-28.

34. Jong, Stephen de. "God in the Book of Qohelet: A Reappraisal of Qohelet's Place in Old Testament Theology", in *Vetus Testamentum*, Vol. 47, Fasc. 2 (Apr., 1997): 154-67.

35. Lange, Armin. "Greek Seers and Israelite-Jewish Prophets", in *Vetus Testamentum*, Vol. 57, Fasc. 4 (2007): 461-82.

36. Lin, Yael. "The Torah of Levinasian Time", in *The Heythrop Journal*, LIII (2012): 81-99.

37. Loader, J. A. "Qohelet 3.2-8: A Sonnet in Old Testament", in *Zeitschrift für die alttestamentliche Wissenschaft*, 81: 2 (1969): 240-2.

38. Martin, Jessica. "Mortality and Its Joys: Reading Ecclesiastes in the Light of the Gospel Resurrection Narratives", in *Theology*, 111 (2008): 442-9.

39. McCormack, Bruce L. 'On "Modernity" as a Theological Concept', in *Mapping Modern Theology*, edited by Kerry M. Kapic & Bruce L. McCormack (Grand Rapids, MI.: Baker Academic, 2012), pp. 1-20.

40. McEvoy, James. "St. Augustine's Account of Time and Wittgenstein's Criticism", in *The Review of Metaphysics*, Vol. 37, No. 3 (Mar., 1984): 547-77.

41. Miller, Douglas B. "Qoheleth's Symbolic Use of lbh", in *Journal of Biblical Literature*, Vol. 117, No. 3 (Autumn, 1998): 437-54.

42. Miller, Douglas B. "What the Preacher Forgot: The Rhetoric of Ecclesiastes", in *The Catholic Biblical Quarterly*, 62 (2000): 215-35.

43. Montag, Warren. "Lucretius Hebraizant: Spinoza's Reading of Ecclesiastes", in *European Journal of Philosophy*, 20:1 (2012): 109-29.

44. Muilenburg, James. "The Biblical View of Time", in *The Harvard Theological Review*, Vol. 54, No. 4 (Oct., 1961): 225-52.

45. Murphy, Roland E. "Qohelet Interpreted: The Bearing of the Past on the Present", in *Vetus Testamentum*, vol. 32, Fasc. 3 (July, 1982): 331-7.

46. Ogden, Graham S. "The Mathematics of Wisdom: Qoheleth 4:1-12", in *Vetus Testamentum*, Vol. 34, Fasc. 4 (Oct., 1984): 446-53.

47. Ogden, Graham S. "Qoheleth 9.17-10.20: Variations on the Theme of

Wisdom's Strength and Vulnerability", in *Vetus Testamentum*, Vol. 30, Fasc. 1 (Jan., 1980): 27-37.

48. Ogden, Graham S. "Qoheleth 9:1-16", in *Vetus Testamentum*, Vol. 32, Fasc. 2 (Apr., 1982): 158-69.

49. Ogden, Graham S. "Qoheleth XI 7-XII 8: Qoheleth's Summons to Enjoyment and Reflection", in *Vetus Testamentum*, Vol. 34, Fasc.1 (1984): 27-38.

50. Pahk, Johan Yeong Sik. "A Syntactical and Contextual Consideration of 'sh in Qoh. 9.9 ", in *Vetus Testamentum*, Vol. 51, Fasc. 3 (Jul., 2001): 370-80.

51. Payne, Michael. "The Voices of Ecclesiastes", in *College Literature*, 13:3 (Fall, 1986): 285-91.

52. Pinker, Aron. "How Should We Understand Ecclesiastes 2:26?", in *Jewish Bible Quarterly*, Vol. 38 (No. 4, 2010): 219-29.

53. Pranger, M. B. "Time and Narrative in Augustine's *Confessions*", in *The Journal of Religion*, Vol. 81, No. 3 (Jul., 2001): 377-93.

54. Ricoeur, Paul. "Biblical Time", in *Figuring the Sacred: Religion, Narrative and Imagination* (Mineapolis, MN.: Augsburg Fortress, 1995), pp. 167-80.

55. Rindge, Matthew S. "Mortality and Enjoyment: The Interplay of Death and Possessions in Qoheleth", in *The Catholic Biblical Quarterly*, 73 (2011): 265-80.

56. Rudman, Dominic. "A Contextual Reading of Ecclesiastes 4: 13-16", in *Journal of Biblical Literature*, 116/1 (1997): 57-73.

57. Rudman, Dominic. "Woman as Divine Agent in Ecclesiastes", in *Journal of Biblical Literature*, 116/3 (1997): 411-27.

58. Salters, Robert B. "Text and Exegesis in Koh 10.19", in *Zeitschrift für die alttestamentliche Wissenschaft*, 89: 3 (1977): 423-6.

59. Salters, Robert B. "A Note on the Exgesis of Ecclesiastes 3.15b ", in *Zeitschrift für die alttestamentliche Wissenschaft*, 88: 3 (1976): 419-22.

60. Sawyer, John F. A. "The Ruined House in Ecclesiastes 12: A Reconstruction of the Original Parable", in *Journal of Biblical Literature*, 94 (1974): 519-31.

61. Scholnick, Sylvia Huberman. "The Meaning of Mispat in the Book of Job", in *Journal of Biblical Literature*, 101/4 (1982): 521-9.

62. Schultz, Ronald. "A Sense of Timing: A Neglected Aspect of Qoheleth's Wisdom", in *Seeking Out the Wisdom of the Ancients: Essays Offered to Honor Michael V. Fox on the Occasion of His Sixty-Fifth Birthday*, edited by R.L. Troxel, K.G. Friebel, and D.R. Magary (Winona Lake: Eisenbrauns, 2005), pp. 257-67.

63. Seow, C. L. "Linguistic Evidence and the Dating of Qoheleth", in *Journal of Biblical Literature*, 115/4 (1996): 643-66.

64. Seow, C. L. "Qohelet's Eschatological Poem", in *Journal of Biblical Literature*, 118/2 (1999): 209-34.

65. Sharp, Carolyn J. "Ironic Representation, Authorial Voice and Meaning in Qohelet", in *Biblical Interpretation*, 12, 1 (2004): 37-68.

66. Shuster, Martin. "Being as Breath, Vapor as Joy: Using Martin Heidegger to Re-read the Book of Ecclesiastes", in *Journal for the Study of the Old Testament*, Vol. 33.2 (2008): 219-44.

67. Snaith, Norman H. "Time in the Old Testament", in *Promise and Fulfillment*, edited by F. F. Bruce (Edinburg: T. & T. Clark, 1963), pp. 175-86.

68. Sneed, Mark. "(Dis)closure in Qoheleth: Qoheleth Deconstructed", in *Journal for the Study of the Old Testament*, 27.1 (2002): 115-26.

69. Spangenberg, I. J. J. " A Century of Wrestling with Qoheleth: The Research History of the Book Illustrated with a Discussion of Qoh 4,17-5,6", in *Qoheleth in the Context of Wisdom*, edited by A. Schoors (Leuven: Leuven University Press, 1998), pp. 61-91.

70. Spangenberg, I. J. J. "Irony in the Book of Qohelet", in *Journal for the Study of the Old Testament*, 72 (1996): 57-69.

71. Sprinkle, Joe M. "Literary Approaches to Old Testament: A Survey of the Recent Scholarship", in *Journal of the Evangelical Theological Society*, 32/3 (September, 1989): 299-310.

72. Staples, W. E. "The Meaning of Hepes in Ecclesiastes", in *Journal of Near Eastern Studies*, Vol. 24, No. 1/2 (Jan.–Apr., 1965): 110-2.

73. Talmon, S. "'Wisdom" in the Book of Esther', in *Vetus Testamentum*, Vol. 13, Fasc. 4 (Oct., 1963): 419-55.

74. Tyler, Thomas. "Siegfried on Ecclesiastes and Canticles", in *The Jewish Quarterly Review*, Vol. 11, No. 1 (Oct., 1898): 176-82.

75. Van Leeuwen, Raymond C. "Cosmos, Temple, House: Building and Wisdom in Mesopotamia and Israel", in *Wisdom Literature in Mesopotamia and Israel*, edited by Richard J. Clifford (Atlanta: SBL, 2007), pp. 67-90.

76. Verheij, Arian. "Paradise Retried: On Qohelet 2: 4-6", in *Journal for the Study of the Old Testament*, 50 (1991): 113-5.

77. Waldman, Nahum M. "The Dabar Ra of Eccl. 8:3", in *Journal of Biblical Literature*, Vol. 98, No. 3 (Sep., 1979): 407-8.

78. Walsh, Carey. "Theological Trace in Qoheleth", in *Biblical Theology Bulletin: Journal of Bible and Culture*, Vol. 42, No. 1 (2012): 12-7.

79. Wazana, Nili. "A Case of the Evil Eye: Qoheleth 4: 4-8", in *Journal of Biblical Literature*, 126, No. 4 (2007): 685-702.

80. Weisman, Z. "Elements of Political Satire in Koheleth 4,13-16; 9,13-16", in *Zeitschrift für die alttestamentliche Wissenschaft*, 111: 4 (1999): 547-60.

81. Whybray, R. N. "Qoheleth, Preacher of Joy", in *Journal for the Study of the Old Testament*, 23 (1982): 87-98.

82. Whybray, R. N. "Ecclesiastes 1.5-7 and the Wonders of Nature", in *Journal*

for the Study of the Old Testament, 41 (1988): 105-12.

83. Wilder, William N. "Illumination and Investiture: The Royal Significance of the Tree of Wisdom in Genesis 3", in *Westminster Theological Journal*, 68 (2006): 51-69.

84. Wilson, Gerald H. '"The Words of the Wise": The Intent and Significance of Qohelet 12: 9-14', in *Journal of Biblical Literature*, 103/2 (1984): 175-92.

85. Winitzer, Abraham. "The Reversal of Fortune Theme in Esther: Israelite Historiography in Its Ancient Near Eastern Context", in *Journal of Ancient Near Eastern Religions*, 11 (2011): 170-218.

86. Wise, Michael O. "A Calque from Aramic in Qoheleth 6.12, 7.12, and 8.13", in *Journal of Biblical Literature*, 109/2 (1990): 249-57.

87. Wright, A. G. "The Riddle of Sphinx: The Structure of the Book of Qoheleth", in *The Catholic Biblical Quarterly*, Vol. 30 (1968): 313-34.

中文文献

1. 陈廷忠：《耶利米哀歌》，香港：基督教文艺出版社，2006 年。

2. 陈廷忠：《苦痛与智慧——〈约伯记〉与生命难题》，北京：宗教文化出版社，2010 年版。

3. 李炽昌、游斌：《生命言说与社群认同：希伯来圣经五小卷研究》，北京：中国社会科学出版社，2003 年版。

4. 许志伟：《基督教神学思想导论》，北京：中国社会科学出版社，2001 年版。

5. 杨克勤：《末世与盼望》，北京：宗教文化出版社，2007 年版。

6. 游斌：《希伯来圣经的文本、历史与思想世界》，北京：宗教文化出版社，2007 年版。

7. 赵敦华：《圣经历史哲学》，南京：江苏人民出版社，2011 年版。

8. 〔古希腊〕柏拉图：《蒂迈欧篇》，谢文郁译，上海：上海人民出版社，2005 年。

9. 〔英〕约翰·德雷恩（John Drane）：《旧约概论》（*Introducing the Old Testament*），许一新译，北京：北京大学出版社，2004 年版。

10. 〔美〕威廉·端力斯（William Dyrness）：《认识旧约神学主题》（*Themes in Old Testament Theology*），冯美昌译，台北：校园书房出版社，1996 年版。

致　谢

　　这篇论文不是凭一己之力可以完成的，乃是因着老师、朋友和家人的鼎力相助。

　　首先要感谢我的导师赵敦华教授，正是他使我走上圣经研究的学术道路。他的眼界、学识与判断，使我得到宝贵指导。正是赵老师在一直规范着本文的问题与方向并推动我的思考，使我得以完成这篇论文。没有赵老师的指导，我不可能顺利完成博士学业。

　　特别感谢我在武汉大学的导师段德智教授，在我攻读北大博士学位的四年里，他一直给予关心、帮助与指导。

　　感谢我的另一位导师，澳洲墨尔本神学院的研究院士、华人神学研究中心主任陈廷忠。在他的影响下，我选择了圣经智慧文学为论文选题。我一进北大就有幸结识陈教授，此后一直在圣经研究的学业上受教于他。感谢陈师母 Ina Tan 对我和夫人、女儿在生活上的关心与照顾。

　　感谢美国西北大学教授、北京大学客座教授杨克勤在学业上给予的指导与支持，并对我的论文提出宝贵建议。

　　感谢加拿大卑诗大学维真学院中国研究部的许志伟教授在本人就学维真期间给予的学业指导。感谢维真学院的 Philips Long 教授主持我的博士论义大纲的讨论，并提出宝贵意见。感谢维真学院中研部的潘玉仪女士在学业和生活上给我的帮助。

　　感谢中央民族大学游斌教授对本人在学业上给予的指导。感谢澳洲墨尔本神学院中文部专任讲师池峈锋博士在我访澳期间对我的博士论文写作给予的关心，并提出宝贵建议。感谢美国 Baylor University 的 D. H. Williams 教授对本人的博士学业一直以来表示的关心。感谢加拿大温哥华的 Dr. Travis D. Trost 的友谊并对本人的博士学业给予的支持与关心。感谢位于温哥华的 Langley 的 Trinity Western Univeristy 的新约教授 Dr. Brian M. Rapske 给本人学业上的鼓励与支持。

感谢美国 China Academic Consortium 的 Martha Chan 女士在我攻读博士期间给予的关心、支持与建议。

感谢温哥华列治文华人宣道会的 Erik & Catherine Au 夫妇，Francis & Irene Chung 夫妇，William & Alice Wong 夫妇等弟兄姊妹，以及 Richmond 的 Broadmoor 浸信会中文聚会的 David & Marie Wang 夫妇等弟兄姊妹，在我和夫人于 2011 年下半年访加期间，给予的鼓励与帮助。感谢澳洲墨尔本的 Nunawading 的维省华人基督教会信望爱堂的林建义牧师夫妇以及众弟兄姊妹，在本人于 2012 年 8-9 月访澳研习期间，在生活上给予的支持。

感谢我在武汉大学的师姐车桂博士一直以来对我学业上的鼓励与支持。

感谢我的好友杨峥、王莉夫妇，朱飞、闫晓燕夫妇，宋伟博士及其夫人邓丽娟，曹坚博士及其夫人吴缨，崇明博士及其夫人刘文瑾博士，以及刘洋博士及其夫人郑雪萍的友谊。

感谢开封市爱心之家志愿者协会的刘姨、高姨、刘老师、李姐、张大姐、聂老师一直以来对我和家人的关心与帮助。

感谢韵姐一家在我和夫人访加期间给予的关心支持。感谢我的弟弟余志晖、余浩对我和家人在生活上的关心支持。

感谢我的父亲、母亲，感谢我的妻子，感谢来到世界上只有五百天的女儿。我把这篇论文献给你们四位。

为所有我感谢的人，感谢上帝。

2013 年 6 月
北京大学畅春新园

附录一：从一神论到一世论：对终末之身体复活盼望的一种神学诠释*

摘　要

　　本文试图对犹太-基督教传统里的身体复活盼望作一神学阐释，指出这一盼望表达出一世论，而一世论又是由一神论发展出来。本文分析了身体复活盼望的三个因素：身体将复活而非消亡，因为身体是人性的内在构成；身体的复活是在将来，是具有宇宙性维度的普遍事件，而非个体性的、现在就发生的事件；身体的复活作为宇宙性的终末事件，其要点是更新转变而非被代替，终末的身体和当下的身体在身份上是同一的。由以上三个要素，本文得出这一神学性分析：世界的身份同一性（一世论）在于上帝之爱的信实，而上帝的信实来自上帝的唯一性（一神论）。

关键词：一神论　一世论　终末　身体复活

---

　　* 本文发表于《圣经文学研究》第八辑（北京：人民文学出版社，2014 年 4 月出版），现获该期刊编辑部同意，得以在此书中刊载，特此致谢。

导言：终末盼望中的身体复活

"终末"（eschatos）在新约希腊文里是一个一般性用词，其意义可以指物质上的（太5：26 "最后一文钱"、路12：59），或者是空间上的（徒1：8 "地的极处"，13：47），或者时间上的（太12：45，"那人末后的境况"；可12：6；路11：26；约7：37；彼后2：20；启2：19）。[1] 就此而言，eschatos 字面上并不仅指时间上的末后，故而，将 eschatology 译为"终末论"或"末事论"似乎更妥当。不过，一般意义上的"终末论"，其内容的确仅针对时间意义上的终末。

我们可以从三个方面来理解基督教神学的终末论：个体性的终末论、历史性的终末论、以及宇宙性的终末论。至少在 Bultmann 那里，宇宙性的、历史性的终末论是被归之于神话而应该被取消的，于是，终末在他那里仅具有"垂直"的意义：上帝之国度此下地临在于每一个人的存在处境里面，谈论终末就是谈论对未来开放、对上帝开放，就是一种希望的存在主义态度。但 Dodd、Cullmann、Kummel、Moltmann 等人却持相反的观点，认为耶稣的观念无法仅仅被化归为伦理性的、存在主义的教导，并认为历史的、宇宙性的终末在耶稣那里才是学说的基础部分。[2]

一旦我们对终末论里的宇宙性、历史性维度进行考察，就会发现，它和个体性的终末有一个契合所在。可以说，使得个体性的终末也具有宇宙性和历史性的维度所在，恰恰是基督教神学的身体复活观念。如果说身体死亡乃是个体性事件的话，那么，这同一个体之身体复活，就既是他的个体终末事件，也是整体性、历史性与宇宙性的终末事件。当然，这种判断就已经预设了特定的复活观念：身体复活乃是在宇宙性之终末时发生的普遍事件，而非

---

1 Kittel, "Eschatology," in *Theological Dictionary of the New Testament (TDNT)*, edited by Gerhard Kittel; translator and editor: Geoffrey W. Bromiley (Grand Rapids, Mich.: Eerdmans, 1964-1976), Vol. 2, pp. 697-8.

2 Steven T. Davis, "Eschatology and Resurrection," in *The Oxford Handbook of Eschatology (OHE)*, ed. Jerry L. Walls (New York and Oxford: Oxford University Press, 2008), pp. 384-98; David L. Petersen, George W. E. Nickelsburg, D. E. Aune, "Eschatology," in *The Anchor Bible Dictionary (ABD)*, edited by David Noel Freedman (New York & Toronto : Doubleday, 1992), Vol. 2, pp. 575-609; Richard Bauckham, "Eschatology," in *The Oxford Companion to Christian Thought (OCCT)*, edited by Adrian Hastings, Alistair Mason, Hugh Pyper, Ingrid Lawrie and Cecily Bennett (Oxford & Toronto: Oxford University Press, 2000), pp. 206-10；许志伟：《基督教神学思想导论》，北京：中国社会科学出版社，2001 年版，第 318-334 页："第十一章：基督教末世论"。

个体死亡之后就立即发生的个体事件。这一判断预设了个体死亡与普遍末日复活之间的居间状态。[3]

神学总是充满了意见纷争的场地。我们可以说，基督教的身体（作为与特定的人之灵魂相对应的 sarx，而非作为与一般性生命原则相对应的质料的 soma）之复活盼望，乃是在耶稣时代就已经备受争议的论题。《马太福音》第22章23-33节，以及《使徒行传》23章6-10节，都记载了在犹太教内部撒都该人和法利赛人对死人复活问题所持的相反态度。就历史事实而言，法利赛人的立场在当时代表了大多数普通犹太人的信念，并且最后也成为犹太教正统。成于公元2世纪的 Mishnah 这样写道："……那些说律法书没有讲死人复活的人，说律法书不是从天上来的人，以及怀疑者，是无份于将来世界的……"。[4]显然，这种说法直接针对了撒都该派，因为撒都该派是以摩西五经至上的，且根据摩西五经来反对复活观念。

新约显然承接了当时法利赛人的复活观念，虽然这一复活观无疑被赋予了明确的基督中心论，并且也是在与敌对观念的辩护与区分里确定下来的。新约《哥林多前书》15章就似乎是针对当时已经出现、后来发展成为诺斯替主义的思潮，这种思潮有希腊哲学唯灵论的背景，以灵魂为实在而唾弃肉身。对身体实在性的辩护，也反映在《约翰一书》里对道成肉身的实在性的辩护（参考约一1：1，4：2）。

早期教父把希腊唯灵论视为主要异端之一。二世纪就确定下来的"古罗马信经"谈到复活时讲"肉身（sarx）复活"而非"形体（soma）复活"，这种用字针对的恰是诺斯替式的唯灵论。奥利金的复杂深奥思辨，为的是要在教会明确的肉身为善教导以及希腊的唯灵论之间做一个精妙平衡，但最终他倒向了希腊那边。[5]即便是处在基督教正统里的、为三位一体观念做辩护的尼撒的格利高里，也仍然在身体复活问题上，不能摆脱希腊唯灵论的影

---

3 关于对居间状态之存在的辩护，具体参考：John W. Cooper, *Body, Soul & Life Everlasting* (Grand Rapids, Michi.: Wm. B. Eerdmans Publishing Co., 1989), Ch. 6, pp. 110-30; Murray J. Harris: *Raised Immortal: Resurrection and Immortality in the New Testament* (Grand Rapids, Michi.: Wm. B. Eerdmans Publishing Company, 1985), pp. 125-42; Terence Nichols, *Death and Afterlife: A Theological Introduction* (Grand Rapids, Michi.: Brazos Press, 2010), pp. 146-51.

4 引自：Jon D. Levenson, *Resurrection and the Restoration of Israel* (New Haven and London: Yale University Press, 2006), p. 24.

5 关于早期教父们对于肉身复活观念的辩护，参考：Lynn Boliek, *The Resurrection of the Flesh: A Study on a Confessional Phrase* (Grand Rapids, Michi.: Eerdmans, 1962).

响，而事实上以希腊式的哲学思辨，将复活的身体解构为灵性的而非物质的存在。[6]

可以说，在身体复活的问题上，存在着许多神学争辩，这种争辩从中世纪以来一直到现代，都不仅在犹太教而且在基督教里存在。就客观事实而言，基督教（以及犹太教）传统及现今在神学及信仰实践群体里的主流观念，仍然是：在宇宙性的终末时，会发生身体复活。这一观念还包含着这么几方面的内容：身体-灵魂的二元性，死后灵魂的继续存在，从死亡到终末复活之间有一个居间状态存在。[7]

既然终末性的身体复活从一开始就备受挑战，那么，基督教的那些所谓正统神学家为何要一再为其辩护？本文就尝试对终末之身体复活观念做一神学阐释，以理解那些神学家们的辩护努力。本文将表明，这一观念表达了这样一个神学观念——一世论，而一世论最终而言来自那些神学家无法放弃的基本立场：一神论。可以说，一旦接受上帝的唯一性（一神论）这一逻辑前设，就不能不得出世界的唯一性（一世论），而世界的唯一性又不能不要求终末性的身体复活。

本文试图通过三个部分来分析基督教神学的身体复活观念。第一，身体是要复活的；相对于灵魂不朽、身体有朽的希腊二元论而言，身体复活观念坚持身体和灵魂同样具有本体性地位，由此，以灵魂与身体这两个维度一起来定义人性。第二，身体复活之发生是在将来，这里的重点是身体与世界之间具有统一性关系，所以，作为个体性终末事件的身体复活应当具有宇宙性维度。第三，在将来发生的终末事件，其本质和要点乃是更新、转变，而非替换与再造；这里强调的是终末世界与当下世界在身份上的同一，而这一身份上的同一，既确立了世界作为上帝之爱的对象的真实性，也确立了上帝之爱的真实性；由此，我们引出对基督教身体复活观念的这样一种神学诠释：唯一的上帝对这个世界的信实之爱，使得这个世界作为上帝之爱的对象，也具有唯一性。

---

6 St. Gregory of Nyssa, *On the Soul and the Resurrection*, translated and introduced by C. P. Roth (Crestwood, New York: St. Vladimir's Seminary Press, 2002).

7 Terence Nichols, p. 113; Steven T. Davis, in *OHE*, pp. 384-98. 参考：David Novak, "Jewish Eschatology," in *OHE*, pp. 112-28; Peter C. Phan, "Roman Catholic Eschatology," in *OHE*, pp. 215-30.

一、从复活盼望看身体具有的本体性地位

谈论复活当然以死亡为前提。而死亡的定义已经预设了一种人论。至少按照 John Cooper 的解释，基督教的人论应该是所谓的整全的二元论（Holistic dualism）[8]，它显然不同于希腊的身体-灵魂二元论。希腊的二元论认为灵魂本性上是不朽的，而身体本性上是有朽的；灵魂的堕落在于，它本性不朽却进入了有朽之身，有朽之身成了不朽灵魂的坟墓和牢笼；所以，救赎就在于灵魂永远脱离身体。这是一种灵魂与身体之间的不朽有朽、善恶两分的二元论。与此相反，基督教的所谓整全二元论认为灵魂与身体都只是被造物，它们作为被造物都具有创造者肯定的善。灵魂并不出于本性就是善，因为灵魂可能堕落、背离上帝成为恶；身体也并不就本性而言是恶，因为上帝最初所造的世界乃是善，被圣灵掌管的身体乃是善。在身体、灵魂同为被造，同为有限的前提下，这一"整全二元论"主张人是灵魂-身体的联合体。就像《创世记》1-2 章所写的那样，人是尘土和上帝之形象（或者"气息"）的合一体。灵魂和身体都只是被造物，都不具有无限性、绝对性，而在上帝给人的规定里面，单单灵魂或者身体，都不能成为人：人是灵魂与身体这两者构成的整全体。

由这种"整全二元论"得出的人性观和希腊的人性观显然不同。希腊的人性更多是一种思想性存在，而相比之下，在《创世记》第 2 章里我们读到的人性，一方面有和耶和华的关系，另一方面，却不能脱离感性的、身体的存在：人有住所（8 节：伊甸园）、食物（9 节："果子好作食物"）、审美（9 节："可以悦人的眼目"）、工作（15 节："修理看守"）、配偶（18 节：夏娃）。

以希伯来经典为信仰基础的犹太-基督教传统，对人的理解是"此世性"的：人作为灵魂与身体的统一体，处于被造世界内。[9]《创世记》第 1 章、《诗篇》第 104 篇描述了耶和华创造生命的图景：生命是好的，以致无论地上的果蔬、水里的鱼类、天上的飞鸟，乃至人，都要多多滋生。而我们可以在《诗篇》第 128 篇里看到，耶和华的祝福就意味着劳碌之后享受财富、多儿多女、长寿，且敬畏神。在这里，生命无疑是在此世的意义上来理解的，而

---

8 John W. Cooper, p. xvi.
9 Robert Martin-Achard, *From Death to Life: A Study of the Development of the Doctrine of the Resurrection in the Old Testament*, translated by John Penney Smith (Edinburg and London: Oliver and Boyd, 1960), pp. 5-11.

一个有着世界属性的生命，就是有身体的生命。

以色列人对生命的这种此世性理解，使得他们不可能把身体的死亡视为一种自然而然发生的现实坦然接受。这至少可以从几个方面来论述。

首先，死亡不属人的原本，不是人的自然，而是罪的结果，是人神关系破裂带来的。按照《创世记》第三章的叙述，只是因着人的原罪，死才作为一种惩罚，因着神的宣判，进入人世。死的非自然性，死和罪的关系，在旧约中也表达为对人之永生的可能性的肯定：人若是完全的义人，被神悦纳，就可以享受永生，例如以诺（创5：22-24）、以利亚（王下2：11）。

其次，死亡反过来成为人神关系的障碍。这不是说阴间可以阻挡耶和华。至少按照 Bauckham 的分析，在《以赛亚书》"地交出死人"的神学里，死亡是被耶和华掌管的。[10]我们亦可参考诗 139：8 的表述。但死亡制服人：阴间里的人无生气、无力量，以致不能赞美神——例如，诗 6：5，"在死地无人记念你，在阴间有谁称谢你？"；赛 28：18-19，"原来阴间不能称谢你，死亡不能颂扬你，下坑的人不能盼望你的诚实，只有活人，活人必称谢你"。义人也许在世因敬畏神而有神的赐福与同在，但义人对神的赞美、敬拜本身将受阴间的威胁。

更为重要的是，事实上，还在世上的时候，义人往往似乎并未得到神的赐福。Robert Martin-Achard 向我们详细描绘了身体复活盼望如何在以色列人的信仰史中被一步步确立，最终成为多数以色列人的盼望。[11]这中间的重要逻辑线索就是神义论问题。在最初的记载里，死亡之所 sheol 被视为每个以色列人（除 Noah、Elijah 之外）都要归去的地方，是无论义人恶人都要去的处所。这种死亡面前的人人平等，不过使得善恶之间的差别被弥平，而尤其是义人受苦的问题，使得死亡更其尖锐地显为对上帝公义的否认。例如，在自己的苦难中苦苦挣扎的"义人"约伯，就在自己的灵魂角力中，几乎被迫地达到这样的信仰："我知道我的救赎主活着，末了必站立在地上。我这皮肉灭绝之后，我必在肉体之外得见神。我自己要见他，亲眼见他，并不像外人"（伯19：25-27）。以色列人相信，死亡不可能是问题的结局，而盼望着身体的复活

---

10 Richard Bauckham, "Resurrection as Giving Back the Dead," in *The Fate of the Dead: Studies on the Jewish and Christian Apocalypses* (Leiden: Brill, 1998), pp. 269-89.

11 Robert Martin-Achard, *From Death to Life: A Study of the Development of the Doctrine of the Resurrection in the Old Testament*, translated by John Penney Smith (Edinburg and London: Oliver and Boyd, 1960).

与末日审判。到耶稣时代，对于死人普遍复活的信仰，已经成为以法利赛人、文士为代表的大多数以色列人的信仰标准了。按照 M-Archard 的概述："殉道者的鲜血是不朽的种子"。[12]

总结起来，我们可以说，对肉身复活的盼望，植根于以色列人对上帝之全能与公义的信仰。上帝的全能和全善意味着他必将制服死亡，这就取消了死亡的自然性。死亡之为原罪的结果，为死亡之被取消打开了一种逻辑可能性：完全之义的被恢复将带来失去的永生之被恢复。在上帝创造论的背景里面，人之敬拜神、得享上帝赐福，其前提就是拥有生命，这就需要身体复活。

身体复活的终末盼望，是一个直到两约之间才为拉比文献及许多启示主义文献大量讨论的问题，但它无疑在旧约里已经有明确的经文支持，例如申32：39，撒上 2：6，但 12：1-3，赛 25：8，结 37：1-14，诗 49：14-15。新约接过以色列人的这一身体复活盼望，但赋予其明确的基督中心论：耶稣基督在十字架上的工作胜过了罪的权势，击败了死亡，信徒因着十字架的果效将有身体复活。

二、关于居间状态：从身体复活的未来性看身体之属于世界

关于身体复活何时发生，在基督教神学中，至少有三种看法。[13]1），立即复活说。这种观点同意灵魂需要一个身体，并认为灵魂在与尘世的身体分离后，就立即取得另外一个身体。倘如此，则这种复活观的哲学基础可能就是奥利金-尼撒的格利高里式的身体观念，表现为希腊唯灵论与基督教创造论的折中。这种观点的备受攻击之处，就是无法解决尘世身体与死后灵魂取得的另一个身体之间的身份同一性的问题，因为，这两个身体显然不是同一个；在攻击者看来，这种观点似乎抛弃了灵魂与身体之间的二元论与整全性，以致灵魂在这里像是换衣服一样在死后又换了一个身体。在本文看来，这种观点至少使得犹太-基督教传统里的终末盼望失去了宇宙性、群体性的维度，并引出了"两个世界"的、天国与尘世之间的共时性的二元存在。

而恰恰，主流的犹太-基督教传统的身体复活观念及终末观念，是反对上述看法，而坚持复活的身体和死去的身体之间有着身份的同一性（当然，关乎上帝如何具体地操作以实现这一同一性，则仍旧有不同的理论分别）。在坚

---

12 Robert Martin-Achard, p. 222.
13 John W. Cooper, pp. 158-76.

持同一个身体之复活上，我们又至少可以看到以下两种观点。

2），消亡-再造说。这种观点主张死亡之后，灵魂归于消亡，待到终末时和身体一起被造出来。这种观点显然建立在身体-灵魂的一元性之上，以致，死亡之时因着身体的消亡，灵魂也一起消亡，而必须待到末日身体的普遍复活时，灵魂才能重新和身体一起被造。这一观点显然反对一种二元性的人论。撇开这一观点所要面对的灵魂、身体的身份同一性问题，这一观点无法回应圣经中记载的人死后灵魂依然存在的经文，例如路 23：43，耶稣对同钉十字架的犯人说："我实在告诉你，今日你要同我在乐园里了"。

3），居间状态说。这种观点认为，从身体与灵魂之相离的死亡，到灵魂和身体重新结合的复活，这中间要经历一段时间；在这段时间里面，虽然身体腐朽分解不再存在，人的灵魂仍然离开身体存在；但离开身体的灵魂是不完全的，渴望着和身体的重新联合，以致，即便圣徒的死后灵魂因为有神的同在而是幸福的，这种幸福却还不是完满的，有待以后灵魂与身体结合才成为完满。

关于居间状态里灵魂的状态，有的主张沉睡说，即灵魂处在一种如睡眠一样的消极无意识状态里面，直到终末才重新恢复意识和身体结合；有的主张意识说，即灵魂处于一种有意识的状态，有着和上帝之间的位格关系。意识说似乎更能解释圣经中的相关章节，例如保罗所说"我正在两难之间，情愿离世与基督同在，因为这是好得无比的"（腓 1：23）；另外，意识说似乎更可以被整合到犹太-基督教神学的上帝论里面：永生神是活人的神，不是死人的神。意识说事实上也是基督教传统及当今的主流观点。

总体看来，有意识的居间状态说相比其它假说而言，更能被整合到犹太-基督教一神论的信念生态系里面。但我们在这里要问的是，从这种有意识的居间状态说，可以引出基督教神学的一个什么结论？

关乎消亡-再造说和居间状态说之间的区别，我们还将在本文第三部分谈到。但至少在立即复活说和居间状态说之间，我们可以明晰这一区别：前者只要求个体性的救赎，而后者还要求一个宇宙性的、整体性的救赎。

身体复活逻辑性地以此世性的世界为条件——因为身体就其本性而言，属于世界的一部分：尘土取自大地。在人的身体性存在里面，人直接相关于整体被造物：身体需要果子的供养，果子的成长需要大地、雨水、阳光。就此而言，人只能在"创造的高峰"出现，因为他的身体性存在预设了整个世界的存在。人的这种身体性存在，最明显不过地表明了他的被造物地位：如果说，人的灵魂还可以直接依赖上帝的话（正因为此，居间状态里人的灵魂虽然没有身体，但仍可以存在），他的身体却是作为被造物而和其它被造物处于互为条件的系统里面。

然而，作为身体-灵魂之合一体的人，其与世界整体之间的统一性关系，还不只表现为上述交代的身体与世界的关系而已，它还表现在人之灵魂与世界整体也具有关系。按照创 3 章的叙述，人对上帝的原初背叛，不仅给自己带来了死亡，也在上帝原初创造的整体宇宙里引入了不和谐与咒诅。旧约先知发现，耶和华对以色列民的救赎，终究而言，不可能是独立的、只针对以色列人的事件，而必然地也是宇宙性的、针对自然界全体的事件。[14]这种关乎全宇宙、整体自然的终末盼望，同样明确地见于新约——例如《罗马书》8：22，"我们知道一切受造之物一同叹息、劳苦，直到如今"。按照新约的理解，耶稣基督十字架事件不仅是对人之罪的救赎，也是对全体宇宙之被咒诅的救赎："既然藉着他在十字架上所流的血成就了和平，便藉着他叫万有，无论是地上的，天上的，都与自己和好了"（西 1：20）。

按照新约的说法，死并非被造物原本的自然状态，而是因着罪来的："罪是从一人入了世界，死又是从罪来的"（罗 5：12）；"死的毒钩就是罪"（林后 15：56）。完全的救赎既然可以除去罪，那么，合理的期盼就是：死亡也将被除去。罪的权势被击败，带来死亡的权势被击败，而死亡就其本性而言当然针对了身体和自然世界。这样，上帝之救赎就其作为对于罪、对于死亡的胜过而言，是不能不通过自然界之更新而来的。

身体属于个人，但身体之被救赎，却和身体所在的世界整体相关。救赎不单是就选民的群体性意义而言是共通的，就人所在的整体之宇宙和自然而言，也是共通的：个体作为身体与灵魂统一体的完全得救之日，是选民全体被完全救赎之日，也是整体性世界完全得救之日。[15]而既然世界整体的被救赎显然不是现在就发生的，而只能有待于、寄望于将来，则身体的复活也只能

---

14 Donald E. Gowan, *Eschatology in the Old Testament* (Philadelphia: Fortress Press, 1986).尤其参考第四章，见第 98-120 页（idem, Ch. 4, "'Highest of All the Hills': The Transformation of Nature," pp. 98-120）。

15 D. E. Gowan 已经论述了，旧约的终末理想包含三个不可分割的方面：上帝对于个体人心、选民社会、宇宙自然这三者的转变。参考 D. E. Gowan, *Eschatology in the Old Testament* (Philadelphia: Fortress Press, 1986).

是在将来。就此而言，居间状态的存在是必要的。

三、末日的荣耀复活：从未来的世界之转变看世界的唯一性（一世论）

在本文之第二部分，我们已经谈到了立即复活说与居间状态说之间的重大区别，了解到传统基督教信仰之所以强调身体复活的未来性，就在于其救赎具有群体性、世界性、宇宙性维度。然而，这一在某个将来的不确定时刻被救赎的世界，却非"完全的它者"；恰恰地，基督教神学在在地强调那个未来时刻的被救赎世界和我们这个此在的当下性世界在身份上的同一性、连续性，而这种身份的同一和连续，在灵魂-身体之整全的二元性里面，当然包括了身体；就是这种身份上的同一性、连续性，使得居间状态说而非"消亡-再造说"，更可以被整合到基督教神学的信念生态系里面。

按照终末论的说法，在终末之日，身体将复活，接受审判，或往永生，或往永死；凡是被称为义，得永生而复活的身体都将历经转变。圣经中记载了不少人死复生的例子，例如以利亚、以利沙所行的神迹（王上 17：17-24；王下 4：31-37，13：21），耶稣使拉撒路复活（约 11：44）。这些例子恰当说来是复苏（resuscitation）而非复活（resurrection）——两者的区别在于，复活的时候，人的身体将经历转变（transformation），其身体和经历死亡的身体之间虽然有身份上的同一性和连续性，但已经有了质上的非连续性：复苏的身体还在罪的权势下，还要经历死亡，复活的身体是已经摆脱了罪的权势，摆脱了死亡而不再会经历死亡，是已经有永生了。另一方面，旧约记载的以诺、以利亚，既然根本未经历死亡，也就谈不上经历对于死亡之战胜的复活。

按照圣经的宏大叙事，唯一身体历经死亡而又复活的，乃是耶稣（林前 15：20，"但基督已经从死里复活，成为睡了之人初熟的果子"）。Cullman 很正确地指出，在犹太传统那里，复活是盼望而不是信仰，只是因着耶稣十字架受死与复活事件的发生，因着复活已经成为救赎史中的事实，复活才既是盼望又是信仰。[16] 终末之时的信徒将经历普遍的复活转变。在终末之日完全

---

16 Oscar Cullmann, *Christ and Time: The Primitive Christian Conception of Time and History*, Translated by Floyd V. Filson (London: SCM Press Ltd., 1962), p. 234. 关于由基督教之"已然实现-尚未完成"的终末论引出的伦理，可参考杨克勤：《末世与盼望》，北京：宗教文化出版社，2007 年版，第 323-324 及 348-349 页。

被救赎、复活、转变的身体，其特征就在于它完全顺从圣灵的掌管，成为灵性的身体。按照保罗的说法，"血肉之体不能承受神之国；必朽坏的不能承受不朽坏的"（林后 15：50）。这不是说承受神之国就不需要身体，而是说，为了承受神之国，我们的身体必须从必朽坏的变成不朽坏的。在接下来的第 52 节，保罗说到："就在一霎时，眨眼之间，号筒末次吹响的时候，因号筒要响，死人要复活成为不朽坏的，我们也要改变"；换言之，终末来临时，无论是已经死过的人，还是尚未死亡、肉身活着的人，其身体都将经历转变以承受神的国。那历经转变而成为不朽坏的身体，是灵性的身体，是上帝在其中得以完全行使治权的身体。与此相反，我们可以在《罗马书》第 5 章 18-25 节看到，那不能完全顺服圣灵管辖的身体，正是有朽坏、被死亡掌管的身体。按照《启示录》的说法，被更新的身体，将和神面对面相见（启 22：4）；和这个完全被圣灵掌管的身体相一致的，乃是一个被更新的自然和宇宙：新天新地、新耶路撒冷，在其中，"先前的天地已经过去了，海也不再有了"（启 21：1）、"不再有死亡，也不再有悲哀、哭号、疼痛，因为以前的事都过去了"（启 21：4）、"以后再没有咒诅"（启 22：3），人自由地接触生命水、生命树。

使徒约翰在《启示录》第 22 章 1-2 节这样论到新天新地的到来："我又看见一个新天新地，因为先前的天地已经过去了，海也不再有了。我又看见圣城耶路撒冷由神那里从天而降"（启 22：1-2）。换言之，那个终末之时神人同在的处所，那个新耶路撒冷，将恰恰就是在这个世界（虽然是已经被更新变化的世界）里面实现：与其是我们被提到了天上，毋宁是"从天而降"了新耶路撒冷。由此看来，无论我们如何谈论终末之世界-身体与当下性的世界-身体在质上的更新、变化、非连续性，那被更新转变者，恰恰是身份上的这个此在之当下性的身体与世界；换言之，终末的世界-身体在身份的认同上就是当下的这个世界-身体。

这样，终末的要点在于它是转变而非替换，是更新而非消亡、去除、被取代。也许，上帝是在他的恩典之爱里才说出：这个世界是好的。这个世界当然是尤其脆弱，以致发生了后来的堕落。但上帝对这样一个他当然知道以后会发生堕落的世界的不放弃，就表明了他的神性之爱、对弱者的爱。在新天新地和原先那个被创造而又堕落的世界，也就是人现在所处的世界之间，有着不可否认的身份同一性，正是这种身份同一性，确立了上帝的救赎之爱对于这个世界而言的实在性：上帝在末日完全救赎的世界，恰恰就是那个他创造而又堕落了的世界，是如今我们处于其中、历史在其中得以展开的世界。按照新约的说法，世界的确曾经堕落，但上帝对这个世界的信实和爱就在于：他既然造了这个世界，就将爱这个世界到底，乃至付出十字架牺牲，为的是在基督里使这个由他自己造出来的世界获得更新的生命（"神爱世界，甚至将他的独生子赐下，叫一切信他的人，不至灭亡，反得永生"，约 3：16）。正如前述，世界的空虚、冲突与紊乱原本就是人的罪带来的；于是，基督的十字架救赎同样有着对于世界整体而言的意义："照所安排的，在日期满足的时候，使天上地上一切所有，都在基督里面同归于一"（弗 1：10）。

以色列的复活盼望和波斯祆教复活盼望之间具有神学上的根本性区分。[17]在这里，我们至少可以指出，以色列的复活盼望深植于对上帝与以色列立约恩典的信念，从而表达为对上帝救赎干预的信念。换言之，在以色列的复活盼望那里，复活的可能性（以及与其相伴的审判与宇宙性复兴的可能性）立足于上帝在末后日子的干预行为，从而立足于上帝的位格性；相比之下，波斯祆教的复活，虽然也发生在将来性的时间里，但却是事物在自然本性里就将实现的赏善罚恶，它并不需要至高神出于位格性而进行干预。这样，以色列的身体复活盼望就并不表现为对世界内的存在物即肉身在未来所具有的状况的一种知识性的认知与预测，倒毋宁是对世界外的存在物即上帝在过去和现在就已经具有的状况的一种信念性的承认与肯定。上帝出于自己的位格性而作的干预行动，在圣经那里被表达为历史叙事，而末日的身体复活就本性而言也将是上帝的历史性行动，而不是像在波斯祆教那里一样，属于一种宇宙周期性的、具有自然之内在发展必然性的东西。在以色列那里，身体复活出于上帝的位格性而不是宇宙的自然性。这样，以色列的复活论、终末论，终归而言，仍然是上帝论；以色列是在救赎的意义上看待复活与末世：救赎

---

17 关于波斯祆教的复活观念，参看：R. C. Zaehner, *The Dawn and Twilight of Zoroastrianism* (New York: G. P. Putnam's Sons, 1961), Ch. 15, "The End," pp. 302-21; Sir Rustom Masani, *The Religion of the Good Life* (London: George Allen & Unwin Ltd., 1938), Ch. 11, "Eschatology," pp. 104-11; Ch. 12, "The Final Dispensation," pp. 112-15. 关于波斯祆教终末论与犹太教终末论的比较，参看：James Barr, "The Question of Religious Influence: The Case of Zoroastrianism, Judaism and Christianity," in *Journal of the American Academy of Religion*, Vol. 53, No. 2 (June, 1985): 201-35.

就是上帝对这个世界、这个身体展开的位格性行动。

四、总结：从一神论到一世论

就逻辑的可能性来说，我们对于整体世界的盼望，要么是放在那个此时就同在的、但这样也就当然是作为与此岸相对而言的彼岸的"天国"里面（如果我们假设"天国"就是一个具有整体性的系统的话）[18]；要么，这一盼望就是放在所谓的"在此的"同一个世界里面，但这样的话，这一盼望的实现就必须在时间上被推到将来，因为，就事实而言，在此的世界还不具有复活之现实性的条件。我们看到，犹太-基督教的一神论选择了后一个盼望。

犹太-基督教传统的一神论，并非只是在数量上肯定神只有一位而已。一神论当然肯定作为全知、全能、全善、全在者的上帝有且只有一位，但犹太-基督教的上帝之启示的独特性恰在于：这位神将自己启示为一个位格性的（personal）存在，换言之，他是独特的（unique）。一神论的"一"并非止于数量上的一，也包含了质上的独特，即属性和规定性上的不可重复、不可代替。这种独特性表现于历史叙事的偶然性，并且在犹太-基督教传统的信仰里面，乃是通过从以色列出埃及到十字架耶稣受难的宏大叙事被表达出来。在这一传统里，上帝不是一个抽象性原则，而是有具体的历史性、事件性：他的行动和存在关联于具体的时间、空间与角色者，而这甲的时间、空间、角色者就同时给出了人现在所处的这个世界的规定性。和上帝之行动的这种独特性相对照的是，他创造且只创造了这一个世界：这个世界是独特的，就如这个世界里面的选民以色列是独特的，也就如创造世界、救赎选民的上帝也是独特的。在这里，世界、选民以及上帝的独特性，是互相要求、互相规定的。

上述神学思想的逻辑，乃是通过上帝的历史性行动——他与以色列之间的关系性事件，来揭示上帝的属性，即信实之爱；又将这种信实之爱类比地运用到上帝与世界整体的关系上，得出：从上帝的信实里同样可以得出世界的唯一性、独特性。上帝的全能可以创造无穷多个世界，但上帝只造出了我们现存的世界，并且，上帝对这个世界一直信实，以致开展他的救赎工作，这一工作延展到将来，以致终末不是世界的结束，而是救赎的完成。上帝的

---

18 至少从 Cullmann 的分析看来，希腊的观念就属于这种可以说是空间性的盼望。参考 Cullmann, p. 52.

临在并不离开这个世界，因为上帝是信实于这个世界的。

以色列的上帝的身份和位格性所在，乃是他藉着行动表明自己，而他的行动恰恰是藉着创造这个世界、救赎这个世界、更新这个世界展开的。上帝的独一性表明，唯有他才是上帝，这就意味着唯有他才是完全信实的那一位，而他的完全信实，确立了这个世界的唯一性：这个世界作为上帝之爱的对象，因着被他的爱抓住，成为了唯一者。

世界的唯一性，我们不妨称为一世论（monocosmism，分别取自希腊词"mono"和"cosmos"）。一世论意味着，恰当说来，"此世"与"彼世"之间的分别不存在：只有一个世界。我们只是在时间性的意义上才能谈论此世与彼世，而这种时间性上的断裂与非连续性，预设了身份上的同一和连续。这就意味着，这个被上帝创造出来的世界，是上帝在他的信实里卷入其中、救赎其中，并且在终末更新变化其中的世界，也是人已经处于其中，并被呼召着去使其更新、变化的世界。那个在超越性里面，在他自己完全的自由里面的上帝，恰恰是在这个具体的、并且也是唯一的世界里完成他的爱、恩典与救赎的，所以，人之承受他的更新、变化，承受他的恩典、爱与救赎，也只能藉着这一个且是唯一一个世界。这样，我们就可以理解，为何在犹太-基督教伦理中无法谈论避世主义：对世界的逃避将成为对上帝的逃避，因为上帝恰恰爱这个世界且在这个世界里显明他的爱，显明他自己。这或许正是犹太-基督教的身体复活观念所包含的神学意义之一。[19]

参考文献

1. *The Anchor Bible Dictionary (ABD)*, edited by David Noel Freedman, New York & Toronto: Doubleday, 1992. David L. Petersen, "Eschatology (OT)," Vol. 2, pp. 575-79; George W. E. Nickelsburg, "Eschatology (Early Judaism)," Vol. 2, pp. 579-94; D. E. Aune, "Early Christian Eschatology," Vol. 2, pp. 594-609; Robert Martin-Achard, "Resurrection (OT)," Vol. 5, pp. 680-84; G. W. E. Nickelsburg, "Resurrection (Early Judaism and Christianity)," Vol. 5, pp. 684-91.

2. *The Interpreter's Dictionary of the Bible (IDB)*, edited by George Arthur Buttrick, Thomas Samuel Kepler & Emory Stevens Bucke, New York:

---

19 我希望，本文的分析已经足够清楚地表明，这种伦理上的入世，既然是根植于一神论，那它就当然属于旧约的应有之义，而不是像 Cullmann 所主张的那样，认为犹太的终末论盼望是避世的，只是在新约里才因着耶稣十字架事件发展出参与世界的入世伦理。参考：Cullmann, p. 211.

Abingdon Press, 1962. E. Jenni, "Eschatology of the Old Testament," Vol. 2, pp. 126-33; J. W. Bowman, "Eschatology of the New Testament", Vol. 2, pp. 135-40.

3. *The Oxford Handbook of Eschatology (OHE)*, edited by Jerry L. Walls, New York and Oxford: Oxford University Press, 2008.

4. *Theological Dictionary of the New Testament (TDNT)*, edited by Gerhard Kittel, translator and editor: Geoffrey W. Bromiley, Grand Rapids, Mich.: Eerdmans, 1964-1976. Kittel, "Eschatology," Vol. 2, pp. 697-98.

5. Barr, James, "The Question of Religious Influence: The Case of Zoroastrianism, Judaism and Christianity," in *Journal of the American Academy of Religion*, Vol. 53, No. 2 (June, 1985): 201-35.

6. Bauckham, Richard, "Eschatology", in *The Oxford Companion to Christian Thought (OCCT)*, pp. 206-10, edited by Adrian Hastings, Alistair Mason, Hugh Pyper, Ingrid Lawrie and Cecily Bennett, Oxford & Toronto: Oxford University Press, 2000.

7. Bauckham, Richard, *God will be All in All: The Eschatology of Jurgen Moltmann*, Ed., Edinburgh: T&T Clark Ltd., 1999.

8. Bauckham, Richard, *The Theology of the Book of Revelation*, Cambridge: Cambridge University Press, 1993.

9. Bauckham, Richard, *The Fate of the Dead: Studies on the Jewish and Christian Apocalypses*, Leiden: Brill, 1998. Ch. 10, "Resurrection as Giving Back the Dead," pp. 269-89.

10. Boliek, Lynn, *The Resurrection of the Flesh: A Study on a Confessional Phrase*, Grand Rapids, Mich.: Eerdmans, 1962.

11. Cooper, John W., *Body, Soul & Life Everlasting*, Grand Rapids, Michi.: Wm. B. Eerdmans Publishing Co., 1989.

12. Cullmann, Oscar, *Christ and Time: The Primitive Christian Conception of Time and History*, Translated by Floyd V. Filson, London: SCM Press Ltd., 1962.

13. Davis, Stephen T., *Risen Indeed: Making Sense of the Resurrection*, Grand Rapids, Michi.: William B. Eerdmans Publishing Company, 1993.

14. Dumbrell, William J., *The End of the Beginning: Revelation 21-22 and the Old Testament*, Grand Rapids, Michi.: Baker Book House, 1985.

15. Gowan, Donald E., *Eschatology in the Old Testament*, Philadelphia: Fortress Press, 1986.

16. Gregory of Nyssa, St., *On the Soul and the Resurrection*, translated and introduced by C. P. Roth; Crestwood, New York: St. Vladimir's Seminary Press, 2002.

17. Harris, Murray J., *Raised Immortal: Resurrection and Immortality in the New Testament*, Grand Rapids, Michi.: Wm. B. Eerdmans Publishing Company, 1985.

18. Levenson, Jon D., *Resurrection and the Restoration of Israel*, New Haven and London: Yale University Press, 2006.

19. Martin-Achard, Robert, *From Death to Life: A Study of the Development of the Doctrine of the Resurrection in the Old Testament*, translated by John Penney Smith, Edinburg and London: Oliver and Boyd, 1960.

20. Masani, Sir Rustom, *The Religion of the Good Life*, London: George Allen & Unwin Ltd., 1938. Ch. 11, "Eschatology", pp. 104-11; Ch. 12, "The Final Dispensation", pp. 112-15.

21. Nichols, Terence, *Death and Afterlife: A Theological Introduction*, Grand Rapids, Michi.: Brazos Press, 2010.

22. Nickelsburg, George W. E., *Resurrection, Immortality, and Eternal Life in Intertestamental Judaism*, Cambridge, MA: Harvard University Press, 1972.

23. Zaehner, R. C., *The Dawn and Twilight of Zoroastrianism*, New York: G. P. Putnam's Sons, 1961. Ch. 15, "The End," pp. 302-21.

24. 许志伟：《基督教神学思想导论》，北京：中国社会科学出版社，2001 年版。

25. 杨克勤：《末世与盼望》，北京：宗教文化出版社，2007 年版。

附录二：《精神现象学》中的耶稣形象
——黑格尔哲学中的神学观念之浅析[*]

摘　要

　　通过对《精神现象学》的"天启宗教"部分的解读，本文认为：黑格尔的哲学显然有由基督教神学观念带来的对于"绝对精神"的前理解，他的形而上学建构事实上是吸取了基督教的神学思想尤其是道成肉身观念而得以展开的；但是，他的前理解又有近代唯理论哲学的特色，这就使得他最终将超验性化归为内在性，得出了对耶稣救赎、耶稣之死（以及耶稣复活、耶稣再临）的不同理解，发展出一种不同于基督教传统神学的新神学。

关键词：黑格尔　精神现象学　耶稣　道成肉身　神学

　　* 本文发表于《基督教思想评论》第 15 辑（上海：上海人民出版社，2012 年 8 月出版），现获该期刊编辑部同意，得以在此书中刊载，特此致谢。

西方近现代的形而上学一般而言都和西方传统的基督教神学有着这样那样的联系，这一点在黑格尔的形而上学那里尤其表现的明显。[1]在黑格尔那里，宗教（在宗教里面，基督教作为"启示宗教"是最高的宗教、"绝对宗教"）与哲学的关系乃是前者为后者提供内容，后者为前者提供形式，而这种形式与内容之间的张力关系为人们对黑格尔哲学的神学性质的争论给出了各种可能性。

黑格尔本人的大学时代是在神学院里渡过的，他的青年时代思想形成期的代表作品有许多是神学著作。而在他思想的成熟期，他更是断言："哲学一般而言以上帝为自己的对象且是唯一恰当的对象……它是对永恒事物的认识，是对上帝的存在以及本性的认识……"。[2]我们可以看到，基督教神学的一些核心观念（尤其是道成肉身），对于黑格尔解决形而上学的基本问题，有着基础性的重要性。不过，就像黑格尔自己在他的哲学体系中对宗教与哲学、表象思维与概念思维做出严格区分一样，黑格尔对于传统神学的关系也不是一味俯就，倒是对它作出了重大的甚至是变革性的改造。

在黑格尔《精神现象学》的"天启宗教"部分，黑格尔实际上对基督教神学的元叙事——创造、原罪、堕落，以及救赎（包括道成肉身、十架代赎、复活与再临），都做了自己的再诠释，这种再诠释就是黑格尔自己的神学-哲学。值得注意的是，这种诠释恰是从头到尾都围绕耶稣基督这么一个形象来展开的。本文就将立足这一文本，[3]来分析黑格尔形而上学与基督教神学基督论之间的关系。由于黑格尔这段文本，基本上是按照基督之降生（道成肉身）、基督之事工（十架代赎）与基督之死（复活、升天）的时间顺序来写的，所以本文也就以此为叙述线索。我们下面就来一一分述之。

1　关于黑格尔左派与右派对于黑格尔哲学的神学性质的争论，参考 P. C. Hodgson, "Hegel's Christology: Shifting Nuances in the Berlin Lectures", in *Journal of the American Academy of Religion*, Vol. 53, No.1 (Mar, 1985): 23-40.

2　Peter C. Hodgson, *Hegel and Christian Theology* (Oxford University Press, 2005), p. 55.

3　黑格尔：《精神现象学》，贺麟、王玖兴译，商务印书馆1979年版，下卷第228-257页。以下所引中译原文均出自该译本，不再另注出处。英译本参考 G. W. F. Hegel: *Phenomenology of Spirit*, trans. A. V. Miller (Oxford University Press, 1977)，以及 *G. W. F. Hegel: Theologian of the Spirit*, ed. Peter C. Hodgson (Minneapolis: Augsburg Fortress Publishers, 1997).

一、道成肉身：对于"绝对精神"的三个基本理解

自从笛卡尔形而上学以上帝为绝对实体，精神和形体为相对实体之后，如何统一精神和形体这两者，就一直成为近代形而上学的中心问题之一。而黑格尔的解决方案，就在于以"绝对精神"为客观（绝对理念外化的自然界）与主观（主观精神、客观精神）之间的统一。

黑格尔是在近代的认识论传统下作自己的形而上学解释的，所以他遵循了笛卡尔基本的方法论：从明白清晰的东西入手来一步步建构真理乃至形而上学。他的《精神现象学》恰是要从在我们看来都很明白的感性的直接性（"这一个"）入手，来分析揭露意识如何由于每一个阶段的内在矛盾的缘故，一步步为了克服矛盾而被迫地运动上升，最终历经意识、自我意识、理性等不同的意识形态阶段而达到精神。他使用的方法和笛卡尔一样：描述清晰的、自明的现象，最终从现象本身里建构出绝对精神。——不过，就像黑格尔自己所说的那样，真理是全体，以致开端处本身就蕴含了结尾；于是，我们可以怀疑，是否由这种现象的描述，就真的可以一步步地引导到绝对精神，还是，毋宁地，这种引导的过程本身其实也需要某种关于"绝对精神"的观念作为先在的前提？

在《精神现象学》里面，黑格尔有不少关于何为绝对精神的断言。例如，在序言中，他就说，"真理就是它自己的完成过程"，"上帝的生活……如果缺乏否定物的严肃、痛苦、容忍和劳作，它就沦为一种虔诚，甚至一种无味的举动"（上卷第 11 页），"精神的生活不是害怕死亡而幸免于蹂躏的生活，而是敢于承当死亡并在死亡中得以自存的生活"（上卷第 21 页）。这些对于何为"绝对"、"真理"与"上帝"的理解，显然不同于黑格尔之前的许多哲学家如康德、谢林，但这种理解从哪里来？

联系到黑格尔思想形成时期的神学背景，并以《精神现象学》中的有关文本为依据，我们至少可以从三个方面来说明，黑格尔或许正是借助传统神学的基督论中的有关观念——尤其是道成肉身——而有了对于"绝对精神"的前理解。

第一个方面，道成肉身作为神性与人性的统一，在黑格尔那里发展成为主体与实体（或者说主体与客体的统一）的统一，用以解决笛卡尔哲学以来的主客二分困境。绝对精神既不是单纯的主体，也不是单纯的客体，而是超越了主体与客体的综合；这个思想，在黑格尔看来，出自基督教的道成肉身

观念，黑格尔也恰是在"天启宗教"这一部分里明确谈到了作为主体与实体的统一的精神本身的出现。经过前述各个意识形态的漫长的道路之后，现在，黑格尔说："精神出现的一切条件都具备了"（下卷第 232 页）。换言之，恰是在将要来到的"天启宗教"或者说"绝对宗教"阶段，出现了精神。而之所以在这个意识形态的阶段出现的乃是精神自己，乃是因为：实体和主体在这里互相统一。黑格尔是在近代哲学的自我意识概念里来论述这种统一，将其表述为"绝对精神自在地从而也就自觉地取得了自我意识的形态"（下卷第 235 页）。但是，他明确地指出，这种所谓的"自觉地取得了意识形态"，就是道成肉身。他说，"信仰的意识看到、感到和听到这个神圣性了"（下卷第 235 页），这句话显然可以对应到新约《约翰一书》1 章 1 节对道成肉身的论述："论到从起初原有的生命之道，就是我们所听见，所看见，亲眼看过，亲手摸过的"。黑格尔又说，"神圣本质之变成肉身，换句话说，神圣本质直接地本质上具有自我意识的形态，就是绝对宗教的简单内容"（下卷第 235 页）。

这种似乎是在彼岸的最高本质，竟然可以过渡到在此岸的、现实的、个别的人，这一点，在黑格尔那里不但是可能的，是现实地已经完成了的，而且，它还恰恰就是精神的最高的完成："说最高的本质可以作为一个存在着的自我意识而看得见、听得到等等，事实上就是最高本质的概念的完成"（下卷第 237 页）。就是这种从彼岸到此岸的过渡，表现了精神的绝对性。按照 Hodgson 的分析，所谓的绝对 absolute，来自拉丁文的 absolvere（"释放"、"放出"），换言之，绝对精神的绝对性恰在于它能够释放出它者，也就是作为精神之外化和异化的自然界以及主观精神；客体和主体，就是这样通过绝对精神统一起来的。[4]绝对精神恰是因为这样一种释放，而外化了自己，成为绝对和无限的东西。

黑格尔如何取得这样一种对于精神的理解或毋宁说前理解？考虑到黑格尔对基督教神学熟捻于心的背景，我们很难设想第二种答案。而他自己在这里对精神之外化和异化的论述，就使用了基督论中的关键术语：虚己。在下卷第 233 页，其中的"实体的外在化、实体之变成自我意识"中的"变成自我意识"德文原文即为 entäußerung，路德就是用这个词翻译希腊文圣经中的 κενοω，这个希腊词见于《新约·腓立比书》2 章 6-7 节："他本有神的形像，

---

4 Hodgson, *Hegel and Christian Theology*, p. 90.

不以自己与神同等为强夺的，反倒虚己，取了奴仆的形像"。事实上，黑格尔在《精神现象学》的许多关键且晦涩的段落里，都使用了这个来自新约圣经的词。[5]

第二个方面，道成肉身是上帝的主动行为，在黑格尔那里，这就发展成为对绝对精神的这一看法：精神是自己行动的，是主动的东西。黑格尔说，"精神之所以是现实的精神，因为它经历过它的本性的三个要素；这种自己通过自身的运动构成精神的现实性。凡是自己运动的东西，这就是精神"（下卷第255页）。道成肉身是从神到人的道路。在传统神学中，道成了肉身，乃是上帝出于自己的救赎计划，而谦卑地俯就人，取了人的样式。神性与人性的结合，彼岸与此岸的结合，出于上帝自己的意志和计划。换言之，这是一个由神自己降卑到人的过程，而不是一个从人上升到达神的过程，这个神之降卑的过程即是上帝的虚己，上帝在这种虚己里面开展自己的救赎，也就是神与人的和解、彼岸与此岸的和解。这种神学观念，在黑格尔那里被表述为绝对精神的本性：精神就是那在自己的运动中外化为它者而在它者里面找到自身并由此实现与它者的统一的过程。

在黑格尔那里，有限和无限之间的沟通不可能是从前者向后者，而是后者向着前者，有限之上升为无限即是无限通过有限回到其自身；就此而言，所谓的意识形态的辩证上升的运动，乃是精神自己的上升运动。但这一点本身已经是一种思辨的洞见，而道成肉身即是哲学与宗教的"思辨转折中心点"，基督教本身就是"全然思辨的"。[6]在此意义上，唯有上帝才是绝对的主体（同时也是绝对实体），而所谓的上帝证明乃是上帝的自我证明。也就是在上帝的主体性的意义上，唯有"启示宗教"（基督教）才是最高的宗教，因为唯有绝对精神（上帝）的运动性和主动性决定了他要向作为一个异化物的它者的自我意识显现自己。

第三个方面，道成肉身是上帝在肉身的受难中展开的救赎行为，在黑格尔那里，这就意味着：精神承担起艰辛的劳作，经过具体的、尘世中的、甚至是苦难的环节（或者说中介），才能达到自身的整体性和无限性。

道成肉身是神与人、人与神之间的中介。按照新约圣经的说法，耶稣是"道路、真理、生命"，并且，若不是藉着他，就"没有人能到父那里去"

---

5 T. J. J. Altizer, "*Apocalypticism and Modern Thinking*", in http://www.religion-online. org/showarticle.asp?title=3274, written in 1997.

6 Hodgson, *Hegel and Christian Theology*, p. 79, 81, 83.

（参考《约翰福音》14 章 6 节）。换言之，道成肉身确立耶稣作为中保的唯一性地位。人与神之间并不存在那种神智论式的直接沟通，而是必须通过中介，并且这个中介恰恰是一个已经表现为感性存在的中介："论到从起初原有的生命之道，就是我们所听见，所看见，亲眼看过，亲手摸过的"（《约翰一书》1 章 1 节）。黑格尔从这里引出来的观念是：主体与客体的和解需要中介。对精神的认识，以及绝对精神的自我完成，都是需要借助中介的，而且这个中介就是作为感性的现实世界。绝对精神不仅只是外化为自然界，而且也恰恰是必须要通过从自然界这样的外化物再回到自身这样的过程，才能够真正地实现它自己和成为它自己。

恰当而言，道成肉身与十字架受难之间并没有直接的概念上的逻辑联系。在福音书的叙述里，这两者之间的关联乃是因着救赎——道成肉身作为一种感性存在的中介，恰恰是为了受苦难而来的："人子来，不是要受人的服侍，乃是要服侍人，并且要舍命，作多人的赎价"（《马太福音》20 章 28 节）。基督教神学以救赎观念作为道成肉身与十架苦刑之间的逻辑连接。苦难乃至其极端化即死亡，出于救赎的内在需要。而在黑格尔那里，这两者之间的逻辑联结被表述为一种出自精神之本性的必然性，这就是：精神需要经过艰苦劳作，进入到有限性、它在、异化当中，才能实现自身的具体性和整全性，并由此显明自身乃是绝对的、无限的精神。精神的异化，固然直接地乃是道成肉身，但道成肉身作为一种有限性，作为一种异化，它的最极端化的表达，就是死亡。就此而言，道成肉身乃是为了十架之死。T. J. J. Altizer 在他的分析中甚至断言，黑格尔可能是第一个以十字架受难为哲学运思之核心的哲学家。[7]在十字架之死的苦难里面，超验性的上帝进入到自己的完全异在的一面，而完成了自己的绝对性。我们下文还将谈到，黑格尔对耶稣之死的理解，之所以和传统神学不同，乃是由于两者对于救赎的理解就是不一样的；这里我们仅只是探讨十架苦难可能给道成肉身赋予的意义。

通过上述分析，我们可以看到基督教传统神学中的道成肉身观念怎样深刻地影响了黑格尔对于"绝对精神"的前理解。不过，我们可以注意到，也就是在这个观念里面，已经有了黑格尔和基督教传统的非常显著的不同。这就是，在黑格尔那里，道成肉身就是"神圣本质直接地本质上具有自我意识

---

7 Thomas J.J. Altizer, "Hegel and the Christian God", in *Journal of the American Academy of Religion*, Vol. 59, No.1 (Spring, 1991), p.72.

的形态"（下卷第 235 页）。"最高的本质可以作为一个存在着的自我意识而看得见、听得到"（下卷第 237 页），换言之，道成肉身乃是道（"最高本质"）、肉身（"看得见、听得到"）、自我意识这三者之间的三位一体关系，而不仅仅只是道与肉身的关系。而在基督教那里，道成肉身作为一种信仰的神秘，只发生在耶稣这个独特的个体身上的，耶稣的肉身——按照《使徒信经》，乃是"由童贞女玛利亚所生"——就具有个体的排他性。相比之下，"自我意识"乃是一个普遍性的概念，虽然它的确是发生在个体身上，但却是个体中的普遍性的部分。道成肉身观念在传统神学那里是要引向耶稣位格的独特性，而在黑格尔那里，在道成肉身的观念中引入"自我意识"概念，最终是要以实现一种普遍化意义上的道成肉身，也就是一种有限性与无限性之间的思辨性的结合。

二、十架之死：本体论意义上的上帝自身的和解

　　由于黑格尔立足于近代哲学的主体、客体二分的哲学困境来运用道成肉身观念，所以，他对耶稣十字架之死的救赎意义也是从这个角度来理解的。救赎在黑格尔的理解那里是指本体论意义上的主客二分之重新统一，而不是传统神学基于律法和罪而来的法学性的和解（所谓"称义"）。黑格尔与传统神学的救赎论之间的差别，我们将看到，最终乃是上帝观的不同。

　　在"天启宗教"这一部分的"外在化的精神：圣子的王国"（第 244 页到 251 页）的小节里，黑格尔叙述了"创造"、"善与恶"、"得救与和解"这几个传统神学的观念。黑格尔对这几个观念的理解是围绕着"外化"来展开的。精神不是抽象地只是在自己的单纯性和本质性里面，而是要成为具体丰富的现实性，而这个成为过程，就是精神外化为它物又在外物那里回到自身。

　　和传统神学中的意志主义（上帝出于自己的自由意志而创造了世界，这里没有什么必然性）不同，在黑格尔那里，不但创造是出于精神自己本性的必然，而且，以后的堕落和恶的出现，也是出于精神自己本性的必然，并且，我们可以说，从这种必然性看来，堕落与恶，和创造是本质上同一的过程：它们都是精神本身的外化。黑格尔说，纯粹的本质中的精神，"它的变成他物一般就是深入于自身"（下卷第 245 页），而"恶不是别的，只是精神的特殊自然存在之深入自身"（下卷第 247 页）。这个"深入自身"即是自我中心

（self-centeredness）。他物获得存在，也就是说创造，还只是外化的刚刚开始；而"恶就成为意识自身深入的第一个特定存在了"（下卷第 246 页）。可以说，正是在恶里面，外化才得以完成，而精神的具体性和现实性也才能藉着这一恶的中介得以实现。黑格尔抨击传统神学对恶的理解，这种理解把恶表象为一个"异在、外在于神圣本质的事变"（第 248 页）；而他认为，"恶的特定存在对神圣本质来说，本来并不是异己的东西；如果绝对本质真正存在着一个外在于它的他物，如果它真的有所谓堕落，那么它就会只有绝对本质这个空名词"（下卷第 249 页），换言之：恶的存在恰恰是神圣本质自身的外化所必然要求的东西，也是在神圣本质自身里已经包含了的东西。

　　和这种对恶的本体论理解相对应，黑格尔对救赎的理解也是本体论的：救赎即是在外化的他物那里重新回到原初的神圣本质，认识到所谓的"他物"并不是一个异在，而毋宁是精神自身。正是在这种从这种对于恶与救赎的本体论的理解视域里面，黑格尔阐述耶稣的救赎之工，并且他主要是从道成肉身和耶稣之死这两个方面来理解耶稣的救赎与和解工作。[8]我们可以说，道成肉身与耶稣之死这两个方面里面，后一个方面是围绕第一个方面的：耶稣之死成就了道成肉身的泛化和普遍化。

　　第一方面是道成肉身。黑格尔说，"如果按照概念的方式来表述这种神人的和解或统一的话，就应该说，神圣本质和整个自然界本来是同一的"（下卷第 250）；这种同一性，乃是"当神圣本质的外在化即神变成肉身时"才表达出来的。换言之，在黑格尔那里，道成肉身就以一种此在的、具体的方式，表明神性与人性是可以统一而且现在已经统一的，而这种统一就是和解。但道成肉身本身只是将原本就在事物那里存在着的可能性显明给了自我意识罢了，而这也恰是它之为"启示"的意义所在。这样，道成肉身作为神性与自然性的同一，并不具有本体论上的新意义，但它作为对这种同一的显明（"启示"），具有认识论的意义。这种认识论上的启示，将最终引向后来的概念中的统一也就是完全的和解与救赎。

8　还有一个方面，可以说是耶稣的生平与事工。在黑格尔的早期神学著作《耶稣传》里面，他把耶稣视做理性与道德之在个别的、现实的人那里得到精神化和具体化。参考：《黑格尔早期神学著作集》第 79-154 页，贺麟译，商务印书馆 1988 年版。不过，对于耶稣之生平与事工的这种理解，是黑格尔早年深受康德思想影响的结果，而且，在《精神现象学》的"天启宗教"部分也并没有谈到这个方面，所以本文也就对此暂不作讨论。

第二个方面是耶稣之死，而耶稣之死乃是为了实现道成肉身的泛化或者说普遍化。[9]按照黑格尔的说法，"现实性的直接定在"（这里即指耶稣）之"……死亡正是它作为精神的诞生。这种有自我意识的本质之扬弃了的、直接的当前存在，就是作为普遍的自我意识的本质"（下卷第 249 页）。换言之，唯有耶稣作为一个现实的、具体性的人死去，精神的和解才能在其它的个别的人身上也实现，才能从个体性上升到普遍性，才能回到精神自身，从而达到和解，而这个过程，最终乃是要到"绝对知识"阶段以概念的方式才能完全实现的。可以说，耶稣是精神外化之后作为有限的精神重新回到绝对精神的过程中的一个必须环节，但也只是一个环节：作为环节它就必须被扬弃。就此而言，耶稣之死是必然的和必须的。

无论是道成肉身的必然性，抑或耶稣之死的必然性，在黑格尔那里都是一种逻辑性的必然性，而这种逻辑性的必然性，不是概念上的推演，乃是精神自己的内在冲动之要求：绝对精神在自己的主动性和绝对性里面需要实现自己。换言之，这里的必然性在于绝对精神的自我实现。T. J. J. Altizer 很精辟地指出：在黑格尔那里，上帝的救赎本质而言是对那个位于抽象的自在之中的上帝的救赎，由此上帝获得了具体性，成为了自为的；上帝之死就是那个仅只是处于超验性、抽象性里面的上帝的死，这就同时思辨地意味着复活：那个从此具备了有限性和内在性的、具体的上帝出现了，自为的上帝出现了。[10]换言之，救赎不是上帝对人的救赎，而是上帝的自我救赎。

这样，黑格尔神学根本而言不是解读上帝与人之间的位格性关系，而是解读一种本体论意义上的绝对精神自身。在传统神学的理解那里，无论是罪还是救赎都是在上帝与人这两个位格之间发生的关系性事件。罪在于人对上帝的意志上的背叛，而非人的单纯本体论意义上的存在之不完满或缺陷，更非本体论意义上的上帝自身的不完满或缺陷。与此相对应，救赎在于上帝以主动性的行为恢复最初由人破裂的神人关系。总而言之，黑格尔对于罪以及救赎的理解，都和传统神学处在完全不同的论域里面。在传统神学那里是神

---

9 关于黑格尔道成肉身的普遍化或泛化的讨论，参考：Daniel P. Jamros, "Hegel on the Incarnation: Unique or Universal?", in *Theological Studies*, June, 1995，文章链接：http://findarticles.com/p/articles/mi_hb6404/is_n2_v56/ai_n28658632/?tag=content;col1

10 Thomas J. J. Altizer, "Hegel and the Christian God", in *Journal of the American Academy of Religion*, vol. 59, No.1 (Spring, 1991), p.85.

人之关系的事件，在黑格尔这里成为上帝自身的自我实现的事件。

由这种差别，我们可以解读出，在黑格尔那里上帝的超验性与内在性之间的关系意味什么。在传统神学那里，上帝的内在性可以由《马太福音》第1章23节的"以马内利"（拉丁化的拼法即是 immanuel）一词得到表达，这个来自希伯来语的词汇，其字面意即为："神与我们同在"。这样，上帝的内在性在希伯来神学的理解那里就是一个相对于神人之关系而言具有意义的概念。上帝的超验性可以理解为上帝相对于人的存在（但不是相对于本体论意义上的存在自身）而言的那个在人之外、之上的存在。而如果取消了这种上帝与人的位格关系的论域的话，那么，我们将如何来理解超验性与内在性的概念呢？于是，在黑格尔那里，超验性成为一种最终而言可以化归为内在性的东西：上帝的超验性（绝对性）就在于他能够进入到有限和具体里面，而在其中实现自身，并且，上帝的超验性也只有和必须通过这种有限性和具体性得以实现，否则，那种在有限性和具体性之外的存在就没有什么意思。可以说，在黑格尔那里，上帝的超验性和内在性其实是一回事。这里的逻辑是可以理解的：除去神人之位格关系的论域，谈论上帝的超验性与内在性之区分，确实没有什么意义。我们将在下文看到，黑格尔对于超验性与内在性的这种关系的理解，导致他对于耶稣之复活与再临有着与传统神学完全不同的理解。

三、复活与再临：纯粹概念对于表象思维的去神话

在"天启宗教"的最后一个小节"在自己的充实状态中的精神：圣灵的王国"里，黑格尔谈到了耶稣的复活与再临，不过，他是以概念思维来对之进行批判，以之为神话和"表象思维"（图像化思维）。就是在这里，黑格尔哲学中的近代哲学特点——现象学的方法、自我意识、范畴规定——表现的非常明显，并且他也是立足于这些特点来批判传统神学。

黑格尔在早期神学作品《耶稣传》里，即对耶稣的诞生与复活采取了去神话的解读。《耶稣传》里没有提到任何神迹事件，它主要依据福音书的叙述框架叙述耶稣生平，并且只写到他的被埋葬就戛然而止。[11]同样，在《精神现象学》里，黑格尔没有在任何意义上肯定作为一种身体和物理意义上的耶稣复活事件。而在传统基督教的理解里，耶稣的一生都是神迹；他的由童贞女

---

11 参考黑格尔：《早期神学著作》第 79-154 页。

感孕而降生，仅以话语的权柄治病赶鬼，乃至被钉死后第三天复活，都是神迹。可以说，黑格尔和其他启蒙思想家一样，对于神迹是持怀疑和否定态度的。黑格尔对于道成肉身、复活都是采取一种精神化的意义解读，这和传统神学以之为历史性的神迹事件的理解是显然不同的。[12]

对于基督教传统中的耶稣复活事件，黑格尔采取的是一种精神化的解读；而对于对耶稣再临之期盼（所谓末世论盼望），黑格尔采取的则是直接的拒绝和批判。我们下面分别来看这两个方面。

关于耶稣的复活，黑格尔视之为从作为个体的道成肉身（耶稣）到作为普遍化的道成肉身（教会）的过渡：教会扬弃了耶稣，就像以后在绝对知识里教会也将被扬弃一样。黑格尔说，"从前在表象形式内叫做灵魂的复活的事实"，就是"个别自我意识转变成普遍体或者宗教社团的过程"（下卷第253页）。这里的"宗教社团"说的就是教会。黑格尔肯定教会，以之为精神运动的一个环节，在这个环节里，"从这一个个别的人（——即指耶稣）之不存在被转化成一种精神的普遍性"，"特殊的个人……他的特殊性消亡在他的普遍性里"（下卷第253-254页）。

然而，和耶稣当初的道成肉身只是一个环节一样，在这种宗教社团里实现的普遍化的道成肉身，也只是一个要被扬弃的环节，并且它之所以要被扬弃，在于它虽然达到了普遍性，但是尚未达到概念："这种宗教社团……它的内容是在表象的形式下作为它的对象，而这种宗教社团的现实的精神性，从它的表象形式到它自身的回归，都感受到了二分化的侵袭"（下卷第256页）。

教会的表象思维带来的二分化，导致的是此在之当下与彼岸、将来（以及过去）的二分，而这种二分正是教会的所谓末世论盼望或者说对于基督之再临的盼望。在黑格尔那里，这种二分化首先是人与神之间的二分。黑格尔说，虔敬的宗教意识把原本应当在知识里达到的当下和解，当做是"一种外来的、异己的善良的恩赐行为"（下卷第256页）（——这里批评的是传统神学的恩典论，参考新约《以弗所书》2章8-9节："你们得救是本乎恩，也因着信。这并不是出于自己，乃是神所赐的；也不是出于行为，免得有人自夸"）。其二，它是此时与过去的二分（在对耶稣的历史性事件的表象式的回

---

12 关于黑格尔对基督教叙事之解神话或者说去神话的解读，可参考：P. C. Hodgson, "Hegel's Christology: Shifting Nuances in the Berlin Lectures", In *Journal of the American Academy of Religion*, Vol. 53, No.1 (Mar., 1985), p. 40.

忆里），以及此时与将来的二分（在对耶稣之再临的末世论期盼里）。黑格尔说，在宗教意识里，"它的满足本身仍然带有一种远在彼岸与它对立的色彩。因此，它自己固有的和解，出现在它的意识内作为一个遥远的将来的东西，正如别的自我所达到的和解是表现为一个在遥远的过去的东西那样"（下卷第257页）。

对于这种教会的表象思维的二分化，黑格尔有一个简短的、同时也极精当地表明他自己立场的概括：教会对于和解"没有作为现实的直接的对象在它的意识内直观到"（下卷第257页）。要言之，黑格尔在这里要求的是能够在当下的自我意识里直观到的东西——而这恰恰是笛卡尔的现象学方法确立的基本原则：唯有清楚明白的东西才是真的；哲学的第一原则就是"我思"，只是在"我思"之上才能够确定其它一切存在包括上帝的真实性。而他接下来在"绝对知识"这一章里似乎是在回应康德：唯有在范畴（概念）里我们才能构造知识，构造一种为真的东西。T. J. J. Altizer 更是在分析中指出，实际上，在黑格尔那里，只是在绝对知识阶段的纯粹概念里（也就是绝对精神演进过程中的那个最高的意识形态里），那个超验的、作为彼岸的二分化思维中的上帝，才真正死去了，才真正完成了他的十字架救赎，因为唯有那个在自我意识的概念的确定性之中的内在性，才是比肉身更为确定化和更具有当下的直接性意义的内在性，就是在这里，上帝不再可能是抽象的、超验的。[13]

按照黑格尔的说法，"绝对知识"和"宗教"在内容上是一样的，而只是在表达的形式上不一样，即一者为概念思维，一者为表象思维。由于在黑格尔那里，基督教被视作"天启宗教"或者"绝对宗教"（——在以后的《宗教哲学讲演》里，黑格尔明确提出，基督教是宗教的所有形态里发展程度最高的宗教），所以，我们似乎有理由这样理解：黑格尔对基督教的批判只是形式上的而非内容上的。而这也的确是很多为黑格尔哲学的神学正统性做辩护的人所持的立场。但是，值得指出的是，黑格尔的辩证法有一个基本原则：内容和形式往往是统一的。我们根据黑格尔的这个原则可以推论，那能够在形式上被转变为"绝对知识"的黑格尔的"天启宗教"，和不能在形式上被转变为"绝对知识"的传统神学，或许在内容上就已经有所不同。

---

13 T. J. J. Altizer, "Apocalypticism and Modern Thinking", in http://www.religion-online. org/showarticle.asp?title=3274, written in 1997.

这种内容上的不同之一，在于两者对于基督复活与基督再临所具有的不同理解。当黑格尔批判传统基督教在固守"表象思维"的时候，他已经在摇撼传统基督教之所以要固守"表象思维"的神学根据——基督位格（在存在论而非只是认识论上）的独一无二性。对于一种独特的、作为个体的、且又超出我们的东西，我们是不能用一种作为普遍范畴的概念来把握的。这样我们可以理解，为什么作为信仰之正统表述的《使徒信经》仅就形式上来看，不过是一种历史叙述（"表象思维"），它在其中提到耶稣的时候，说他"由童贞女玛利亚所生"、"死于本都·彼拉多手下"。通过这种历史叙述式的表象思维，基督位格的独特性被表达了出来：他就是在彼时、彼地的那一位。

尤其是，基督位格的独特性不只在于他是数量上的独一（只有这么一位道成肉身），而在于他性质上的独一：上帝的内在性与超越性的结合——上帝的超越性在于他可以以神迹式的方式（童女感孕）进入人，而上帝的内在性在于他取了人的样式（道成肉身）并且在肉身中受苦难，却又在他的肉身之复活与再临里再次显明他的超越性。这里的整个的结合方式，都是借着历史性叙述表达出来的，以致对于这种叙事，人们只是借着信仰之维、奥秘之维才能以之为真。而当黑格尔试图将超越性最终在思辨中化归为内在性的时候，这两者得以结合的前提，即上帝的超越性与内在性之分，就已然不再有了。其实，超越性就已经意味着，对于思辨而言，这种结合是外在的、不具有必然性的，也就是说，它是非内在的。

诚如 W. C. Shepherd 所言，在黑格尔那里，已然在历史中发生的道成肉身事件，已经吞没了对于尚将在历史中发生的末世的信仰，黑格尔事实上将自我意识中的确定性等同于末世论意义上的完成性。[14]我们不难看出，这一分析的要旨，同样是在指出黑格尔思辨哲学中超越性维度的缺失。而黑格尔的思辨，亦会教导我们如是怀疑：一种已然丧失了超越性之维度的内在性，是否还有意义？一种已然缺失了超越性与内在性之张力的内在性，是否真实？

四、总结

黑格尔一生的思想处在不断变化与修正的过程中，即便是晚期宗教哲学

---

14 W. C. Shepherd, "Hegel as a Theologian", in *The Harvard Theological Review*, Vol. 61, No. 4 (Oct.,1968), p.601.

的 1821、1824、1827、1831 年的四个讲演之间的思想也不尽相同，所以，本文的工作，由于只立足于《精神现象学》的部分文本，只能是管中窥豹。仅仅只是鉴于《精神现象学》的哲学经典地位，以及它作为黑格尔最有创造性的文本的代表地位，本文才斗胆依据它来做一个仅只是对黑格尔哲学之整体的局部观察。

从《精神现象学》的"天启宗教"部分的文本来看，我们似乎可以说，黑格尔哲学与传统神学有着一种若即若离的关系。黑格尔对绝对精神的基本特点的理解，可以说是由道成肉身概念引出来的。黑格尔的哲学事实上是以道成肉身为中心而对上帝之本性所作的本体论性质的思辨，这种思辨不同于传统神学以神人之位格关系为论域而发展起的道成肉身等神学观念。这种论域的不同，导致了黑格尔和传统神学对于何为罪、何为救赎，有着基本不同的理解。黑格尔事实上将传统神学中上帝对人的救赎等同于上帝的自我救赎，也就是说，处在抽象的超验性中的上帝因为进入有限、特殊、异在乃至死亡和概念里面，就获得了内在性，成为了绝对和无限，实现了他的自我。黑格尔哲学这种将超验性化归为内在性的原则（这种原则，我们可以在近代哲学的主体性原则里得到理解），使得他对传统神学中的基督复活与基督再临等具有超验之维的观念，给予直接拒绝，代之以精神化的解读与解构。

参考文献

1. Peter C. Hodgson, "Hegel's Christology: Shifting Nuances in the Berlin Lectures", in *Journal of the American Academy of Religion*, Vol.53, No.1 (Mar, 1985): 23-40.

2. P. C. Hodgson, *Hegel and Christian Theology*, Oxford University Press, 2005.

3. 黑格尔：《精神现象学》，贺麟、王玖兴译，商务印书馆，1979 年版。

4. G. W. F. Hegel, *Phenomenology of Spirit*, trans. A. V. Miller (Oxford University Press, 1977).

5. *G. W. F. Hegel: Theologian of the Spirit*, ed. Peter C. Hodgson (Minneapolis: Augsburg Fortress Publisher, 1997)

6. Thomas J. J. Altizer, "Apocalypticism and Modern Thinking", in http://www.religion-online.org/showarticle.asp?title=3274, written in 1997.

7. Thomas J.J. Altizer, *Hegel and the Christian God*, in *Journal of the American Academy of Religion*, Vol. 59, No.1 (Spring, 1991): 71-91.

8. 《黑格尔早期神学著作集》第 79-154 页，贺麟译，商务印书馆，1988

年版。

9. Daniel P. Jamros, *"Hegel on the Incarnation: Unique or Universal?", in Theological Studies*, June, 1995. (http://findarticles.com/p/articles/mi_hb6404/is_n2_v56/ai_n28658632/?tag=content;col1)

10. W. C. Shepherd, "Hegel as a Theologian", in *The Harvard Theological Review*, Vol. 61, No. 4 (Oct.,1968): 583-602.

11. 〔法〕科耶夫：《黑格尔导读》，姜志辉译，译林出版社，2005 年版。

12. 张世英：《自我实现的历程——解读黑格尔〈精神现象学〉》，山东人民出版社 2001 年版。

13. Stephen D. Crites, "Gospel According to Hegel", in *The Journal of Religion*, Vol.46, No.2, (Apr.,1966): 246-63.

14. Joseph Fitzer, "Hegel and Incarnation: A Response to Hans Kung", in *The Journal of Religion*, Vol. 52, No. 3 (Jul., 1972): 240-67.

15. Paul Lakeland, "A New Pietism: Hegel and Recent Christology", in *The Journal of Religion*, Vol. 68. No.1 (Jan., 1988): 57-71.

16. 李革新：《黑格尔对哲学与基督教的新综合》，载于《同济大学学报（社会科学版）》，第 17 卷第 3 期，2006 年 6 月。

后　记

　　本书的主体部分，是我于 2013 年 6 月写成的北京大学博士学位论文《〈传道书〉的时间观研究》。本书并在附录部分收录了我在北京大学攻读博士学位期间所写作、发表的两篇论文。

　　感谢台湾花木兰文化出版社杨嘉乐先生、北京师范大学文学院张欣博士的努力，使本书得以出版。

余亮博士

2014 年 5 月 30 日

于加拿大温哥华